浙江中医临床名家

总主编 方剑乔

施维群

丁月平 主编

科学出版社

北京

内 容 简 介

本书是"浙江中医临床名家"丛书之一，介绍了浙江名医施维群。本书共分六章：中医萌芽、名师指引、声名鹊起、高超医术、学术成就、桃李天下。本书介绍了施维群教授从"误入医门"到荣升"名老中医"的成长经历，其间一些经历值得读者借鉴；并重点介绍了施维群教授在中医脾胃病、肝病诊治上的学术思想、临证经验及其取得的学术成就，体现出其鲜明的中医特色和在中西医结合研究方面的优势。

本书可供中医临床、科研工作者及在校学生阅读使用，也可供中医爱好者参考。

图书在版编目（CIP）数据

浙江中医临床名家. 施维群 / 方剑乔总主编；丁月平主编. —北京：科学出版社，2019.8

ISBN 978-7-03-061897-9

Ⅰ.①浙… Ⅱ.①方… ②丁… Ⅲ.①施维群–生平事迹 ②中医临床–经验–中国–现代 Ⅳ.① K826.2 ② R249.7

中国版本图书馆 CIP 数据核字（2019）第 147810 号

责任编辑：陈深圣 刘 亚 王立红 / 责任校对：王晓茜
责任印制：徐晓晨 / 封面设计：黄华斌

科学出版社 出版
北京东黄城根北街 16 号
邮政编码：100717
http://www.sciencep.com
北京中科印刷有限公司 印刷
科学出版社发行 各地新华书店经销

*

2019 年 8 月第 一 版 开本：720×1000 B5
2019 年 8 月第一次印刷 印张：14 插页：2
字数：237 000
定价：**68.00 元**
（如有印装质量问题，我社负责调换）

浙江中医临床名家

丛书编委会

主　编　方剑乔

副主编　郭　清　　李俊伟　　张光霁　　赵　峰

　　　　陈　华　　梁　宜　　温成平　　徐光星

编　委　（按姓氏笔画排序）

丁月平　　马红珍　　马睿杰　　王　艳

王彬彬　　王新华　　王新昌　　牛永宁

方剑乔　　朱飞叶　　朱永琴　　庄海峰

刘振东　　许　丽　　寿迪文　　杜红根

李　岚　　李俊伟　　杨　珺　　杨珺超

连暐暐　　余　勤　　谷建钟　　沃立科

宋文蔚　　宋欣伟　　张　婷　　张光霁

张丽萍　　张俊杰　　陈　华　　陈　芳

陈　晔　　武利强　　范军芬　　林咸明

周云逸　　周国庆　　郑小伟　　赵　峰

宣晓波　　姚晓天　　夏永良　　徐　珊

徐光星　　高文仓　　郭　清　　唐旭霞

曹　毅　　曹灵勇　　梁　宜　　葛蓓芬

智屹惠　　童培建　　温成平　　谢冠群

虞彬艳　　裴　君　　魏佳平

浙江中医临床名家·施维群

编 委 会

主　审　施维群

主　编　丁月平

副主编　倪　伟　　陆增生　　何　创　　施晨沁

编　委　（按姓氏笔画排序）

丁月平	毛桂红	方国栋	杜小幸
李　峰	李剑霜	李跃文	杨育林
来杰锋	何　创	张　斌	张　磊
陆增生	孟庆宇	孟爱红	施晨沁
倪　伟	黄灵跃	章　亮	韩银华
程贤文	傅燕燕	曾如雪	蔡国英

总　序

　　中华医药，博大精深，源远流长。灵兰秘典，阴阳应象，穷万物造化之妙；《金匮》真言，药石施用，极疴疾辨治之方。诚夷夏百姓之瑰宝，中华文明之荣光。

　　浙派中医，守正出新，名家纷扬。丹溪景岳，《格致》《类经》，释阴阳虚实之论；桐山葛岭，《采药》《肘后》，载吴越岐黄之央。固钟灵毓秀之胜地，至道徽音之华章。

　　浙中医大，创业惟艰，持志以亢。忆保俶山下，庠序进修，克艰启幔；贴沙河干，省立学府，历难扬帆；钱塘江畔，名更大学，梦圆字响。望滨文南北，富春秋冬，三区鼎足，一校华光；惟天惟时，其命维新，一德以持，六艺互襄；部省共建，重校启航，黾勉奋发，踵武增华。

　　甲子校庆，名医辈出，几代芳华。值此浙江中医药大学建校六十周年之际，特辑撰"浙江中医临床名家"丛书，以五十二位浙江中医药大学及直属附属医院名医为体，以中医萌芽、名师指引、声名鹊起、高超医术、学术成就、桃李天下为纲，叙名家成长成才之历程，探名家学术经验之幽微，期有益于同仁之鉴法、德艺之精进。

时己亥初夏

序

　　余弱冠入岐黄之门，至今四十六载。矢志之途，曲折路遥，悬壶济世，初心未改。余本意于从医五十年后方著书立传，以告吾学子，冀其青出于蓝而胜于蓝。适逢母校六十华诞，学子欲撰写吾之从医经验丛书，为校庆献礼之作，甚感欣慰。回望从医之路，虽得前贤提携指教，耕耘杏林，兢兢业业，尤专肝胆，奋力拼搏，中西汇通，颇有心得，但仍存"学无止境"之志。众学子满腔热情，崇尚传承、发扬、创新，将吾初涉医门、从医经历、发展之路，再到临证经验、学术思想，后及桃李天下等编撰成书，令吾为之动容。虽无更多的"财富"予之，但也不乏后生脱颖而出，常引以为傲。故作此序以慰中医药事业后继有人。

施维群

乙亥年一月十二日

目　　录

第
一
章

中医萌芽

第一节　邂逅中医起源路

　　多年以后，据施维群回想，也许正是自己 12 岁那年，在饱受哮喘之苦后，前往中医院就医的那一次亲身经历，促成了其与中医的不解之缘。这样的缘分，是从一个小小的萌芽开始的，不意却成为其一生安身立命的信念。时间打马而过，世事如云，再回首，这一信念益发闪亮，映照了施维群一生的中医之路。

　　大暑，六月中。暑，热也。施维群便出生于这样一个大热的节气。江南地区遭遇湿热酷暑，使恰逢此时出生的施维群患有多种疾病：支气管哮喘、婴儿湿疹……在 20 世纪 50 年代，支气管哮喘和湿疹已属顽疾，治疗实属不易。因此，施维群的父母带着孱弱的孩子到处求医，却被一再告知无任何特效药。医生开出医嘱，要求尽快断奶，且不得进食其他荤腥。嗷嗷待哺的"毛毛头"不足两月就得断奶，本已是残忍了，还不得食荤腥之物，那么生长所需营养，从何而得？无奈，为了孩子的病能好得快一些，父母只能硬着心肠给断了奶。于是，在那个物资匮乏的年代，施维群从小就只能餐餐以稀饭、酱瓜和腐乳为伴，由此也落下了营养不良，身体羸弱。

　　据施维群回忆，其在小学五年级时，哮喘最为严重。频频发作，秋冬季则更甚。且每每夜深人静时，他人美梦浅鼾，哮喘却独使其备受煎熬。病情严重时，只能就近前往医院急诊。他记得当时有一种针剂，注射于颈背部的某穴位，5 分钟后"喉中哮鸣有声，呼吸气促困难"的症状便会得以缓解。但是医生却说，若长此以往，靠此针剂以缓解病情，恐后果不良。这是种什么样的"神药"呢？直到成年后，施维群才知道，原来当年的"救命神药"是异丙肾上腺素，长期使用不仅会使身体产生耐药性，还可导致罹患各种心脏疾病，副作用很大。正因如此，他12岁起就被母亲带去中医师处求治。不想这种机缘巧合竟成了他步入中医之门的机缘。在施维群12岁那年的一个晚上，哮喘大发，呼吸急促，坐卧不安，至凌晨终因无法忍受而到医院挂号，当时接诊的医生是夏明诚老先生。母亲提出不想再用那西药的针剂了，让老先生看看有没有中医的法子缓解。夏老在一番"望、闻、问、切"后，处以药方，其中有一味黑乎乎的药丸，夏老让他立即吞服下去。说来也神奇，不到半小时，他的气急、胸闷和猫喘音就完全消失了！直到施维群学了中医后才得知，这种黑乎乎不起眼的药丸名叫"黑锡丹"①。同时也是这黑锡丹，在这位12岁少年的心里烙下了中医的"印"：原来，中医也可以像西药针剂一样"灵光"！

　　同样"灵光"的还有邻居们提供的治疗顽固性湿疹的"土方"。杭州地处长江南岸，四季分明，湿度却比较高，这无疑对患有顽固性湿疹的施维群来说更是雪上加霜。湿疹伴随他已十多年，头上、身上都奇痒无比。皮肤被抓破—结痂—抓破—结痂，反复如此，身上几无完肤，他几乎不愿意出门，生怕被人嘲笑。邻居们也都心疼这个羸弱的孩子，他们给了施维群母亲一些草药。母亲将草药煎煮，待其冷却后用纱布浸透，敷于湿疹患处。至于余下的药汤，则于每日洗漱时用来洗脸、擦身，有时也拿来泡澡。据施维群回忆，用了这些草药后，感觉身体清清凉凉的，非常舒爽，头面部及身上的那种燥热、奇痒都逐渐消失了，伤口也慢慢结痂愈合了。孩提时的他只隐约记得，在这些草药中，有一种叫"大枫叶"（实为"大叶枫②"）的树叶，还有一种是薄荷③。这段经历使少年时的施维群对"中医草药"有了雏形的概念，而这些草药的名字，念起来，有如《诗经》里那些"香草"般的美感，对他有着难

---

① 黑锡丹：升降阴阳，坠痰定喘。用于真元亏惫，上盛下虚，痰壅气喘，胸腹冷痛。药方：黑锡、硫黄、川楝子、葫芦巴、木香、附子（制）、肉豆蔻、补骨脂、沉香、小茴香、阳起石、肉桂。

② 枫叶：【别名】枫香树、大叶枫、枫子树、鸡爪枫、鸡枫树。【来源】金缕梅科植物枫香树，以根、叶、果实及树脂入药。夏季采叶，全年采根。【性味】根：苦，温。叶：苦，平。【归经】入脾经、肾经、肝经。【功能主治】根：祛风止痛。用于风湿性关节痛，牙痛。叶：祛风除湿，行气止痛。用于肠炎、痢疾、胃痛；外用治毒蜂螫伤、皮肤湿疹。

③ 薄荷：【别名】蕃荷菜、苏薄荷、鸡苏、蓣荷、夜息药、水益母、见肿消、土薄荷。【来源】为唇形科植物"薄荷"即同属其他干燥全草，全株青气芳香。叶对生，花小淡紫色，唇形，花后结暗紫棕色的小粒果。【性味】性凉，味辛。【归经】归肺经、肝经。【功能主治】宣散风热、清头目、透疹。属解表药下属分类的辛凉解表药。用治感冒风热、头痛、目赤、咽喉红肿疼痛、皮肤瘙痒、麻疹透发不畅等。

以言说的吸引力。

正是由于身体上遭受的残酷煎熬和那些半夜就医的经历，以及中医中药带来的奇妙感受，在施维群心里埋下了中医的种子，而这颗种子也正在等待时机，生根、萌芽！

（施晨沁）

第二节 弱冠择业入岐黄

1972 年，施维群高中毕业，等待分配工作。此时恰逢"文化大革命"时期，中学老师奇缺，班主任建议成绩优异的施维群去中学执教，并将其档案转入了教育局，可是远在黑龙江支边的姐姐却来信建议他当一名光荣的工人，他听从了姐姐的建议，要求老师帮助转档。之后，他的档案被转入了杭州市卫生局。那时的卫生局下辖两个系统，一个是医疗系统，一个是环卫系统。刚毕业的施维群一度还认为自己也许会被分配去环卫局当一名环卫工人。若干天后，报到通知下达，他被分配到杭州市第四人民医院中医科当中医学徒，这令他十分意外。

施维群的带教老师是戴季馀先生。戴先生虽然身病体弱，后来去世得也较早，但是其中医基础扎实，医术高明，给了施维群很多经验、教诲和帮助。于是，中医的种子在合适的"土壤"和"环境"中生根发芽了。

施维群的支气管哮喘一直持续到了高中毕业，即使在医院当中医学徒期间仍不时发作。特别是在内科病房轮转期间，正值"八月桂花香"之时，他的哮喘频频发作。他白天工作时，哮喘不发作，其表现和常人无异，到了夜间则呼吸困难，不能平卧。长此以往，影响了白天的工作，导致了领导和同事们的不解。日子难熬，一方面要忍受病痛的折磨，一方面又要承受工作压力，还得顶着领导和同事的诸多"不理解"。再难熬的日子也终究要熬过去，再难过的坎儿也一定得跨过去！施维群开始摸索着治疗自己的疾病。为了自己，也为了那些饱受折磨的病患，他将自己的第一个临床课题和临床观察放在了治疗支气管哮喘上。针灸科的带教老师郭云雯是个善良的"热心肠"，得知这个刚进科室轮转的年轻大夫的遭遇后，决定亲自带着施维群下厂、下乡。他们根据中药紫河车补纳肾气、滋补强壮的作用，取胎盘中含有与脑垂体性腺激素相类似的绒毛膜促性腺激素、多量蛋白质和钙盐的优势，研制了

100% 的胚胎组织液，用以注射丰隆、定喘等肺经腧穴，并配合中药治疗。此治疗方法所用穴位与中药治疗哮喘的治本之法（健脾补肾），在理论上基本一致。当时治疗病例 32 例，取得了较为理想的疗效。施维群在中医生涯之"第一幸"，是在其执业伊始，既遇良师，又尝到临床科研之甜头。不久，施维群便将此次临床科研的经历、心得及结论写成了第一篇论文，并发表在了院刊（浙江省杭州市第四人民医院所编的《医学资料选编》1980 年 1号刊）上。

（施晨沁）

第三节　医理深邃悔心意

施维群的中医之路可谓是"路漫漫其修远兮"，也正是他在这期间的"上下而求索"，才使其在这条路上行稳致远。

一、学中医是一门苦差事

中医在理论上，烦琐的识记很多，抽象的理解很多；实操上，需要耐心、细心体会，也需要潜心甚至"狠心"地进行"自我体验"。学徒时期的施维群，五门基础课学得认真投入，稳扎稳打，理论学习成绩也十分优秀，但是在临床见习时，就习惯由着自己的兴趣行事。施维群每次说到自己当年的见习时光，就会用"有失偏颇"来总结。记得当时，他最喜欢的、学得最入神的时候是跟随杨少山、傅学铨、盛循卿三位老师在内科抄方，以及跟随何少山、何子淮、赵葆卿等几位老先生在妇科抄方，这也是施维群后来在中医内科上较为得心应手的原因之一。而他在跟随盛老在儿科抄方时，却是有些"心浮气躁"。哑科（儿科，又被称为"哑科"，因小儿多数不能用言语进行准确主诉，方得此名）的小患者总是"咿咿呀呀"的，更多的是连"咿呀"都省去，直接号啕大哭，别提什么"主诉"，也别提什么医患间的沟通交流了。这对于一个年轻小伙子来说，着实需要很多耐心。每当他攥着小患者的小手，瞪大了眼睛观察小儿指纹，就感觉悬着一颗心，连呼吸都要暂时停一下，遇到不配合的小患者，连手都攥不住。"那时，真的快没有耐心和信心了！"施维群对于那段经历直言不讳。

令学徒时期的施维群烦心的还有骨伤科的见习。彼时，骨伤科带教老师章煜铭的整复、复位等技术十分了得。看到伤病病患被章老用各种手法复位，逐渐康复，施维群心里虽然高兴，但是总觉得缺乏一些兴趣，没有那种"热血沸腾"的兴奋劲和"持之以恒"的干劲。反而，年轻的他觉得这些"味同嚼蜡"，心里还有些抵触："我又不是去当骨伤科大夫，为什么要学这些什么整复、复位还有小夹板……"

令施维群更为焦虑的还有针灸学习。作为学生的施晨沁偶然得知施维群老师不喜欢被针灸医治：有次施维群出差在外腰扭伤，师母正好跟随在侧，师母提及去买针灸针，要为他针灸，总被拒绝。但是随着伤情变重，师母便越来越坚持为其针灸治疗。问及缘由，施维群提及其幼时患哮喘，打针打怕了，对肌内注射、皮下注射和穴位注射尤为害怕。施维群说，其在学徒期间进行针灸科见习、实习时，这种害怕就会慢慢浮现。碰到同学间互相针刺练习，就特别惊慌，就怕同学在他身上扎针，而他自己拿着针在同学身上进行"提、捻、插、转"的试验时则不那么害怕。正因如此，他对针灸的"得气""失气"及提插效果的体验就少了。"这也是我针灸学得不好的原因所在"，施维群如是说。所以，这种感觉到了为患者针灸时也显现了出来，犹豫不决，缺乏自信。"医生啊，学医啊！就这么难，这么杂，这么不顺吗？"这是施维群从医之路上的第一个哀叹。

施维群之"第二幸"，在于遇到了他的妻子。施维群从事厂矿医务室医生工作的妻子给了他不少帮助。她在为扭伤的船工、搬运工诊治的过程中经常会运用针灸疗法，针灸水平炉火纯青，运用起来得心应手。施维群经常向她讨教，由此得到了对针灸"回炉再造"的机会，在对针灸治病有了新认识的同时，也有了一定的信心和信念，这为他后来开展的穴位注射疗法奠定了基础。

二、在中西医间进退维谷

1974 年，施维群在学徒师满前后，遇到了一些行医机会。当时，杭州市西学中班的学员毕业，前往施维群所在科室实习，由几位老师带教临床。在与这些学员的接触中，施维群不知不觉地学习了一些西医的知识。而那时，又恰逢杭州市卫校的护士班、医士班在医院设班，施维群被派去担任其中的部分中医课程教学。这次机会使得他每周都能有一到两个半天在卫校旁听西医解剖、生理生化课程及药理和临床课程。次年，施维群因工作需要，参加了巡回医疗队。工作地点在当时杭州湾钱塘江出口的萧山围垦区。一支十几人的医疗队进驻到设施简陋、医疗人员奇缺的杭州市萧山头蓬医院。在内科急诊不值班时，施维群坚持每天傍晚协助门诊医生处理急诊，期间他目睹和参与了多个服农药自杀患者及胆道蛔虫症休克患者的抢救；外科手术时，因医疗人员缺少，他主动协助进行拉钩、缝合创口等工作；在妇产科里，他常在相关老师手把手地带教下进行人流术的操作，或者进入手术室观摩妇科手术；在各类外伤、骨折的处理中，他更是主动请缨进行学习和实践；连注射室、留观病房的护理和穿刺术，他也不放过任何机会去学习和操作。纵然当时尚无"全科医生"的称谓，但在短短七八个月中，他受到了最为直观、印象最为深刻的全科医学教育。但厚此薄彼的是，这对中医学习和深造无疑带来了更多困惑。

随着他学习到的西医知识越来越多，他觉得西医简直和中医是两套思路，中医宏观、抽象，讲究天人合一；而西医那种直观、微观和层层分析的诊疗方法为他打开了新世界的大门，使他对西医产生了浓厚的兴趣，甚而对中医的学习产生了动摇。此时的科室中，俞老（俞尚德）正在要求各个科室成员遵从"跟老师，读经典，写心得，发论文"的管理思路，这忽然让对西医兴趣正浓的施维群产生了逆反心理，开始对中医的学习变得有些"不屑一顾"了。年轻的施维群心想："为什么不让我改行学西医呢？如果那样，多快活多带劲儿啊！"

那年夏天，施维群跟随科室的老师们组成医疗队下乡。下乡时遇到了一件"怪事"。当时的医疗队有一名专业伙夫随行，为队员们的伙食提供保障。这位大师傅正值知命之年，发间有银丝，风度翩翩。结果到了目的地，前来就医的村民们竟不约而同地要求这位大师傅为他们看病，说这位看起来年长，有老中医的风范，肯定医术比较高明！施维群忍俊不禁，啧啧称奇。可是不曾想到的是，回医院后，自己也遇到了这般"奇事"！

回医院后，施维群得知杭州市西学中班的实习生中，有一位年近半百的女医生被分配给戴老师带教，和他同组。在规定的实习期结束后便要独立坐诊，但开出的方剂则必须由带教老师修改、审核和签字后方能进入药房。有一天，戴老休病假，审方的任务落到了施维群身上。那日门诊，他和那位实习的年长女医生对桌坐诊。那天的患者还真不少，不一会儿，施维群桌前的病历本已经快排不下了。忽然，有位患者发现了那位和他对坐的女医生，他看看年轻的施维群，又看看那位女医生，讪笑着把病历本转移到了女医生桌上。其他病患见状也纷纷小声议论起来："这个小伙子年轻的，看病肯定没有年纪大的医生来赛（方言，厉害的意思）……"然后又有患者上前转移了病历本，于是接二连三地，几乎所有的病历本都被患者们转移到了施维群的对桌。施维群暗自苦笑，但也无奈，打起精神继续看病和审方。渐渐地，又有"灵光"的患者发现了"猫腻"：小伙子原来是负责审方的，那必然是他医术厉害一点！于是，啼笑皆非的事情发生了，患者们一窝蜂地又把自己的病历本都挪回到施维群桌上……反转如此之迅速，也是两位医生都始料未及的。这让施维群心里又打起了"鼓"：难道中医非得要熬白了头才会有更多的人相信吗？哎，那何时是个头啊！

尔后，恰逢临床课见习，他借机进入了医院内科，开始接触西医临床，施维群自认为直观易懂、易诊治的西医内科为他开辟了一片新天地。施维群觉得，是时候让他在工作中大展拳脚了。

在西医内科工作的某个平常的一天，科里收治了一位风湿性心脏病患者：二尖瓣、三尖瓣狭窄，有心衰的情况出现。内科主任领着施维群采完病史以后，要求他用听诊器听诊，并要他详细描述各瓣膜的杂音性质，且需要在病历中一一进行描述。这下可难倒了这个热衷西医的中医见习生。因为太过于紧张，太阳穴突突地跳，耳道内还有强烈的心跳声……这究竟是自己紧张的心跳声还是患者的心跳声？好不容易听诊完毕，待到处理时，施维群又傻眼了：自己竟然连瓣膜处的收缩期杂音和舒张期杂音都听不清楚，谈何诊断和用药……最惨的还是写病历！不知写了多少遍的病历，写了多少回就被主任退了多少回，每次主任用红笔修改的字数比他写病历的字数还要多。要强的他为此流下了羞愧的泪水。

而之后的一件事更让他觉得西医也并非如想象中那么简单易学。某一个夏日，病房里有一位重症患者，已是"肝昏迷"的状态，随时可能死亡。当时恰逢施维群在病房值班，身兼值班护士和值班医生二职。交接班时为防万一，护士长把护理尸体的流程和方法也教给了他。当天夜里，患者家属称那名患者去世了。施维群带着电筒、听诊器和血压仪过去，在确认患者已经死亡后，他按照护士长的方法对尸体进行了护理，将其穿戴整齐，再用被褥包裹、捆绑后送入医院太平间。可是没多久，家属居然又找到了他，说尸体还是热乎乎的，肯定是没去世！施维群惊出了一身冷汗，并不是怕那些莫须有的"神神道道"，而是因为他觉得自己经验不足，心里忽然没有了底气，失去了自信：万一误判患者死亡，那就是医疗事故了！他急匆匆地带上仪器，跟着家属来到太平间，打开被褥进行第二次死亡确认，确认结果让他长舒了一口气。因为家属从情感上还不能接受患者死亡的事实，再加上夏天气温较高，尸体又被被褥包裹着，导致其触摸起来还是比较温热的，才有了这场虚惊。施维群平复了心情后，开始反省：原来无论是中医还是西医，都不是仅凭兴趣就可以轻易学好的，更不是谈笑间就能信手拈来的。学习真不能任凭爱好和己见来主导。这样的经历给了施维群清醒的一击，迷茫中的他开始渐渐拨开了迷雾，平复了心境，回到了"脚踏实地学中医，寻找机会再学西医"的基点上，整装再出发。

三、漫漫中医路

在漫漫中医路上，求学会碰到这样那样的"不顺"，但在学习中遇到的坎儿，他终究还是铆足劲儿，下了苦功，跨过去了，积攒下的便是理论，是技术。而工作中碰到的"钉子"却不是花点时间、看个书、求个教就能化解的。不过，一朝化解，受益匪浅。收获的是心得，得到的是教训，积累的是经验。

（一）工作中的第一次动摇

1985 年，是施维群从事中医工作的第 13 个年头，晋升主治大夫在即。但是那时的他却有了离开中医临床队伍的念头。是什么让这位年轻的中医大夫产生了动摇？一是因为现代医学理论带来的冲击：科里每年都有"西学中班"的临床西医大夫，带来了大量的关于西医诊治疾病的经验和体会。而施维群在参加巡回医疗队下乡帮扶的过程中也积累了不少现代医学相关的经验，觉得现代医学运用起来更为得心应手，诊治效果也更加"立竿见影"。再则是因为科室同事们之间明里暗里地"较劲"和竞争：中医临床工作非常辛苦，而科室人手又紧缺，而好学的施维群又特别想参加各类学术活动以学习知识、增长见识。偏偏时任科主任不让，每每都把他的申请退回来，还带上几句不冷不热的话："人手那么紧张，还要外出吗？""你把你的中医学好就可以了！"年轻气盛的施维群碰了一鼻子灰，大有"是可忍孰不可忍"的态势，一怒之下，决定改行！他竟去报名应聘了某医学杂志社的编辑一职，而且进入了复试流程。关键时刻，戴老找到了施维群。

戴老语重心长地说："中医啊，是越学越有滋味的，越学越觉得不够的，喜欢中医，是种情怀。你啊，还欠火候啊！"施维群如梦初醒，放弃了改行的念头。

（二）工作中的一次艰难选择

1987 年，医院病房大楼重新翻修，增加了中医肝病病房的床位。施维群所属的科室是中医科，科室医生都要在下辖的门诊和病房有 3 ～ 6 个月的轮换工作。也就是说，3 ～ 6 个月坐门诊，然后再 3 ～ 6 个月时间在病房工作。对年轻医生来说，门诊病患流量不会很大，比较清闲，但是门诊能够看到的杂病又比病房多一些；病房里的工作则比较辛苦，专科患者多，各有各的优点。而增设中医肝病病房后，便有了相对固定的专科人员，有利于专病专治专收。当相关领导逐个对科室人员进行意愿征询时，施维群产生了激烈的思想斗争：到底是要在中医门诊工作中进一步巩固中医基础和临床呢，还是转向专科性质较强的肝病病房呢？而当时俞老和裴芳老师对此持有一致意见："中医门诊也好，肝病病房也罢，两者之间并不冲突。关键还是在于对中医的认识和情感。而这个决定，还是需要当事人自己做出。"细细想来，中医专科更能专供专修，大中医内科泛泛的疾病难以得到进一步的总结提高。专科中的中医，结合现代医学，更能出成效、见良效。同时，施维群也征求了一些同学的意见，更见到了部分同学转向专攻专科。而彼时的科室病房管理中，他目睹了俞老根据中医理论和现代医学知识，独创了诸如"敷贴脐部的西瓜、砂仁粉"（西瓜去红色和白色瓜瓤，留新鲜西瓜翠衣，加上砂仁粉，用火烤制成焦炭，碾成粉末敷贴于肚脐之上。有消胀利水的功效，主治臌胀之证）、"红参口服液"（红参制成含生药 3g 的口服液 5ml，口服。用以治疗重症肝炎激素治疗后的综合征）、"参三七口服液"（参三七制成含生药 3g 的口服液 5ml，口服。用以治疗各类肝炎引起的凝血功能障碍出血，即中医所指的"血证"）和"七叶一枝花口服液"（重楼，也称七叶一枝花，制成含生药 3g 的口服液 5ml，口服。用以治疗肝病引起的各类感染综合征）等新药新剂后，终于大彻大悟：中医是要有情怀的，正是有了这种情怀支撑，才让他明白，专科才是更适合自己的，也更利于中医诊治的"精益求精"。越过了"浮云遮望眼"，才知道"风物长宜放眼量"，这一次的自我超越，成了施维群的"第三幸"。

13 年来的经历，13 年的酸甜苦辣，个中滋味，只有有情怀的中医人才能品尝得到。自此，施维群将继续在中医临床队伍中进一步锻炼成长。

（施晨沁）

第四节　前贤教诲唤吾志

纵观施维群的整个学习过程和行医生涯，有很多老师对他影响深远，同样是其中医生涯之幸。他们是兢兢业业、恪尽职守的带教老师戴老先生，精于医术、雷厉风行、科室管理有方的俞老，学识渊博、为人谦和、待患者如亲人的杨继荪老先生，工作专注、热心善良的裴老师，以及数位曾经给予施维群帮助和提点的老师们，在本书的后文中都会一一介绍。当然，这些老师都是中医界的老前辈们。

另外还有几位是施维群的"人生导师"，为他的事业、生活、学习点亮了无数盏明灯，为他照亮前行之路。

第一位老师，她就是施维群的高中班主任黄佩芝。当初，在黄老师的帮助下，施维群的档案从教育局转到了卫生局，从此开启了中医之路。黄老师待其分配妥当后，告诉他，学习中医必须精通古汉语。黄老师说："你文采虽出众，但古汉语方面还是需要加强的。念书时因为时局原因，学校并未教授多少古汉语知识，所以你现在一得空，就可以来我这，我将继续做你的语文老师，我们共同学习古汉语。"这对施维群来说是莫大的帮助。恩师如此厚待，叫他怎能不认真学习。更为幸运的是，黄老师的丈夫是当时杭州大学中文系的系主任，他博览群书，满腹才学。黄老师说，如果她不在或者学习上有什么疑难的问题，可以请教她的这位系主任丈夫，更可以从家里借阅书籍。第一次进黄老师家，他惊呆了：夫妻俩住的房间很小、很挤，但是书房却非常大，书房四周都放置着书架，书架上摆满了书，毫不夸张地说，那真的是满屋子的书。施维群不负师恩，每周都到黄老师家中学习，老师书房里的书，他读得津津有味。得空之时，黄老师夫妻俩还会和他谈谈心，为他的工作和生活出谋划策，亦师亦友。师，良师、恩师也；友，忘年之交，挚友也。

另一位兄长级的"老师"，是他在机缘巧合中认识的，即时任浙江省博物馆馆长的杨陆建先生，他精通历史，精于国学及中华传统文化的传播。儒雅的杨先生如兄长也如老师一般，他屡次对视若兄弟的施维群提及："一定

浙江中医临床名家·施维群

要学好中医，学精中医！我认为中医是强于西医的。学好中医才是无愧于中华五千年的历史，更是无愧于这个中医人才缺乏的时代！"杨先生的睿智和博学令施维群十分钦佩，他经常会去博物馆向杨先生借阅书籍和讨教学问，更喜欢和这位兄长聊聊感悟，探讨人生。无论是工作、学习，还是在生活中，无论施维群有何种困惑，一经杨先生提点，便会"拨开云雾见光明"。施维群在工作中经历过两次"动摇"，当他欲放弃中医而苦恼时便向杨先生征求意见。杨先生每次都明确地告诉他："不要气馁！你当初认定了中医，就应该一如既往地把它学好！学习中医和从事中医都是需要沉淀的！放弃，只会让你追悔莫及。"一席话惊醒梦中人。黄佩芝、杨陆建这两位人生导师给了施维群无限启发和帮助，伴随了他走过了青涩的青春，在他踯躅不前的日子里，成为推动他前行的动力。

　　另一位让施维群终生难忘的老师，是他在不惑之年遇上的一位"贵人"——刘克洲教授。刘教授是浙江大学传染病研究所（下文中简称"传研所"）的原所长，浙江省中西医结合学会肝病分会主任委员，浙江大学终身教授，在传染病、肝病领域有着德高望重的地位。1991年，施维群有幸受教于刘教授。当年的施维群已从事肝病专科工作十余年，为寻求指导，寻找课题来源，他来到传研所。第一次接待他的就是刘教授。刘教授为人谦和，平易近人，丝毫没有老教授、所长的架子，他渊博的学识，深厚的理论功底，以及对中西医结合的推崇给施维群留下了深刻的印象。此后，刘教授在施维群进行科研指导并借助传染病研究所的实验平台等方面予以了极大帮助。论文修改、课题评审、成果鉴定等，刘教授都亲力亲为，悉心指教，为施维群所在医院的肝科建设倾注了大量精力。是他，支持了第一家市级医院的肝科建设；是他，多次与施维群促膝谈心，引路指点；是他，以大家的风范，担当起了施维群的导师，尽管施维群并不是他的研究生。"小施啊，一个专科医生的临床经验固然重要，但更重要的是要将这些经验撰写成论文，分享于学术圈内。"现在的"老施"始终记得当年刘教授的这番话。于是施维群开始致力于发表学术论文。尔后，刘教授又为施维群制定出更进一步的目标："你已有不少学术论文，要把你的临床经验通过科学研究和观察，做出科学的论证，这也是你在学术界发展的必经之路。"当施维群完成了数项科研课题后，刘教授又语重心长地鞭策道："你还须更进一步，光有论文和科研项目还不够，你要有成果报奖、成果转化的勇气和信心，这才能在学术道路上越走越光明！"正是刘教授这样的一次次提点和鞭策，才使施维群的学术生涯走得如此稳健。2003 年，经刘教授的举荐，施维群被选为浙江省中西医结合学会肝病专业委员会副主任委员，次年，又当选为中国中西医结合学会肝病专业委员会委员，成就了施维群作为一个市级医院专科主任所处的学术地位。

诚然，中医专家的养成，仅靠过硬的理论知识是不够的，还需要丰富的临床经验。碰到的病例越多，理论和实际结合的机会也就越多，而有时候，病患也可以是"老师"，他们的身体和疾病也能使医生增长见识。

时间回到 1976 年的某一天，这天的事儿让施维群至今难以忘怀。内科病房请肝炎科会诊。俞老带着年轻的施维群和另外两位医生前去。患者是一位 21 岁的农村姑娘，患有黄疸及进行性肝衰竭。会诊时已出现昏迷、高热和间歇性抽搐等危急重症，按照检查结果，被诊断为"亚急性黄色肝萎缩"。而当时的医疗条件远不及现在，不仅没有现在专业的肝炎病毒分类检测，更没有较为清晰可辨的 B 超检查。有的只是 A 超（A 超又称为 A 型超声波：是以波形来显示组织特征的方法，主要用于测量器官的径线，以判定其大小。可用来鉴别病变组织的一些物理特性，如实质性、液体或是气体是否存在等），而 A 超未显示病患肝萎缩。会诊不久，患者宣告死亡。但是这场会诊却仍然没有因病患的死亡而结束，因为俞老始终对"肝萎缩"的诊断无法释怀：为何 A 超未显示肝缩小？而体检叩击肝区也未发现肝浊音缩小？这怎么解释"肝萎缩"呢？为了能搞清楚这些疑问，俞老建议医院动员死者家属同意对死者尸体进行解剖。

当时的社会环境，人们的思想都较为闭塞，村户人家更是封建，"死者为大""入土为安"等观念根深蒂固，要解剖尸体，那是不敢提也不敢想的事情，家属自然比较抵触。俞老多次和家属耐心沟通，在得知死者家属经济条件拮据后，通过医院，对死者的治疗费用进行了部分减免，还从口袋里掏出了不少现金援助家属。家属终于被打动，积极配合了尸检。尸检结果颇令人意外：死者的肝脏确实是萎缩了，但并不是传统观念中的"肝脏变小"，而是肝脏变薄了，竟然变成了一张硬纸板的厚度！这让大家又学到了新的知识和难以用常理解释的现象，即诊断为"亚急性黄色肝萎缩"，肝细胞确实大量塌陷坏死，但是并非是"面积缩小"的改变，而是肝脏体积缩小，厚薄发生改变了。

这一病案让施维群终生难忘。很多现象确实不能以"常理"去看待和解释。除了从病患身上得到的启发以外，更让他动容的是俞老的执着、敬业和善举。

这一举动让医生们明白了患者死亡的真相，给各位当事医生上了记忆深刻的一堂课，同时也对死者家属有了一个清楚的交代。俞老的精神为施维群的医学生涯打上了"执着、追求"的烙印，时至今日，他带教学生时还经常以此为案例进行讲解。

除了各位老师、病患本身以外，许多"同僚"也对施维群的学医生涯影响深远。其中就有两位军医朋友。

杭州中西医结合学习班（即西学中班），在浙江地区开办较早。来参加培训的学员中，除了浙江大学医学院附属第二医院保健科的毛大夫以外，还有两位，他们分别是杭州空军笕桥诊所的高连运和解放军驻福建连江某军的刘亚永。高大夫是口腔科大夫，刘大夫则是外科大夫。前者是地地道道的农民家庭出身的入伍战士，后者是有家庭医学背景的入伍军人。这两位对中医可谓是一无所知，他们心怀"学好中医，多个手段治病"的朴素想法，来到了为期一年的西学中班，在进行为期半年的临床实习时来到施维群所在医院内科，成为他的师弟，而年龄相仿的年轻人很快就熟络起来。

部队生活的锤炼，培养了他们严谨的学习和工作作风。施维群发现，这两位师弟无论是从求知欲上还是从学习方法上远远强于他。有时甚至让他感到自己才是师弟。两位军医有着晨读的良好习惯，清晨运动以后便开始晨读，复习学过的内容，琢磨前一天开出的处方。尔后便前往诊室打扫卫生，迎接"开张"。此番一来，施维群学徒时期养成的打扫诊室、为老师泡茶的习惯，竟被他们"抢占了先机"。每天下门诊前，两位师弟便拿出自己的小本子，开始围着戴老请教。小本子上密密麻麻地记录着他们一天中接诊患者时遇到的各种疑惑。因白天病患众多，十分忙碌，所以只能用小本记下来，趁着戴老尚未下班的点滴时间请教。记得有一次，小高师弟对于一个难点连续问了11个问题，这令旁边的施维群十分汗颜，也体恤戴老，他门诊已十分劳累，还要应对这些求知欲如此旺盛的弟子们。但戴老并未因此表现出任何不快，反而不疾不徐，耐心地解答各种疑问。遇上有些问题暂时不能回答的，戴老也一一记下，提出回家查阅书籍资料后再予答复。师弟和戴老的态度，让施维群深感愧疚：相较之下，他这个正宗的中医学徒和"师兄"，太不够格了！他开始正视自身不足，觉得交些志同道合的好友，相互学习、鼓励，彼此都能提高，这样还会使自己终身获益！他虚心向两位师弟学习，学习他们认真踏实的态度，借鉴他们识记中医理论的方法。在他们的带动下，施维群也养成了晨读的习惯，并且用他们传授的记忆方法记下上百张汤头歌诀，一直持续至今。几位年轻大夫在交流学习中成为好友，情谊也将维系终生。

（施晨沁）

第五节　初露锋芒显奇效

有了基础，有了情怀，有了信念，这时的施维群有了学术上的积累，通过沉淀找回自信，让自己在漫漫中医路上大步前行。在行医之初，发生了一些令他印象深刻的事。

在施维群师满后的第二年，他接诊了一位 35 岁的小学女教师。患者称自己"月经不调"，追问病史，主诉自月经初潮以来，一直先后无定，月经量少，行经次数也少。一般 2～4 个月一行，经期 1～2 日。问诊切脉后，患者支支吾吾，欲言又止，踌躇了许久才道出自己是来看不孕不育的。原来患者结婚已有 8 年，一直未育，丈夫生殖功能检查完全正常，她才前来就医。因觉此事"羞愧"，故不肯直说。

施维群认为患者不孕的原因是其月经先后无定，排卵期难以把握所致。故对症下药，采取培补元阴、元阳，活血补血，固摄冲任兼解郁之法，方以"定经汤"①为主，加用逍遥之意②。不想五诊之后，患者就有了身孕。夫妇俩大喜，向施维群报喜，还特意送来了锦旗，称他是名副其实的"送子观音"。此时，距离施维群首诊日期恰好 3 个月。

如果说这个病例让施维群找到了些许"感觉"，摸着了中医诊治的"门道"，那么另外一件事，则让他真正寻回了对中医的自信。施维群的父亲患慢性腹泻 2 年。肠镜检查示"慢性结肠炎"。当时戴老授意，称施父的疾病可以用中药口服加灌肠试试。但是古语有云："病不治己，旁观者清。"说的就是医者因情绪、情感的原因，通常很难为自己和为家人准确诊治。但是施维群

---

①定经汤，中医方剂名。出自《傅青主女科》卷上。具有舒肝肾之气，补肝肾之精之功效。主治妇人经来断续，或前后无定期。方剂组成：菟丝子、白芍、当归、熟地、山药、茯苓、荆芥穗、柴胡。

②逍遥散，中医方剂名，出自《太平惠民和剂局方》。为和解剂，具有调和肝脾，疏肝解郁，养血健脾之功效。主治肝郁血虚脾弱证。两胁作痛，头痛目眩，口燥咽干，神疲食少，或月经不调，乳房胀痛，脉弦而虚者。临床常用于治疗慢性肝炎、肝硬化、胆石症、胃及十二指肠溃疡、慢性胃炎、胃肠神经官能症、经前期紧张症、乳腺小叶增生等属肝郁血虚脾弱者。方剂组成：柴胡、当归、白芍、白术、茯苓、甘草、薄荷、生姜、大枣。

思前想后，还是决定壮着胆为父亲治疗。先用戴老一直偏爱的，治疗"肠风"①的痛泻要方②加异功散③加减。尔后用灌肠方：黄连、锡类散、痛泻要方合老鹳草保留清肠。半月后，施维群父亲的病基本被治愈。再次复诊时又去锡类散，继续巩固治疗1周，此后未再复发。第一次为自己家人治疗，竟然取得了如此好的成效，这也令施维群喜出望外。从此，他便给自己的诊治提出了"辨证准确，遣方得体，善于创新"的要求，也将此作为自己的诊治座右铭，铭刻在心中，为他后来开出创新的外治法奠定了良好的基础。

还有让施维群颇为自豪的事，是他在跟随针灸科郭云雯老师下厂、下乡为病患解决支气管哮喘疾病的过程中，取得了很好的治疗效果。不少患者进行了100%的胎盘液穴位注射后，病症得到减轻或基本康复。此后几年，有一些患者哮喘再次复发，便又纷纷寻施维群而来寻求治疗，他们认准了，只有这位年轻的郎中才能为他们减轻痛苦。因深知此疾病的痛苦，所以见到成效，又得到患者的首肯和信任，更让施维群欢欣鼓舞。

那一年，施维群还跟随医疗队下乡去萧山围垦区行医。由于那里地处钱塘江杭州湾的喇叭口，风大，空气湿度高。所以他根据当地的多发病、常见病特点，在学习《内经知要》的基础上，提出了自己的见解，并撰写了《治疗学上的"逆从阴阳，分别四时"——学习〈内经知要〉的一点体会》一文。他指出了萧山围垦区的这些病患体质虽各有不同，但大多以畏风为临床特点，以刮风后发病为多，说明了风胜则外邪乘机内侵是致病因素。依照《黄帝内经》所示，中医在诊断和治疗过程中，不可忽视自然环境对疾病的发生、发展及转归的影响。这是他的第一篇论文，受到了戴老的赞许，并发表在了科室自编的《医学汇编》上。这个踌躇满志的青年，对自己的中医之路也有了进一步的自信：既然可以在科室刊物上发表文章，那么今后也许会有更多的机会发表中医论文、学术观点在各类各级医学杂志上。

（施晨沁）

---

① 肠风，中医术语，为便血的一种，因外感得之，血清而色鲜，多在粪前，是大肠气分而来的便血。

② 痛泻要方，中医方剂名，出自《丹溪心法》。为和解剂，具有调和肝脾，补脾柔肝，祛湿止泻之功效。主治脾虚肝旺之泄泻。症见肠鸣腹痛，大便泄泻，泻必腹痛，泻后痛缓，舌苔薄白，脉两关不调，左弦而右缓。临床常用于治疗急性肠炎、慢性结肠炎、肠易激综征等属于肝旺脾虚者。方剂组成：陈皮、白术、白芍、防风。

③ 异功散，中医方剂名。出自《小儿药证直诀》。具有补气健脾，行气化滞之效。主治脾胃气虚兼有气滞的病证，症见面色苍白，四肢无力，胸脘胀闷不舒，饮食减少，肠鸣泄泻，或兼有嗳气、呕吐等表现。现常用于小儿消化不良属脾虚气滞者。方剂组成：人参、炙甘草、茯苓、白术、陈皮。

第六节　勤求医源耕杏林

年轻时的施维群受俞老的影响颇为深刻，而受其影响最深之处有二。

首先是"辨证和辨病"相结合。当年，俞老潜心探索，对"辨证论治"进行追根溯源。他在讲授诊治理念和思路时如是说："首先应诊断是什么病，再行辨证施法，何证用何方。如若某证用某方将病治好了，却不知这是什么病，别人会信服吗？溃疡病治愈的标准是什么？肝炎治愈的标准又是什么？不看胃肠造影，不看胃镜，不看肝功能检查结果，我们能证明治愈了吗？"

其次便是俞老提倡善于争论，善于发问，善于疑问和假设。老人家提出："医学探索，不要人云亦云，要善于提出假设，再进行否定，尔后再行论证、分析，这才有创新，有进步！"

正是因为受到这样的影响，施维群做了一次大胆尝试。

记得20世纪80年代初，他看到一篇上海中医学院某教授写的《胃不和则寐不安与失眠》一文。这时恰逢他学习《黄帝内经》正酣，所以总觉得"胃不和则寐不安"应该是气逆而卧不平稳之意。年轻气盛的施老师便将自己的观点分别告诉了戴老和俞老。两位先生热情地鼓励他，并要求他多看书，多找资料，寻求古训，进行立论充实，这对他自身也是有提高和帮助的。施维群得到了两位老师的肯定后，再三读了《黄帝内经》，还翻阅和查找了《康熙字典》《说文解字》等古籍。尔后撰写了《试论胃不和则卧不安——与朱××商榷》，在浙江中医药大学首届博士蔡定芳的指导下，发表于《上海中医药杂志》，并收到编辑和原作者的回复。

这次尝试是一名年轻中医医生的无畏之举。这使施维群明白了"学海是无涯，学术更无边"。徜徉在知识的海洋中，游弋在学术的天空里，提出异议，再进行论证、分析，只会越"争"越明白。这无疑是一个学习中医的绝好方法。此后，凡是在学习上遇上疑点、难点，在学术中碰上分歧、异议，施维群也总是扎根中医，勇于探索，敢于"争辩"，进而汲取到更多的"养分"。

学医数年，理论扎实，又有了学习方法，施维群对中医的悟性也逐步得到提高。科里的老师和同事、前来就诊的患者们都对施维群赞许有加。很多人觉得，这么年轻的医生，有这样好的口碑，已经不错了，应该知足了吧？但是，漫漫中医路上，岂能因为这小小的进步而止步？施维群觉得，自己要学的、要做的还有很多。

在家里装修房子期间，施维群曾在同学祝光礼家借宿 3 个月。同窗好友祝光礼，现为教授，主任中医师，博士生导师，浙江省名中医，第五批全国老中医药专家学术经验继承工作指导老师。1990 年于南京中医药大学中西医结合心血管病专业硕士研究生毕业。曾为杭州市中医院心内科主任，国家中医药管理局中医心血管重点专科建设基地、浙江省中西医结合心血管重点专科建设基地、杭州市中西医结合心血管 I 类重点专科及浙江省中西医结合冠心病中心学科带头人。这位同学非常幸运地师从了内科杂病名医杨少山，但是他并不因为师从名家而得过且过、放弃深造，他对自己的学习和从医路有非常明确的规划。在和祝光礼朝夕相处的日子里，施维群渴求知识的心有了更为明确的方向：作为中医，学徒出身的自己很难和科班毕业的人相提并论；而西医的实践操作比较熟练，可是理论知识还是有所欠缺。所以去学校深造，既能学到知识，又能取得学历，何乐而不为？于是在 1980 ～ 1993 年，他分别完成了浙江中医药大学的专科和本科学历。在浙江省乃至全国性的各类相关学术会议和培训中都有他的身影。在浙江中医药大学本科学习的时候，他已经被破格晋升为副主任中医师，是当时在班里职称最高的本科就读生。据他回忆，在自己的学医生涯中，仅《黄帝内经》《伤寒论》等四大经典和内、外、妇、儿、针灸推拿、正骨等临床课程就轮番学习了 4 次，参加的晋升和学位学历等重要的考试就有 6 场，其余参加的各类考试、考核已数不清了。其间，施维群还通过了南京中医药大学的硕士招生理论考试，遗憾的是因为一场车祸从天而降，致使他错过了周仲瑛院长的硕士面试……

从中医学徒到大学的教授，从默默无闻的小医生到第六批全国老中医药专家学术经验继承工作指导老师，有过多少困惑、艰辛，流过多少汗水、泪水，牺牲了自己多少的青春和芳华，只有施维群自己清楚。而现在的他还依旧腰板笔挺，风风火火地在漫漫中医路上执着前行。

（施晨沁）

第二章

名师指引

第一节　师傅引路 "炒冷饭"

　　学医不是一蹴而就的事情，特别是学习中医，经典古籍对于很多人来说都是一座座难以逾越的高山，需要在通读、细读、精读的过程中不断地沉淀、摸索及感悟。施维群从1972年开始学习中医至今，其对经典著作的学习就不下4次，在各位老师的带领下，从最初的懵懂茫然，到后来的融会贯通，直至最后的兼收并蓄、中西医结合，都是他一步一个脚印地走来的，施维群始终秉承着温故知新、更新迭代的思想学习经典著作。

一、"下锅"——初识庐山，懵懂前行

　　1972年，施维群高中毕业，被分配到了杭州市第四医院中医科，初入医院，首先是进行二年制的中医学徒学习，刚接触中医药的施维群对这门传统医学毫无了解，刚开始就是四大典籍的学习：《黄帝内经》《伤寒论》《金匮要略》《温病学》，当时讲述经典的老师主要是戴季徐先生和俞尚德先生，两位老先生医学涵养斐然，四大经典对两位来讲实在是太熟悉也太基础了，在讲学中会对很多默认的原则、规则进行一定的省略，因此施维群最初的学习是在懵懵懂懂中度过的，此时对典籍的学习还是以文言文为主、白话文为辅，即使是白话文，因翻译及专业术语的原因总不免晦涩难懂，特别是《黄帝内经》，其作为古典医学的理论奠基性著作，不仅仅是一部医学巨著，也是一部以生命为中心，同时又涉及医学、天文学、地理学、心理学、社会学、

哲学、历史等的一部围绕生命问题而展开的百科全书，内容庞杂，理论深邃。施维群时常在学习的过程中对自己产生怀疑，怀疑自己是否有学习中医的能力。记得在学习《黄帝内经》的时候，"不治已病治未病，不治已乱治未乱"理论，当时讲课的先生讲道："已病"是显性，"未病"是隐性，不去治疗显性的病证而去寻找根本没有的"未病"，如何才能做到？庞杂的理论脉络对当时的施维群来说是每日的辗转反侧，是每日的迷茫无助，是每日萦绕于心而不得解的困苦。好在，这段时间不算太久，经过不懈努力，他学习慢慢步入正轨，在二年制学徒的后期，施维群越学习越感兴趣，越学习越感受到传统医学的魅力，度过了最初的迷茫期后，他爆发了惊人的学习力，老师们都对施维群赞誉有加。

二、"二炒"——温故知新，坚定前行

1973年年底，施维群来到"杭州市中医提高班"进行为期一年半的集中学习，师资主要来自于杭州市中医院。因为是提高班，施维群抱有很大的期许，而真正开始学的时候，施维群有点傻眼了，教材还是以四大典籍为主，还是那些教材，当时的施维群有点不以为然，觉得这几本书都学了两年了，还能有什么新花样不成？后来在老师的告诫下，戒骄戒躁，真正地沉下心来学习，这才明白了"提高班"的提高之处，在这里，施维群遇到了很多优秀的老师，如王永钧、盛循卿、杨少山、傅学铨、何子淮等。

学徒前期，老师讲解的毕竟只是浅表的基本理论知识，对于疾病的病因病机，以及疾病之间的传变机制，施维群则在提高班的时候又有了进一步的认识，而且老师们在教学中喜欢举临床实例进行分析。因此，在提高班的学习中，施维群开始从浅显的纯理论慢慢转向对理论与临床的深入。当时施维群已经对类似"已病"与"未病"这样的理论烂熟于心了，对"阴阳五行""八纲辨证"之类的理论也较为熟悉，但如何应用则仍然不知所措。所幸，当时提高班的学习有一个很大的特点，就是白天授课与临床见习穿插进行，晚上则集中自习。虽然，几位老师讲课的内容还是《黄帝内经》《伤寒论》《金匮要略》《温病学》四大典籍，或者再加一些关于草药的内容，但施维群有了理论与临床抄方的积累，能够把遇到的疑难杂病带到课堂上，边听边思考，或者不懂就提出来请教老师。这样的学习模式迅速提高了施维群临床诊疗的能力。彼时，学员们还经常被草药老师带到山上实地采草药、寻"仙草"。

在提高班的一年半的学习中，侧重学习了真正能治病救人的"能耐"，也使施维群真正地沉下心来，开始真正热爱"中医"这个身份。

三、"三炒"——学而无涯，内外兼修

1975年，完成了"杭州市中医提高班"的学习后，施维群初任中医士。虽然中医是以治为根本的医术，但是由于西医的检测技术等的不断引进，西医对显性病证的快速诊断给中医后期的辨证施治提供了很多实质的支持。因此，为更好地行医，施维群在杭州市卫生学校学了半年左右的西医，1976年开始，施维群下乡参加萧山巡回医疗队。在急诊科、中医科、内科门诊，经常能见到施维群的身影。虽然诊务庞杂，但是也使施维群增加了诸多实践成长的机会。经过几年的历练，1979年，施维群被聘任为中医师。经过这些年的实践，施维群有了很多的感悟，对中医的博大精深有了更充分的认识，希望有更多的深造机会。同年，正好"浙江省经典著作提高班"在浙江中医药大学开班，施维群有幸成为其中一员。虽然学习的还是那几本理论著作，但是有了实践的经验以后，施维群对理论的理解有了更多新的感悟。在学习过程中，施维群对知识的累积有了更多的渴求。适逢改革开放以后大学招生，施维群考虑良久，虽然知道这是一个很好的学习机会，但对是否要重新进入学校学习还是犹豫不决，当时浙江中医学院的老师、金匮教研室主任范永升教授为此与施维群进行了一次交谈。范永升教授在仔细分析了学习的必要性和学习环境的利弊后，建议施维群进行系统学习，并期许在此基础上有更好的发展。施维群听从建议后考入浙江中医药大学大专班，重新研习以四大典籍为主的课程。彼时，施维群已有了中西医结合的想法，所以在系统学习的过程中，他对中医基础理论的学习尤为关注，毕竟治疗的方法可以殊途同归，但是医学的理论是最强大的"给养"，"知其然"与"知其所以然"同样重要，因此，在大专阶段的学习中，施维群潜下心来，认真地研读经典著作，不断地完善自身的理论体系，跟随中医学院的教授及诸老，探究传统中医与现代西医技术及理论的结合点，寻求新的突破。同时，除经典著作外的其他中医课程的学习也全面铺开，包括中医各家学说、医史等，不再单纯地专注于"方法论"，而是渐渐地关注于"观世界"。

四、"再炒"——只为更好的自己

大专班毕业快十年之际，施维群凭借过硬的技术已被破格晋升为副主任中医师。但是随着平台的提高，学科的不断融合，交叉学科的不断巨变，中西医结合的不断深入，时刻提醒着施维群，使其认识到更多理论知识的武装、更全备的中医理论体系的建立的重要性。1993年，施维群做了一个重要而坚定的决定，重新入学，回炉再造。

在1993～1997年的4年时间，施维群完成了本科阶段的学习，时隔多年，重新捧起四大典籍，重新开始系统地学习《黄帝内经》的中医基础理论体系，重新学习《伤寒论》《金匮要略》《温病学》等医学典籍。全面学习中医内科、外科、妇科、儿科、五官科、针灸推拿科、中医骨伤科等。是年，施维群已年近40岁，是班里的老大哥，同学们都不自觉地叫他"施老师"。对施维群来说，这是一个温故知新的机会，是一个重新梳理自身理论体系的机会，是一个遇见更好的自己的机会，是如此让人珍视。他如饥似渴地学习，比那些小他很多的同学更努力，只因为懂得越多，越明白知识的空白有多大。

学习是一个漫长的过程，中医学给予施维群诸多学习机会，反复回炉"炒冷饭"！每次捧起同样的著作经典，每次面对不同的老师，难免有理论相抵、意见相左的时候，也会有迷茫困惑的时候，但是，他坚定不移，一直坚持，沉下心来，不断温故知新，走出了一条踏实学医、中西医并蓄的医学之路。

路漫漫其修远兮，吾将上下而求索。吾生也有涯，而知也无涯。

施维群用其大半生的学习经历不断地实践着这份执着，我们发现，生活从来不会亏待虚心而努力的人，施维群在学术及医术上的成就世人有目共睹，他是一位值得我们敬重的榜样。

（丁月平）

第二节 严师门下"泪涕流"

俞尚德老先生，自号布衣郎中，是著名的脾胃病专家，专攻脾胃消化病的临床研究，是第二批全国老中医药专家学术经验继承工作指导老师，从事中医消化系统疾病的诊治 70 余载。融贯中西医，治学严谨，辨证治病是俞氏行医特色。

1972 年，施维群有幸开始跟随俞老学习。那些年跟随俞老病房查房、院内会诊、门诊抄方，他总感觉俞老有着无限精力，查房前先熟悉患者基本信息，掌握目前已经有的辅助检查，查完时认真听取管床医师汇报病史，然后提出问题，最后做出总结拟定诊疗计划，每个环节都极其认真严厉，甚至"苛刻"，有错必究，当面整改。回到办公室后，俞老还会亲自质控病历，小到错字病句、语法结构，大到治疗原则、法律规范。发现问题当面指正，甚是严苛。时至今日，施维群仍对俞老的谆谆教诲念念不忘。

和俞老相处的点点滴滴、日日夜夜，施维群都想将其变成文字记录下来，可惜奔波忙碌，一直未成现实，但是每一个片段、每一个桥段都不时在他的脑海中回放，记忆犹新，难以抹去。

那是一个清晨，科室进行晨交班，此时一位本院的同事急着找施维群处理点事情，于是，他便溜出医生办公室去见这位同事，约 2 分钟后，他推开医生办公室的门时，里面鸦雀无声，待施维群站回原位后，俞老发话："重新交班"，语气凝重，气氛严肃。于是值班的医师和护士又认真地交了一次班。交班完毕，俞老当着全体医护人员的面问施维群："你知道为什么要交班，给谁交班吗？"施维群似乎觉得自己已经犯了错误，但还是若无其事地回答："昨天我又不值班，有值班医师交班的啊。"话音刚落，俞老严肃且冷峻地呵斥道："参与交接班，你要知道以下几点。首先是对辛苦劳作的医师护士的尊重；其次，正因为我们没有参与值班，所以更应该参与交班，听取值班医师告知我们没有在科室时患者的病情变化和处置情况；另外，听取交接班后，我们还要拟定今日的诊疗计划。这个过程应极其严肃和认真，而不是走形式，也不是自己想参加就参加，不想参加就可以逃避的，更不能敷衍了事！"听完俞老的话后，施维群顿时觉得自己无比渺小，又自责又委屈，自责是觉得自己意识不到问题的严重性。委屈是因为年轻好面子，觉得这种事情没必要当着众人的面训斥。他简直无地自容，当时如果地面有个缝都想钻下去。

故事总是带有戏剧性的，就是要有故事情节，才会让你记忆深刻。又有一日，临近下班了，施维群独自收住了一位黄疸患者，在采集完病史，处理完医嘱后，便开始写首次病程记录和大病史，慌慌张张地写完了交给俞老审阅，俞老手持红笔在不当的地方圈了起来，嘱咐他再仔细修改。回到办公桌后，施维群便急急忙忙地完成二次书写，再次请俞老修改时，俞老又手持红笔把不妥的地方圈了起来，叮嘱他再认真推敲。因为就要下班了，带着疲惫的身躯和焦灼的心态，施维群匆忙地又请俞老审阅修改稿，俞老读完，头也不抬，直接将病历簿从三楼扔出了窗外，并命令施维群："去捡回来重新给我写，写不好不许回家！"施维群看着"躺"在冰冷草地上的病历簿，在转身那一刻，眼泪像决堤的山洪，滚滚往下流，当时心里不停地嘀咕："作为前辈、领导和老师，怎能如此地对待一位年轻人！"但是施维群还是拖着疲惫的身体，把病历簿捡了回来，再一次伏案工作，当他最后完成书写时，已是晚上8点，夜极静，只能听见自己的呼吸音和肠鸣音，但当施维群回头那一刻，才发现主任办公室的灯还亮着，俞老并未下班，施维群再一次捧着病历簿来到俞老桌前，俞老依旧手持红笔，但这次他没有画圈，而是露出了满意的倦容，俞老放下手中的红笔，语重心长地对施维群说："一份合格的病例不仅能体现你对疾病的认识和你处治疾病的能力，也能看出你的专业水平和基本功，一份合格的病例还能体现出你对患者的态度，因为它可能涉及规章制度，它甚至涉及了法律法规，因此病历质量无小事。"

两件小事情，当年哭过、痛过，觉得不可思议，也不能接受，但是现在想起来，无疑是施维群人生中的巨大财富，俞老不仅教会他专业的知识，更教会他做人的道理。几十年来，施维群在医学的道路上不停地参悟，觉得做人做事就是得踏踏实实、认认真真，作为医者更不能有半点马虎。医学事业是严谨的、神圣的，性命攸关，健康所系，患者把命都托付给你了，这是何等神圣而重大！

俞老十分欣赏清代袁枚"不学古人，法无一可；竟似古人，何处著我"的治学理念。几十年来，施维群耳濡目染，铭记胸臆，不负师训。从那时候起，他就养成了独立思考的习惯，亦做到了"从不人云亦云"的理念。从临床到科研，从教学到带教，不管是查房还是会诊，不管是病例讨论还是小讲课，什么事情他都要亲自看过、亲自做过，才得以放心。

1974年，因俞老以中西医结合的方法抢救重症肝炎患者，使重症肝炎的死亡率下降30%，当时的《杭州日报》作了图文新闻报道。从那时候起，施维群就和俞老在中医肝病这条道路上摸爬滚打，所以俞老的学术思想和临证经验对他影响很大，奠定了日后施维群从事肝病治疗的临证基础，也使他治疗临床重症肝炎患者时有十足的信心。几十年来，施维群在俞老的影响下，从中药协定方到红参、三七口服液的开发，从脐部贴敷到穴位注射的使用，从全省第一家妊娠肝病诊治中心到一秒钟肝穿刺等，不断摸索，不断突破，也逐渐形成了自己的诊疗思维和理念。

如今，施维群作为全国名老中医学术经验传承人，在全国各大专业学术学会担任要职，具有一定的学术地位和成就，其科研成果屡获大奖，发表学术论文数十篇，这些成绩都离不开俞老的培养。当年俞老要求他每月要写一篇学术心得，或是前沿综述，或是标书计划，然后全科室一起讨论交流，那时候的日积月累，才造就施维群今天的学术造诣。

2005年的某一天，俞老患病发热在家休息，他此时已是86岁高龄，施维群闻讯前去探望，师母开门，告知俞老此时仍是38.3℃的高温。进屋后，施维群被眼前的一幕惊呆了，只见俞老倚靠在床头，手里捧着一本《黄帝内经》，另一只手握着笔记录着。见学生到来，执意要施维群坐在旁边，和他谈黄疸的思辨，施维群心疼地劝俞老好好休息，他还是不肯放下书，摇摇头，摆摆手说："没事，我好着呢，我一生的任务就是看书。"

看过去，想今朝，思绪此起彼伏，施维群将俞老的学术治学思想和生活工作态度传于学生和弟子，希望他们在这些小故事中能汲取一些正能量。年轻人容易浮躁，诱惑甚多，负面信息见缝插针，希望读者读到此文时能领悟其中真谛，也愿俞老的治学精神永放光辉。

（李剑霜）

第三节　妇儿流派"收眼底"

一、跟师何子淮抄方

一门四代，传承一百多年的何氏妇科是我国中医流派的杰出代表。施维群曾有幸跟随何氏妇科第三代传人、国家级名老中医何子淮先生抄方学习。

施维群回忆，那时何老已经凭借精湛的医术誉满全国，各地的进修生蜂拥而至。虽然每天跟随何老抄方的人很多，但何老仍严格要求每一位进修生。他仔细接诊每一位患者后，还要认真地看每位学员的医案，包括舌苔、脉象、辨证、理法方药等，从格式到内容都严格要求。有一次十几个学员问诊一位妇人，患者在描述症状的过程中提到了腹痛，当时学员们觉得似乎没什么特别，都慢条斯理地继续问诊，这时何老严肃地说："可能是宫外孕！马上去做 B 超！"后来果然如何老所说，大家都惊叹于何老观察病情的稳准快，能在问诊中抓住重点。

考核跟师学习的效果，何老也有自己的一套。他会让两个学生接诊同一位患者，然后各自开方，在诊疗的过程中，何老精神高度集中，不停巡视学员的接诊方法及医案书写、理法方药等。何老为人平易近人，街坊邻居也常常找他看病，即使休息在家，他也耐心仔细地为邻里们排忧解难。何老医术高超，常常两三剂药下肚，便药到病除。

在跟随何子淮先生学习的过程中，施维群深深体会到何老高标准、严要求的治学风格，尤其何老对何氏妇科流派传承的执着和不懈努力，都让施维群获益匪浅。

二、带教老师戴季馀

戴季馀先生也是杭州名老中医，尤其在内科杂病、小儿疾病等方面医术高超。施维群也有幸跟随戴老抄方学习。1975 年某日，施维群跟随戴老会诊一个 4 岁的小女孩，其多次惊厥抽搐，住在某西医医院。虽使用西药仍反复高热，家属非常着急。戴老师在床边仔细诊查过后，经分析，认为是温病热证，气营两燔，便予以了竹叶石膏汤加减，结果药到病除，两日便退热了。谈及此病例时，戴老一番话发人深省："以前，热性病的卫气营血辨证，每个阶段的证候特点都很典型，逆传迅速而危重。如今激素、抗生素的使用，将症状掩盖，没有了原来典型的证候，这就更加要求我们细致入微地加以辨病与辨证，对小儿热病更需要及时把握时机，神速出击。"戴老严谨的诊病风格，至今令施维群记忆犹新。

三、跟师盛循卿

盛循卿，全国名老中医，杭州市中医院原院长，曾任浙江省中医学会副会长，是国家级名老中医何子淮先生的学生，擅中医妇科、儿科，造诣高超。他思路开阔、用药精炼，且善于将仲景学说灵活施用。施维群也曾跟师盛老学习。作为中医大家，盛老除了做好院长行政工作，更不忘潜心带学生、重教、重临床。

盛老于妇科疾病有颇高造诣。在治疗子宫脱垂方面，他多从脾肾着手，补中益气兼以滋肾，在用收敛固涩药的基础上，常用滋补肝肾之阴的药以清热，常显奇效。盛老当年年事已高，又患有甲状腺功能亢进，有时心动过速和血压升高，但他仍然以旺盛的精力投入到临床与管理工作之中，有时一天的门诊量达百余号，在处理工作和患病休息的关系时，盛老往往想患者之所想、急患者之所急，并心系学生。他说："我小毛小病的病假休息对患者、对学生都不利。"可敬的盛老，看病时话不多，专注而认真，对于小儿疾病的理法方药，严谨细心，周到精当。施维群说："我的小儿诊病之指纹要诀，就来自于盛老和戴老。记忆特别深刻的是，有小儿就诊时，盛老甚至会随口背诵出几段《小儿药证直诀》的条文。"

四、跟师赵葆卿

施维群也曾跟随赵葆卿先生抄方，赵葆卿老先生为国家级名老中医裘笑梅先生"裘氏妇科"的嫡传弟子，从医 50 多年来，对妇科经、带、胎、产诸疾都有丰富的诊治经验，更擅长治疗多囊卵巢综合征、崩漏、痛经、先兆流产、习惯性流产、子痫和不孕症等妇科疑难杂症，治验宏富。裘老也是当时中医妇科的有生力量，当何子淮或何少山老先生外出开会或休息时，她会主动担当起医疗重任和带教的任务。赵葆卿对于妇科经带胎产疾病辨证到位，下药干脆精准。有一次，施维群在随师抄方时，来了一位月经先期、经量甚多的患者，面色不华，几名学生窃窃私语，辨证为气血不足证，但当看到赵老脉案时，却与自己的判断大相径庭，同学们百思不得其解，由于此时患者很多，同学们不便发问，被赵老看在眼里。中午下班拖到一点多，学生们都有点饿了，但赵老不顾疲劳肚饥，还是将学生们的疑问提了出来。她要求学生将月经提前经量过多西医诊断的注意事项、中医辨证的类型重温复习。她告诫学生，同样的月经先期量多，除气血不足外，血热夹瘀也要考虑，除了脸色、苔脉之外，还要着重关注经量、色泽、有无血块，这是更重要的辨证资料，给同学们上了一堂生动的临床教学课。施维群至今不时向学生提及。赵老说："课堂我讲的你们要在临床中结合进去，回去再看书、审方，这样才有长进。"

中医学兼容并蓄，内、外、妇、儿有很多相通之处，异病同治、同病异治的临证方法处处体现着中医辨证论治的核心思想。施维群虽然后来主要从事中医内科的临床工作，但是早年跟随多位妇、儿科中医大家的学习，触类旁通，汲取到前辈们宝贵的临床经验，也为后来的中医内科诊治打下了坚实的基础，借助这一早年搭建的学术平台，施维群在带教过程中，也不时地跟学生们分享他那些熠熠生辉的跟师岁月中的临证体会。

（倪　伟）

第四节　众师授业"终生益"

一、裴芳老师

裴芳，内科杂病专家，著名肾病医家王永钧之夫人，俞尚德老先生之高徒。施维群对她的印象是：为人谦和，待人真诚。虽说她当时已是著名的肾病专家王永钧的夫人，但她专注学术，专注临床，兢兢业业，勤勤恳恳，遣药简练，深受患者爱戴和学生尊敬，在缺医少药的年代，门诊就诊的患者较多，往往到饭点还下不了班，每每这时，她会总会执意安排大家先去吃饭，自己永远是最后一个离开诊室的，从不抱怨，从不计较，从不叫苦叫累，她既是前辈，又似家长，像待孩子一样地对待科室年轻人。裴医生经常会遇到这种情形：刚脱掉白大褂，洗完手准备吃饭时，又会因有患者前来就诊，而重返诊室。但她毫无怨言，乐呵呵地说："患者身患疾苦，这也是有无奈的，只要他们有需求我们总要帮助。医生嘛，就是为人解除病痛，救苦疾大众的。"这是多么高尚的情操，多么博大的胸怀！她心系医院，情系患者，无愧于人民卫士的称谓。

和裴芳老师相处的日子令施维群终生难忘，有时抄方闲暇之余，他会和裴老师拉拉家常，聊聊生活琐事，谈及大家都尊敬的王永钧老师。谈及她的家庭，裴芳夫妇均为俞老先生的弟子，临床上同心协力，治病救人，生活中则要照顾双方老人，忙里忙外，着实不易。裴芳老师说："夫妻都能为医学事业忙碌，造福人类，是很幸运的。由于王永钧执着追求医学事业，全心全意投入到临床和科研上，在学术上造诣颇丰，我在照顾家的同时，科研、论文难免略逊一些，但我很满足，能为患者治好病，我就无愧了。"多么朴实的语言啊！展示了一位医务工作者无私奉献的精神。

特殊时期的学习任务较多，全科室倾巢出动参加思想政治学习，只有施维群和裴芳老师两人负责门诊，他们已经忘记了当年的门诊记录，只记得某日下午的就诊人次为 173 名，两个人忙得不亦乐乎，过了下班时间，仍有很多患者在等待，施维群已疲惫不堪，被裴芳老师劝着下了班，而她则留下来继续门诊。第二天上午，施维群上班后，看到裴老师早已到岗，正精神抖擞地在科室忙碌着。她笑呵呵地对施维群说："昨天真累啊，拖了一个多小时的班，但是我无怨无悔，谁叫我们是医生？只要患者有需求，我们就会尽力，越难越要镇定，耐心细致地对待他们。"这件事令施维群终生难忘，裴芳老师言传身教，她是一位合格的医生、合格的老师。

约10年后的某年除夕，正是阖家团圆的日子，家家户户开心吃着年夜饭。而此时正值"甲肝"大暴发，门诊、病房都忙碌不堪，施维群是下午班并连着上夜班。是日，门诊人次已达到271人，虽然大雪纷飞，而且已是晚上7:30，但门诊的大门还是关不了，施维群耐心地接诊，脑海中浮现裴芳老师的教诲：越是困难，越要镇定，耐心地处理。施维群就这样忙碌地度过了除夕。现在回想起来，那时的点滴付出都是人生路上的宝贵财富。

在医学的道路上，总有人默默地为之奉献，在属于自己的一片天地中默默耕耘。他们像早晨的阳光，给患者带来希望；像一束小花给大地带来清香；像一缕晚霞，点缀了天空的灿烂，裴芳老师就是这样的医者，踏踏实实，勤勤恳恳，不计较个人得失，甘愿付出，不求回报。

在裴芳老师的指导和引领下，施维群能够勇于担当，凭的不只是责任和勇气，更重要的是专业知识和实践经验的累积。那时候，学习临床知识和实践的机会多，但是因为人员少，获得继续教育的机会少。施维群长期坚持立足于岗位，学习业务知识，从不满足现状。他围绕科室常见疾病的特点，积极扩展知识面，在网络不发达的年代，他经常到书店查阅资料，到医院请教老师和同行，积极寻求治疗的最佳措施。当然裴芳老师给施维群的指导和对他的影响更为深远，进而影响到他的职业生涯。

施维群说，他从未忘记裴芳老师的教诲和嘱托：满足患者最大的需求。而满足患者的需求，则需要不断地学习。施维群坚持白天上班，晚上学习，把白天遇到的难题放到晚上去研究，经常学习到深夜，他虽是一名平凡的医生，但是要做好不平凡的医疗服务。

施维群从事医疗教学科研工作几十年，在此期间，他与同仁们一道，在有限的条件下担负着艰巨的医疗服务工作。那些曾经带教过他的老师，那些曾经帮助过他的老师，甚至那些曾经"骂"过他的老师，都是他医学事业上的指明灯、方向标。其实说起来，医院医疗工作是繁重的，有累、有苦，但是因为有了裴芳老师这样的精神原动力，你不会感觉厌倦和疲惫，也不会感到枯燥和乏味。唯有努力工作，才能收获事业上的成功。裴芳老师的精神告诉我们：唯有守得住清贫，耐得住寂寞，受得了委屈，方能成就大的事业。

怀着对卫生事业无限的忠诚和热爱，施维群全身心地投入到医疗工作中，扑向水深火热的医疗战线，凭着扎实的基本功和踏实的工作作风，为无数患者解除了痛苦，为无数家庭带去了欢乐，他在平凡的岗位上诠释了不平凡的人生意义。

二、俞中元老师

俞中元，浙江省中医药研究所主任中医师，浙江中医杂志社编辑，20世纪70年代末80年代初，施维群在省里一次中医年会上与其结识。俞中元年长施维群4～5岁。自此，他们通过长期的来往交流，关系愈加亲近，亦师亦友。

此前，施维群工作的地方离俞家特别近，有空就跑到俞中元家中请教。俞老师博览群书，家里藏书丰富。俞老师也经常指导施维群如何选书、读书、藏书。他说阅读医书的理法方药，固然很重要，但是在临床上所遇之病证，并非可以按图索骥。因此，阅读名家医案常要带有自我的思考。这些医案所载常常是复杂难治的病证，阅读之，可以知道名家是如何运用理法方药而知常达变。不过，亦不能完全迷信名家的理论与经验，而医案中亦常瑕瑜互见，如果不善于读书，则反受其害。但这些谬误，人们常不易觉察。故读医书医案时，一定要加上自己的推敲琢磨，获得真认知。

俞老师还常常给施维群介绍"药王"孙思邈——唐代医药学家、道士。孙思邈崇尚养生，并身体力行，正由于他通晓养生之术，才能年过百岁而视听不衰。他将儒家、道家，以及外来古印度佛家的养生思想与中医学的养生理论相结合，创造出许多切实可行的养生方法，时至今日还在指导着人们的日常生活。如心态要保持平衡，不要一味追求名利；饮食应有所节制，不要过于暴饮暴食；气血应注意流通，不要懒惰呆滞不动；生活要起居有常，不要违反自然规律等。这些养生之道对施维群影响很深，至今他依然步行健身，节制饮食。不管是生活中还是工作中都尽量保持良好的心态面对一切。

俞老师学术渊博，书文经典，曾发文论述高学山对《伤寒论》病机的认识，文章介绍高氏对伤寒证治阐发详尽明晰、有所发现，对人体气机的认识并不局限于解释伤寒病机，他认为其对临床有很好的指导意义，值得推广。

他还指出，日本丹波康赖所著的《医心方》虽然是一部"域外方书"，但颇能反映出中国传统医学的特色。其引用的参考文献均出自我国隋唐以前的古典医籍，其中引用的部分古籍在我国已经失传，因此弥足珍贵。其中的"房中术"内容，在世界性医学研究领域影响深远，对当代临床工作仍有很好的指导意义。俞老师在《白芍慎用于产后说之佐证》一文中赞同朱丹溪《丹溪心法》中对白芍能"主妇人一切病"提出的异议，认为产后不可用，其理由是"以其酸寒伐生发之气也，必不得已，亦宜酒炒"。并提出了两个佐证，其一是清代陈士铎，他在《本草新编》论芍药时专设一节问答，以强调产后不可用芍药，其理由同丹溪："恐其引寒气入腹也，断不可轻用。即遇必用芍药之病，止可少加数分而已。"由此说明产后强调慎用芍药是成立的，陈氏当由实践依据而发；其二是《谢映庐医案》中载有"谵语自汗"一案，即为产后误用白芍所致，是以其"酸寒凝滞之故"，而应用温补兼通之法。俞老在《火郁证治刍议》中，记述火热内郁亦是造成某些难治症或怪症之病因。火热内郁，多由气机失调，郁久成热化火，不得张扬所致。郁热在内，营血不调，正气不能外达，遂使四肢体表反见虚寒畏冷状，或羸弱无力状，成真实热假虚寒之局；亦有火热偶尔冲发，突如其来，则或痛或胀，或莫能名状，一如怪症。他记载的几则医案，实属临床怪症，而从火郁的思路去解，收效满意，值得我们临床医师特别是年轻医师拜读。故今施维群有幸写书记载，不得不提及借鉴上述俞老师的学术思想，他发表的文章是现在大部分年轻人所不能及的。施维群写论文多请俞老师指导，俞老师会逐字逐句地帮忙修改，提出建议和修改意见，并且要求施维群要写高质量文章，发高级别期刊文献，一直以来，施维群也力求追寻俞老师提出的目标。

俞老师于临床治病之时，博采众长，勤求古训，某临证经验也是非常丰富的。他介绍道，临床时，某患者常于下午时许咽痒咳作，多方无效，故求之于书籍，阅至明代张璐《张氏医通》一书，该书有"黄昏嗽者，火浮于肺，不宜用凉药，都气丸敛而降之"之说，故将都气丸用于此类患者，收效良好，且根据临床观察，发现该类患者中有一部分人曾于幼时患有湿疹，至今亦仍伴有过敏性鼻炎，每嗅闻某种异味则喷嚏不已，故其咳嗽很可能为现代医学所称之"变异性哮喘"，给现代医学及中西医结合的研究提供了一些新的学术思路。至于用决明子治便秘、妊娠水肿、先兆子痫、鼻衄，用药少而精，令施维群深感佩服。俞中元在行医中之践行，真正体现了中医的效优价廉的宗旨。

俞中元是施维群非常敬重的一位学者。对于众多恩师，施维群希望通过记录一些小故事，一些精彩难忘的片段以感恩、纪念他们。但是对于俞老，他真的是希望通过记载他的一些学术思想和临床思维以启迪后人，是教育晚辈实属难得的"好教材"。

三、郁加凡老师

郁加凡，杭州市中医院原院长，主任中医师、浙江省名中医、第三批全国老中医药专家学术经验继承工作指导老师，从事中医临床近50年。郁老善于运用中医学整体观念、辨证论治理论与现代科学药理相结合的方法，结合心理疏导、饮食指导等综合治疗手段，治疗各种内科疑难杂症。对消渴病（糖尿病）、代谢综合征、甲状腺功能亢进症、脾胃病、肝胆病等有着深入的研究，疗效显著。共事期间，施维群有幸跟随她短暂地抄方，时间虽短，印象却深。郁老为人低调、做事严谨、对患者耐心细致，医德高尚，医术精湛，是值得敬重的前辈。

20世纪90年代，施维群的第一个课题是《中药降低五味子制剂停药以后谷丙转氨酶（ALT）反跳的临床研究》，郁老正是该课题成果的鉴定专家。20世纪70年代以来，国内相继开展对中药五味子降酶作用的研究工作，取得了一些成果，其中在人工合成五味子丙素过程中创制的联苯双酯，就是具有独特作用且效价较高的药物之一。但五味子类制剂无论是单体还是提取物都具有远期疗效不够巩固，停药以后易引起反跳的缺点。从报道看，五味子制剂的反跳率可达20%～60%，而施维群的研究是对照组服用五味子制剂联苯双酯滴丸，治疗组分两组服用联苯双酯滴丸和肝复康丸各41例，当谷丙转氨酶（ALT）正常或明显降低时即加服自拟中药制剂肝神Ⅰ号或Ⅱ号，同时将联苯双酯醋或肝复康丸快速减量，使联苯双酯、肝复康丸服用不超过90天，加服中药制剂肝神也不超过120天。肝神Ⅰ号或Ⅱ号的使用可根据患者当时的舌诊情况而定。结果对照组的反跳率为38.5%，而治疗组的反跳率仅为9.2%。针对此次课题所取得的成绩，评审会上郁老对整个课题做了认真点评和评价，更为难得的是，会后她又和施维群个别进行了交谈。她说不管做什么研究，中医的"本"不能忘了，要在中医基础理论上进行科学研究，要具备中医的学术观点，她和施维群探讨五味子在治疗慢性肝病方面的一些问题、经验和教训。郁老首先肯定了施维群该科研课题所取得的成绩，然后指出了今后应该继续研究的方向，比如五味子治疗各类的肝病为什么会反跳、反跳的机制是什么、各类患者有什么特点、攻克的方法等；最后又回到中医理论上面来讲这个药：哪些患者可以用，哪些患者不适合用，其与辨证论治后用药的关系，怎么样才能更好地将之服务临床、服务患者等。时至今日，施维群仍记忆犹新，这是他的第一个科研课题。

郁老根据临床体会，对妊娠期用药总结了一些经验。①妊娠禁忌药并不都是堕胎药，且即使称为堕胎药，亦不一定能中断健康人的妊娠。但是对具有某些病理状况或习惯性流产的患者，这些药物却可能是导致堕胎的关键因素。总结来说，"无药可以安胎，无药不可以伤胎"，如何选择，如何取舍，完全在于中医的辨证论治。②药物的配伍合理是兴利除弊的重要环节，即辨证论治下的遣方施药。③药物的剂量得当亦是保胎愈疾的必要前提。施维群在临床诊治妊娠肝病患者的过程中，郁老的临证经验、指导思想，对患者及腹中胎儿的重点呵护，对施维群从事临床和科研都具有积极的指导意义。

郁老以复方珍珠草袋泡剂口服给药（珍珠草、生黄芪、枸杞子等），每日 3 次，每次 1 包，以 60℃开水浸泡代茶饮治疗慢性乙型肝炎，有恢复肝功能和对部分病例乙型肝炎病毒（HBV）复制指标有阴转作用，对于从事中医肝病的临床工作者来说，其从方法学、适宜技术层面都是值得学习推崇的。

郁老曾主持完成"健脾益肾法对抗自由基损伤的实验及临床研究""补肾活血法改善 2 型糖尿病胰岛素抵抗的临床及实验研究"等课题研究，达到国内先进水平，并分别获得省市科技进步奖及创新奖。其学术成果先后在国家级省级杂志及全国学术会议上发表。著有由中国医药科技出版社出版的《滋补食谱精选》一书。郁老的这些成就与她的学术严谨、追求创新是分不开的，对施维群的学术实践也是影响深远。

（李剑霜）

第五节　诸老案旁"品医德"

中医的魅力与光辉并不仅仅来源于她神奇的疗效和独特的理论体系，还有一个很重要的原因就是历代中医大家们的医德，闪烁着人性的光辉色彩，并随中医独特的诊疗艺术一起传承至今。纵观古今中医各家，大凡有所建树者，无一不是德艺双馨，他们用自己的言行举止诠释着医乃仁术，用自己的心血汗水捍卫着医道尊严。施维群在学医的道路上也遇到过很多这样的大家，老师们的言传身教，润物细无声，他感受到医德之高贵。施维群时常提起的有这么几位老师。

一、平易近人，促成促长——杨继荪先生

学识渊博、为人谦和，待患者如亲人的杨继荪院长，是施维群最敬重的老师之一。杨继荪，原名希闵，别署秋爽庐主，祖籍浙江余杭，出生于中医世家。其自幼受家庭熏陶，矢志学医，中学毕业后即随其祖父杨耳山学医。他在侍诊之余，悉心攻读《黄帝内经》《难经》《伤寒论》《金匮要略》等经典著作，并广阅金元明清诸家论著。学成后，便设诊于杭城，因其医术精湛、立起沉疴，深得百姓信赖，故医名鹊起。杨继荪曾任杭州市第一所中医院广兴中医院院长，浙江省中医院院长，浙江中医药大学副院长、顾问等职，是我国当代著名中医内科临床学家。

由于杨老的小儿子与施维群是少年时的伙伴，因此少年时代的施维群经常去杨宅玩耍，在幼年的记忆中，杨老是一位忙碌的长者。后来机缘巧合入得中医之门，又有幸跟随杨老学习。当时，施维群的母亲身体羸弱，他内心十分渴望自己的母亲能得到杨老的诊治，虽感受到了杨老的平易近人，但也见识到了杨老的忙碌，故而施维群内心十分挣扎，终于有一天，他鼓足勇气，怯生生地提出了这个请求，没想到杨老不假思索，亲切地说："你学习中医也有段时间了，你可以带着你妈来，你也可以在旁边学习，医院里又忙、又挤，你也没啥时间吧，那就来家里好了。"由此，施维群发现，杨老在当时只能休息一天的情况下，家里客厅总有不少亲戚邻居或远道而来求医的患者，而施维群也就幸运地成为在杨老身边抄方的"中医家徒"。

杨老始终不忘学生的个人前途，始终督促学生的成长。与杨老的最后一面，施维群记忆尤深，终生难忘，1999年，适逢杨老住院，施维群去看望老人家，当时已是呼吸说话都很困难的杨老，鼻部吸着氧，吃力地说："小施，你那么忙还来干吗。"接着却与施维群讲起了科研与临床的关系，以及"复方竹沥合剂"的学术探讨，并鼓励施维群完成硕博学历。施维群一再起身告辞，希望杨老少说话多休息，可被他挽留多次，一再要求施维群追求个人的进步，令施维群感动异常。而这成了施维群与杨老的最后一次面谈。

二、兼收并蓄，手不释卷——俞尚德先生

俞尚德 1919 年 10 月出生于浙江诸暨，任主任中医师，全国名老中医。20 世纪 30 年代，俞尚德师从上海名医蔡济平先生，于 1955 年调入杭州市第一人民医院，负责组建浙江省第一个综合性医院之中医科。1960 年调至杭州市第四人民医院，成立中医肝病病房。俞老毕生主要钻研脾胃学说，倡导"审病 - 辨证 - 治病"之中西医结合诊疗思维，形成了"俞氏脾胃病"学术思想。他是施维群所在科室的科主任，亦是施维群的授课老师。

20 世纪 70 年代末 80 年代初，肝病界掀起了"改善微循环"热潮，记得当时宁波市药物研究所的杨国栋研究员对山莨菪碱（654-2）及东莨菪碱有独到的研究，其中热点之一就是对治疗慢性肝炎和重型肝炎的探索。俞老作为中医根底非常深厚的大家，有着"无论何种医学"只要能治疗、治愈就采纳的宽广学术胸怀，多次邀请浙江省有名的西医大家周朗生主任、宁波著名医家缪正秋共同会诊探讨，尔后在临床实践中将山莨菪碱和东莨菪碱用于治疗，并将"改善微循环"理论与中医"活血化瘀理论"结合，进行临证探索。施维群从师学习，体会颇深，深入研究后有了"滞而通之，瘀而逐之"治疗淤胆型肝炎的临证感悟，后期在第二届国际肝病会议发表了相关论文。

在日常工作中，俞老时常组织科内小讲课，有一次讲到治疗消化性溃疡的诊治经验，特别讲解了"芍药甘草汤"的应用，之后话锋一转，问了施维群一个问题，"消化性溃疡怎么才算治愈？"施维群回答说："胃痛、黑便消失，无泛酸等症状即为治愈。"俞老听了回答之后便从中医治疗的疗效讲起，他指出症状的消失说明疾病的好转，而真正的治愈还是要通过钡餐造影（当时还无"胃镜"），查看龛影是否消失，溃疡面是否治愈，这需要现代医学的检查，施维群听后深感受教。

俞老作为中医大家，不排斥西医，客观地看待中西医结合，兼收并蓄，博采众长，甚至被一些所谓的"纯中医"贬为"中医败类"。这些事件给了施维群深远的影响，后来，他在杭州市第四人民医院中医肝病科的基础上创建了"中西医结合肝病重点专科"，及至后来又将浙江省新华医院肝病科建设成为国家级重点科室。

"做医生就要像个医生"这是俞老时常告诫学生的话，他也用自己的一生来践行这句话。俞老在工作中的态度始终是严肃而严谨的，总是用自己的言传身教来感染学生们。施维群始终记得，2005 年的某一天，悉闻 86 岁高龄

的俞老患病发热在家休息，施维群前往探望，师母开门告知，俞老此时体温还是38.3℃，等到见到俞老的时候，施维群还是被眼前一幕惊呆了，只见俞老在床上倚靠着，一手捧着《黄帝内经》，一手持铅笔正在比画，见到施维群后非常高兴，执意要他坐在床边，聊聊历代关于"黄疸"的考辨。施维群心疼地劝说俞老休息，他笑呵呵地放下书本，甩甩双手说："没事，我好着呢，我一生的任务就是看书。"眼光中充满着和蔼、坚毅，施维群当时莫名感动，感谢自己拥有如此一位充满智慧的老师。

三、负责到底，治学严谨——戴季徐先生

戴老师年轻时患有肺结核，发展到后期出现了空洞、咯血等症，稍稳定时也属"肺气虚，肾虚"，说话行动时常觉气促。戴老师除了病假以外，从未迟到早退，而且往往因为家较近而"留守拖班"。有一次医院下午开会，戴老师不慎将脚扭了，经X线检查为"跖骨骨折"，经骨科处理并开具病假，谁知次日一早，戴老师拄着拐杖来到科室，大家都吃了一惊，他却淡定地说："有一些患者事先有约，大老远地赶来就诊，我不来，恐怕他们会失望而影响病情的。"朴实无华的语言，表达的却是"患者至上"的高尚医德。

戴老在学术上也非常严谨，一次施维群向戴老提出了一个问题："胃不和则卧不安到底是说睡眠，还是因为胃不和而气逆难卧？"为此戴老几乎一夜未眠，找了大量的相关古籍或注释，以寻求一个合理的答案，本来戴老师就有"睡眠障碍"。为了搞清这个问题，他几乎"废寝忘食"，加重了失眠症，施维群也未使他失望，最终在戴老师的帮助下写成《关于胃不和则卧不安的商榷》一文，投稿于《上海中医药杂志》，并得到一些专家老师的指教。

医者仁心，以高尚情操行仁爱之术，无愧于天地、无愧于内心。无数的医学大家用自己的言行实践着这个准则，无数的医学传承者秉持着如此的信念。医术是传承，医德更是传承。诸老案旁品医德，默默坚守成大家，施维群就是最好的榜样。

（丁月平）

第六节　翻山越岭"寻仙草"

初入医道，施维群最先学习的是四大典籍，即《黄帝内经》《伤寒论》《金

匮要略》《温病学》。面对经典，不仅医理深奥难懂，对其中的草药亦是难懂、难记和难分别。故在施维群心中，草药的学习有"三难"。

1973 年，施维群做中医学徒的第二年，时任教学老师的戴季馀老师感受到了施维群的巨大潜力与成长速度，对其期许尤甚，故而要求也愈加严格，他深信医者"行医"，不可废弃典籍，亦不可荒废"行医"之"行"，故而他建议当时已经拥有一定理论基础的施维群应更多地通过实践来完善其医术。而戴老师提出的诸多建议中的一条，就是让施维群到药圃、中药房见习，亲自去接触这些以后要用到的济世救人的"兵器"。其目的之一，就是让施维群通过观察真实药材，来体悟药性、"四气五味"学说、药物归经，再通过实践深化对已学理论的理解；其次是通过"看方""抓药"的途径来了解各位中医老师的用药组方习惯、方剂配伍、"君臣佐使"诸药的相互作用及具体剂型、药量等，从而培养施维群的拟方质量。施维群本以为自己将进入中药房学习，故而还特意学习了药房内称的用法，以及药材摆放的相关知识。然而出乎意料的是，戴老师给他安排的中药实践课程并不是在中药房进行的，而是在杭州药物试验场，让施维群进行为期 3 个月的实践学习。

时任中药试验场带教老师的草药老师是杭州市中医院的余永泉先生，此时的余先生虽然也才 30 多岁，但其药理知识已积累得极为丰富，同时，由于他亲身进行药物的种植、采摘与炮制，对药物的了解摆脱了书本的框架，更加立体生动，这也造就了他严谨而不失风趣、有趣又引人入胜的教学风格。而在杭州药物试验场 3 个月的草药课，也是施维群求学历程中一段难以忘怀的深刻记忆。当时的杭州药物试验场是杭州最大的药材供应商之一，也是杭州对中药材研究最广、最深、最透彻的地方，汇集了很多药学大家。杭州药物试验场有自己经营的药圃、药店，偶尔会组织医者去附近山林采药。当时城内的医院、医馆都会首选杭州药物试验场提供的药材。

初到杭州药物试验场，施维群与他的同学便被药物试验场错落有致的药田吸引了目光，一片片药田或叶片丰润，或花开繁盛，或果实成群，让人一看便知，这些都是被悉心照料的。每一片药田上都标注了药物的名称、性味和简短的功效介绍，令人耳目一新、印象深刻。施维群迅速进入到学习状态，一边确认药材的名称与外形，一边回想书本上的知识，仅仅几分钟的路程，便让他收获颇丰。直到被一位田里劳作的"大叔"的招呼声打断，施维群才停下自己的步伐。"那是一位有着黝黑皮肤、笑容宽厚的'大叔'，"施维群回忆时说道，"我怎么也没想到，他就是带教我们的余永泉余先生。"据施维群回忆，第一次与余先生的见面给了他很大冲击，因为他很难想象一位负责带教的老师会是这样一位卷着裤腿，踩在试验田里，手脚上、小腿上满是泥污，皮肤也被晒得极具乡村特色的一位"大叔"。而后来随着接触时间的增多，施维群也逐渐明白，余先生的这副样子才是学药之人应有的样子，这是他辛勤劳动、刻苦付出的证明，亦是浸淫药学多年，岁月赠予他的勋章。

余先生不仅有过人之处，对跟随其学习的学生也有自己的高要求。第一次见面，余先生便向同学们提出了几个问题，让他们分别作答，其中之一便是"浙八味"是指哪八味中药。浙江物产丰富，气候适宜，道地药材也多种多样，其中享誉最多的便是"浙八味"，即白术、白芍、浙贝母、杭白菊、延胡索、玄参、笕麦冬、温郁金这八类药物。这一提问对已然通读典籍的施维群来说自然不在话下，很快便给出了答案。随后余先生又对诸学生的中药知识进行了考核，直到一小时后才满意点头，允许通过考核的施维群和他的几位同学跟在自己身边学习。而没有通过考核的学生，则被派去整理药学典籍、复习理论课程，其后余先生重新考过，才让他们加入实践学习。

余先生年长施维群 11 ～ 12 岁，当时还很年轻，但在上草药课的时候，他却极具威严，是一位彻头彻尾的严师，不仅在课堂上对自己要求极高，诸如坚持站立上课，课前备课必要熟练至极，上课时娓娓道来，很少去看书本或让学生自学等；他还用同样严格的标准来要求施维群他们，上课提问、课下功课，如有错处，必当重罚。余先生常说："药，错一味，不仅不可济世救人，甚者更会夺人性命，必须慎之又慎。今天在课堂上你们犯错，我给你们机会，将来你们祸害患者，又有谁来给患者机会！"而施维群他们也感受到了余先生的良苦用心，经过初期的适应后，便开始极为认真地学习，严谨负责，尽力不出一丝错处。而这，也是施维群在这次学习中获益匪浅的重要原因。

课堂上的余先生非常敬业，而实践教学中尤其是身处药圃中的余先生，却是一个完完全全的"顽童"。在实践教学中，余先生会在一开始详细讲解各个植物的根茎、花叶的形态，各个药物的功效及类似药物的功效对比，外形相似药物的鉴别等，之后他便会在药圃中寻找实例让大家进行鉴别。而每当此时，余老师总会发现一些表现异常的植物，比如有些植物不适宜太过干燥的土壤，而杭州湿润的环境正好适合它们生长，若天气晴朗，连续几日滴水未落，植物就会因缺水而"耷拉了脑袋"，余先生发现这种情况后，便会将学生丢在药圃中，转身去处理，待处理完毕才回来继续教学。一开始，有同学认为余先生的行为十分不负责任，也太过情绪化，但随着这类事情越来越多地发生，以施维群为代表的部分学生发现，自己对难以记背的药材的生理特性有了更加深刻的理解，每一次余先生对药材的处理都印刻在了他们的脑海中，化作了自身对药物的理解，而这些知识是书本上根本学习不到的。每次余先生处理完药材后，总会圆满地将当日的教学任务完成，久而久之，大家也喜欢上了余先生的这种教学方式。

余先生将上山采药安排在了施维群进入药物试验场的一个月后。跟随余先生学习的一个月，对施维群来说是紧张而收获颇丰的，经验丰厚的余先生每天都会在培育、炮制药材时抛出各类药物知识给他，并加以详细讲解。这其中既有经典中的论述，又饱含自己对一些药物药性、培植、炮制的经验。而且余先生会定期检查施维群的学习情况，这一个月的学习，压力巨大，却也让施维群对药材的理解有了进一步的提高。而最令施维群期待的上山采药学习，也在此时拉开了帷幕。

当时正值冬末初春，施维群和同学们第一次跟随余先生上山采药，大家兴致勃勃，情绪高涨。一路上，余先生除了将山中各类药材向施维群等事无巨细地进行教授外，还指出很多可以用作药膳的野菜，并将相关用法毫无保留地教给他们。而这也拓宽了施维群治病的思维，进一步提升了"不治已病治未病"理念在其心中的地位。然而，当爬到山中的一处山谷时，余先生因不慎踩到了石块上的冰而扭伤了左脚，导致腓骨、胫骨的骨折，左脚迅速肿了起来。施维群和同学们想立刻扶他下山，以便尽快得到治疗，但他摆摆手，谢绝了同学们的好意，坚持在山上完成教学任务。余先生在同学们的搀扶下找了块大石头坐下，便开始了自己的讲解。恰好此地是一处山谷，谷中药材丰沛，余先生就地取材，讲解了 7～8 味的草药。感动于先生的兢兢业业，施维群将每一位药材都深深印刻了脑海——土大黄、拉拉草（葎草）、狼蓟草、猪殃殃（拉拉藤）、土三七、土茯苓等。讲述途中，余先生突然话锋一转，指向远处的一抹黄色，问道："你们看那是什么药材？"当时正值初春，正是"连翘"开花之日，于是立刻有学生回答是"连翘"。余先生笑着摇摇头，向大家讲述道："你们来细看这花的花瓣，连翘之花瓣，当为四片，此花花瓣多为五六之数；再看着枝条，皆为绿色，枝条周围亦有着较为明显的四条棱，而连翘的枝条，当为圆形……"听到先生的耐心讲解，大家也立刻做起了笔记。余先生也收敛笑容，继续了自己的讲述："很多药物与其他植物有着很大的相似度，甚至很多外表极其类似的药物，但其在药性功效上存在着千差万别。

比如今天的连翘与迎春花，再比如商陆与人参的干燥根，二者亦是外表极为相似，甚至有不法之人以商陆欺骗急于求参的患者。而这药材的鉴别，最需要的就是'细'与'慢'二字。只要你们细心观察，就会发现，商陆干燥根的横切面形成多个凹凸不平的同心性纹环，俗称'罗盘纹'，而人参的干燥根，其皮部有黄棕色点状树脂道散布及放射状裂隙，二者在气味上亦有些许差别。你们跟我时间不长，学识进展很快，但须知药材的采摘与选用，定要慎之又慎，细微的差别都可夺人性命，更遑论济世救人。为医者，当时刻保持冷静，这一点，我对以后的你们信心十足，而现在的你们，还是要多加历练。"余先生借着这次采药向施维群详细讲解了鉴别药物的重要性，也在后续的学习中不断拓展类似药材的鉴别知识，使施维群受益匪浅，更使他对余先生的无私教授感动非常。

后来，因施维群学习刻苦，努力认真，被余先生看重，便被允许跟随余先生抄方，整理资料。余先生对药物了如指掌，在组方方面亦有独到之处。当时余先生被委派为杭州市卫生局编写《杭州中草药》，施维群也被分派给余先生，帮助他整理资料，以及完善草药经治的病案若干，故而施维群有幸看到了余先生既往的组方与医案，增加了对浙江地区草药的了解，包括一些草药不同地域的不同名称、不同主治功效等。这为后来施维群到肝病科临床，在俞尚德老师带领指导下开展"一根针、一把草治疗黄疸肝炎"工作铺就了道路；而大家熟知的施维群擅用的匍匐堇、香茶菜、葎草、黄毛耳草等药物，正是源于这次学习带来的启发。

结束跟随余先生的学习后，施维群又被安排到中药房学习。医院旁的"新新药房"成了见习基地。当时的药店里负责带教施维群的是张苏展和洪钱江两位药师，虽然见习只有短短的3个月，但他们严谨的工作作风、充满活力的干劲、待人接物的真诚和对患者仁爱的精神，给施维群留下了深刻印象，让他铭记至今。记得在店里见习的前3天，两位药师手把手教施维群识药，讲解鉴别要点、贮存条件和要求，继而进一步告知"撮药"顺序，甚至细心到教如何洗手、待手干燥后才能接触中药、抓完中药必须有核对的工序等。记得有一次，药房临近下班，施维群见两位药师都在忙着处理中药，便主动帮前来抓药的患者抓好了7剂中药，并用绳子将药物仔细包好，准备交给患者。张苏展老师发现后，立即将换下的工作服重新穿上，把包好的药材一包一包打开，细心核对后才放心地将药物交到患者手中。之后，他严肃地指出：中药是入口治病的，为什么要有核对药材这一程序，就是因为药材的种类、

39

剂量关系到"治病救人"，是大事。张老师的话深刻地印在了施维群的脑海里："你作为一个学徒，当从一开始就秉持严谨、严肃、严格的态度来面对你所抓的每一份药材，同时要心怀敬畏，虚心、自谦。我知你有去药圃学习1个月，又在医馆见习一些时日，药材也未曾有过错处，但你所取药物仍需药师检查后，方可交给患者，这并非我故意为难，我与钱江所抓药材，也须彼此检查后才会交予患者。我们是救人者，若药材出错，轻则使患者平白受苦、浪费钱财，重则贻误病情甚至毒害患者。抓药事小，但这小事之后却承载着莫大的责任，这其中道理，你务必思考清楚，莫要忘记。"施维群谈起此事，感慨非常，自述当时情景至今仍记忆犹新："当时全无以往谈笑聊天的同龄人的感觉，存在的只是严肃。"当时的张苏展老师与洪钱江老师都很年轻，与施维群可以算是同龄人，但在其自身工作及带教工作中，他们时刻表现着踏实、务实、细心、认真的品质，而这些品质也深深地影响着施维群。后来张苏展老师进入浙江医科大学深造，还成为浙医二院的院长和党委书记，而洪钱江老师则进入浙江中医药大学深造，成为浙江省中医院的耳鼻喉科专家。当结束两年的学习之后，施维群也成为一名合格的"中医士"，开始了自己的行医之路。

（李跃文）

第三章

声名鹊起

第一节　妊娠肝病建基地

一、创建妊娠肝病基地

妊娠合并肝病，是孕妇常见的病证，分为妊娠期发生的肝病和已患肝病后的妊娠，都属于"高危产妇"范畴。20世纪90年代，由于客观的历史原因，在广大的农村地区，不少综合性医院或者妇幼保健机构未设立感染科或肝病专科，有感染科或肝病专科的医院又缺乏妇产科和新生儿病区，这给妊娠合并肝病患者的诊断、治疗和追踪观察带来较大困难，因此建立完善且规范的妊娠肝病诊治体系或机构是降低这类患者死亡率、确保母婴健康的重要保证。

施维群临床经验丰富，在妊娠肝病的诊治方面有独到的见解，通过多年的临床经验与几百例的临床研究，提出了"产前清热凉血、产中预防出血、产后温补退黄"等重要治疗环节，使妊娠重症肝病的救治成功率达86%。在此基础上，1996年，施维群向杭州市卫生行政部门提出"建议建设杭州地区妊娠肝病专门诊治点"，以缓解当时杭州地区乃至全省妊娠肝炎患者到专科肝病医院无法解决妇产科问题，而妇产专科及综合性医院又无感染科、肝病科的窘状。1997年杭州市卫生局发文，同意建立"杭州地区妊娠肝病诊治中心"，施维群担任中心主任。这是杭州市也是浙江省第一个妊娠肝病诊治基地。施维群在基地建设的过程中，坚持临床与科研相结合，并积极进行学术交流，1999年开始"妊娠肝病诊治研究"，其作为杭州市医药卫生科技项目，于2000年立项，2005年结题。施维群在《肝脏杂志》《中西医结合肝病杂志》发表论文多篇，如《91例妊娠合并病毒性肝炎治疗探讨》《妊娠合并肝病 146 例治疗探讨》《妊娠合并肝病诊治中的若干问题》。施维群多次参与浙江省基层产科医护人员培训讲座，在海南省妇产科学术年会做了数场专题讲座。

二、确立妊娠肝病诊疗方案

在基地建设过程中，施维群强调妊娠肝病不论是与妊娠有关的肝病，还是肝病合并妊娠，早期诊断至关重要。因其疾病种类较多，病程程度轻重不等，加之一般正常妊娠时，肝脏就有一定的生理改变，其预后常难以估测。妊娠中后期容易出现一些并发症，如剧吐、先兆子痫、子痫等，均可引起肝损害；妊娠还可诱发某些特有肝病，如妊娠肝内胆汁淤积、急性脂肪肝等，这些都有可能增加孕妇体能消耗，极易引起流产或早产，并导致胎儿死亡；足月妊娠分娩时，由于凝血功能障碍，可导致大量出血。故妊娠中晚期肝病易趋于重症，母婴病死率较高，因此早期明确诊断是争取良好预后的关键，有着非常重要的意义。基地接收妊娠合并肝病患者时，入院即由肝病科和妇产科共同会诊，将检查结果和资料进行分析，做出最后诊断，这对选择合理治疗及保胎与否具有决定意义。对暂时难以诊断的患者，必须严格做好胎儿监测和产程观察，并按严格的程序进行评判，以期尽早明确诊断，当然有的明确诊断需要观察时间，以及手术、活检等。曾有 1 例妊娠肝损的患者，产程中大出血，经剖腹探查和肝组织活检确诊为"肝血管瘤与子宫粘连破裂"所致；另有 1 例诊为"重型肝炎"的妊娠患者，经剖宫产时的肝组织活检，被确诊为"淤胆型肝炎"。

施维群认为，妊娠肝病的治疗宜采用针对病因的中西医结合治疗。中医治疗推崇"产前宜凉，产后宜温"的原则，对孕妇施以"疏理、化湿、和中、安胎、清热、降酶、温补"等多种方法，但用药过程中尽量避免香燥走窜、温热耗气、活血攻逐类药物，以防出血、早产。产后应酌情运用温补、活血、退黄之品，加强对肝脏及全身的支持。妊娠肝病患者往往以转氨酶升高为主要表现，因此，西医常以甘草酸或肝炎灵针剂作为常规用药，但必须加强对母婴的随访和监测。

在基地建设过程中，通过妊娠肝病患者临床症状和相关检查，分析分娩方式与预后的关系，认为如胎儿发育情况良好，自然分娩是最佳选择，但是如果肝脏功能进一步损坏，出现凝血机制障碍，肝肾功能减退，全身情况较差，甚至危及胎儿及母亲生命的情况下，终止妊娠乃为首要任务。是否立即终止妊娠，用什么方式终止，必须视情况而定，没有统一的指征和规范，在严密观察病情的基础上，必须根据病情变化、肝功能损害程度及胎儿在宫内的情况等做出抉择。妊娠晚期的患者，如果黄疸居高不下，凝血时间进一步延长，有重症倾向时，应及时终止妊娠；如行剖宫产甚至应做好切除子宫的准备，这是切合实际的最佳选择。

当然，在妊娠肝病诊治中心建设的过程中，仍有许多值得商榷的问题，比如妊娠合并肝病的临床诊断符合率提高必须有严格的诊断程序。当妊娠急性脂肪肝与妊娠重型肝炎的临床鉴别尚有一定困难时，除借助于病毒指标测定、CT扫描、B超的早期检查和分析临床特点以外，肝活检是必要的。但是对于高胆红素、凝血酶原时间明显延长和活动度下降的患者来讲，肝活检却是困难的，也是有争论的。

总之，妊娠肝病基地的建设为当时妊娠合并肝病的患者提供了有效科学的临床治疗，解决了当时妊娠合并肝病患者诊疗过程中无法两全的治疗窘状，为以后中西医结合治疗妊娠合并肝病提供了宝贵的临床经验与学术经验。

（曾如雪）

第二节　重点专科树旗帜

多年来，重点专科建设作为深化医疗卫生体制改革的一项重要举措，其旨在不断提高医疗单位的综合服务水平，发挥区域辐射作用，带动区域内同级别医院与基层医疗卫生机构能力提升，使优质医疗资源下沉到基层，让人民群众享受到医改的成果。从20世纪90年代开始，国家中医药管理局就明确提出中医专病专科建设是中医医院内涵建设的重要内容，在医疗市场竞争日趋激烈的形势下，加强专科建设是公立医院特别是中医医院的发展基础，突出中医特色优势是加强中医内涵建设、提高中医医院核心竞争力的必要手段。重点专科建设进行了20余年，是中医专科建设保持发挥特色优势的有效途径，也是提高中医临床疗效的有效措施。

一、科室建设

施维群从事中医临床工作40余年，其于1996年在杭州市第四人民医院建成了杭州市中西医结合肝病重点专科。他于 2001 年调入浙江中医药大学附属第二医院，任肝病科主任，于 2003 年建立医院中医肝病临床与研究中心。2005 年 3 月，科室被列为院级重点学科，2006 年 5 月被列为"浙江省中医名科建设单位"。作为浙江省重点专科负责人、学科带头人，他注重科室发展，临床、教学、科研一手抓。2006 年建立肝病专科实验室，并且积极申报国家重点专科。在施维群的带领下，2007 年 10 月，其所在肝病科被列为国家中医药管理局"十一五"重点专科建设单位，2008 年，科室成为浙江省中西结合抗肝纤维化学组组长单位，2010 年成为浙江省中医药学会肝病分会主任委员单位，2012 年科室转为国家中医药管理局"十二五"重点专科。

在重点专科的建设过程中，肝病科坚持以中医为特色、中西医并重的建科理念，开展中医肝病科研、诊疗、教学工作，引进和培养各级各类中医药人才，注重突出中医药特色，充分发挥中医药优势，继承、创新和发展；以中医、中西医结合治疗各类肝病为特色，如诊治慢性乙型肝炎携带者、各类急慢性病毒性肝炎、肝硬化、酒精性肝炎、脂肪性肝病、药物性肝病、妊娠肝病及肝癌等；善于利用各类国内先进专用设备配备如高位结肠透析仪、生物信息红外穴位照射仪、肝扫描仪、血氨测定仪、腹—腹回输治疗仪等，开展中医肝病临床研究工作。科室拥有自己的网站，有多家对口支援单位，并且形成良好合作。肝病科经过了近 40 年的建设、两代人的艰苦努力，在中医肝病的防治研究中，坚持临床、科研、教学三者并驾齐驱，突出中医特色，探索出一条肝病的防治之路。

二、丰硕成果

施维群秉承"立足中医、继承发扬、中西并进"的学科建设指导原则，博采众长、坚持执行"科有专病、病有专论"的发展思路。在院级重点学科、浙江省名科建设、国家中医药管理局"十二五"重点建设专科基础上，依托中医药大学，实行医教研并重。在施维群带领下，肝病科在重点专科建设过程中承担了国家自然科学基金，国家科技重大专项子项目，国家教委、浙江省自然科学基金，浙江省教育厅、浙江省中医药管理局重大课题等数十项临床科研项目，形成了稳定的研究方向。在中医药防治病毒性肝炎的理法方药及诊疗规范研究，围绕中医药抗病毒、调节免疫功能、抗肝纤维化、抗脂肪肝、慢性肝衰竭、肝硬化及妊娠肝病诊治等研究热点、重点、难点，通过对症候本质、证治规律、诊疗技术、方药创新等一系列研究，逐步形成、规范、优化诊疗方案，在中西医结合防治各型肝炎、肝硬化腹水、慢性重型肝炎、肝癌等方面形成了特色，在国内同行中处于领先地位。关于慢性肝病的中医诊疗规范研究、中药对慢性肝病患者免疫功能的影响研究、中医药抗肝纤维化的临床与实验研究、中医外治法防治慢性肝炎、肝硬化并发症的研究、慢性肝病的心理评估与治疗等均有丰硕成果。

肝病专科主要以治疗各类肝病为主，经过长期的临床实践，逐渐形成了科室的优势病种，自主制定了肝着（慢性乙型病毒性肝炎）、积聚（肝硬化代偿期）、肝癖（非酒精性脂肪性肝病）这三个优势病种的诊疗方案及临床路径，在临床实施多年，且在专科建设过程中不断优化三个优势病种的中医特色诊疗方案。肝病专科在前期以"肝着（慢性乙型病毒性肝炎）"作为医院的试点，进行临床路径管理，并不断进行质量改进，为后来其他优势病种及其他科室的临床路径提供了丰富而宝贵的经验。

肝病科通过对优势病种的深入研究，在不断总结经验和教训的基础上形成了对病因病机规律性的认识，梳理了具有明确疗效的治法、方药和心理疗法，形成了一系列的特色技术方案，开发了系列院内制剂和协定处方。其具有较强专科性质的中医临床研究方向主要集中在以下四个方面：①中医药外治法治疗肝硬化内毒素血症及门脉高压等并发症；②中医药防治慢性乙型肝炎肝纤维化；③中医情志病的理论与应用研究；④妊娠肝病的临床研究。围绕临床研究方向，肝病科开展的全部研究工作均立足于提高中医药诊疗水平，在临床中不断探索：结合对古代文献的挖掘和名老中医临证经验的继承，在病因病机、治法治则上有所创新；结合现代医学的研究进展，不断创新，建立了系列治疗方案，并进行了推广。

三、治疗特色

在科室建设过程中，不断总结经验，在继承的过程中不断创新，发挥中医特色，从理论上和技术上都进行了适当创新，开展多项特色中医疗法，在特色疾病尤其是优势病种的治疗中显现了一定优势，提高了疗效，在改善患者生活质量上有明显的优势，改善了患者就医体验，并获得了患者的满意和业内的认可。随着技术创新，肝病科逐项开展的中医特色治疗项目有以下几种。

1. 中医脐疗法的延续和创新——"脐透消臌贴"[①]

以现代化学剂月桂氮卓酮和冰片乙醇溶液为透皮促进剂，每日 2 次加液，保持贴敷剂湿润，每 3 天更换 1 次贴剂，期间休息 1 天。1 个月为 1 个疗程，共 2 个疗程。该贴剂获得了国家发明专利"治疗肝硬化臌胀的脐透消臌贴及其制备方法"。

2. 中医下法的剂型创新——"清肠合剂"[②]

治疗时患者应先排空大便，必要时用开塞露清洁灌肠后用结肠滴入或高位结肠灌洗仪保留灌肠，温度 37.2℃，流速 10ml/min，每日 1 次；7 天为 1 个疗程。第 2 个疗程起隔日 1 次，共 2 个疗程。该剂型获得国家发明专利"一种治疗肝性脑病前驱期的灌肠中药"。

3. 针刺穴注使穴位功能放大的创新——"黄芪注射液穴位注射"

2ml 黄芪注射双侧足三里，隔日 1 次，疗程均为 1 个月，共 3 个疗程。可补脾胃、益气血、回阳强壮、扶正祛邪，临床上可显著提高患者的细胞免疫功能，促进干扰素诱生、抑制病毒复制的功效。

除此之外，胸腺素 α1 穴位注射、肝病治疗仪穴位照射、耳穴压豆、艾盐包外敷、中药泡脚等在科室临床中也广泛使用。科室梳理出的中药脐部贴敷及中药穴位注射两项特色治疗已被推广至全国 16 家重点专科。通过验证，其中中药脐部贴敷已被"积聚"协作组诊疗方案所采纳。如今科室的以上中医特色疗法治法已被编入《浙江省中西医结合诊疗规范》（第二版），并在浙江省内外三甲医院、社区卫生服务中心等数家医疗机构推广应用。

四、科研教学

在重点专科建设过程中，施维群基于临床，不忘科研与教学，注重各级人才的培养与学术交流，将教学、科研、临床紧密结合。借助大学附属医院的平台，在培养人才、研究方向等方面秉承自身的特点并进行历史沿革；又与浙江大学传染病重点实验室、上海中医药大学肝病研究所等有紧密的学术联系和技术支持，使中医药特色与现代科学技术的结合得到充分发挥。科室已连续多年举办国家级、省级继续教育项目 10 项次。自 1997 年起，科室连

---

① 莱菔子、汉防己、地龙、砂仁（比例10：10：5：5），每袋含生药3g，面积为6cm×6cm，厚度为0.3cm。

② 生大黄20g、熟附片16g、地榆炭30g、蒲公英30g，阴虚加生地30g、黄疸加茵陈30g、腹胀加大腹皮30g煎取150ml。

续举办四届省级继续教育项目"妊娠肝病诊治"，2003 年起连续四年举办浙江省中医药继续教育项目"慢性肝病诊治新进展"，2007 年起每年举办"中西医结合抗肝纤维化专家论坛"及国家级或省级中医药继续教育项目，参加人员逐年增多。还多次承办浙江省中医肝病年会及长江三角洲中医肝病协作组学术会议。科室医护人员先后在上海曙光医院肝病研究所、复旦大学附属华山医院、浙江省肿瘤医院、浙江大学医学院附属邵逸夫医院进修学习，并参加全国和省内学术会议并做大会交流。施维群注重国内外学术交流，曾多次以访问学者身份赴美国、法国、德国、意大利、西班牙、日本、新加坡等国家和中国台湾地区讲学。同时，他又注重邀请专家学者来我院讲学，例如，2005 年邀请德国吕贝尔大学 DANNI 博士讲授"感染病的诊断意义"；2008年邀请复旦大学附属华山医院病理科主任胡锡琪教授讲授"肝病病理与临床"；2011 年邀请中国工程院院士李兰娟、美国药学研究的华裔教授刘川博士讲授肝病和临床药物验证等专题。

科室参与国家科技部重大专项 2 项，主持或承担省部级科研项目 10 余项，包括国家"十一五""十二五"科技重大专项"慢性乙肝病毒携带者中医综合干预方案研究"（2008～2016 年）；国家自然基金"α7nAChR 介导的胆碱能抗炎通路对 NAFLD 炎症反应的抑制作用及其机制"（2012 年）；浙江省自然基金"基于 UPLC-TOF-MS 技术探讨肝硬化不同阶段虚实症候尿液代谢组学特征"（2013 年）；中国肝炎防治基金"复方鳖甲软肝片治疗乙型肝炎肝硬化门静脉高压及慢性乙型肝炎伴脾功能亢进"（复方鳖甲软肝片）；浙江省中医药管理局项目，施维群教授"养肝益肾法"治疗慢性乙型肝炎经验总结及机制研究（2015 年）；浙江省卫生厅项目"α7nAChR 介导的胆碱能抗炎通路对内毒素所致炎症反应的作用及其机制研究"（2013 年）；浙江省中医药管理局重点项目"芪灵合剂对慢乙肝 TH17 细胞等免疫平衡再建作用研究"（2012 年）；浙江省卫生厅课题项目"慢性乙肝患者拉米夫定治疗后血清中 HBeAg 阴转与肝组织内 cccDNA 的关系"（2007 年）；浙江省中医药管理局诊疗规范项目"慢性肝病的中医诊疗规范化研究"（2009 年）；等。获多项国家、省级科技成果奖项，分别于 2009 年、2016 年获浙江省中医药科技创新奖三等奖；2009 年获浙江省医药卫生科技创新奖三等奖；2011 年、2014 年分别获浙江省中医药科技创新奖二等奖；2015 年获浙江省科学技术进步奖三等奖；2012 年获中华中医药学会科学技术创新奖三等奖等。科室近年发表论文 50 余篇、主编专著 2 部、参编专著 3 部；培养博士、硕士研究生数十名；承担浙江中医药大学第二临床医学院《中医学》和《医学心理学》的教学任务。

五、传播肝病知识

施维群教授在重点专科建设过程中注重继承发扬中医传统理论并进行创新，开展中医特色服务项目，积极探索创新肝病中医诊疗技术。开展肝胆病科疑难、急危重症和临床治疗难点的科研、诊疗、教学工作。根据发展方向和建设规划，注重引进吸收新的学术思想和诊疗技术，并以学术为基础、疗效为核心，在中医理论、临床方法等方面积极探索、大胆创新。施维群在科室建设时还特别注重宣传，采用多种形式宣传健康理念，传播中医肝病知识。注重患者教育，于每年的 3 月 18 日全国爱肝日和 7 月 28 日世界肝炎日举行义诊与宣教活动；参加三进下基层帮扶活动，更通过多种媒体如电视、报纸与自媒体形式进行宣传，其在宣传知识、介绍方法和彰显特色的具体内容时，使用中医病名和中医术语，并依据病种的变化而及时调整。施维群注重传播中医药防治肝病的理念，宣传中医药防治肝病的知识，介绍中医药防治肝病的方法及专家特长，彰显中医药特别是本科室防治肝病的特色和优势，营造良好的中医药文化氛围，为中医药防治肝病做出了巨大贡献。

作为国家中医药管理局"十一五""十二五"重点建设专科、浙江省名科，浙江省中医药大学附属第二医院肝病科通过两代人的努力，始终坚持临床、科研、教学三者并驾齐驱，既取中、西医之特长，又突出中医特色，探索出独具特色的肝病中西医结合防治之路，研究成果被广泛应用，为以后肝病的防治提供了宝贵的经验；并且培养了多名年轻的专科人才，为中医药事业的传承和发展做出巨大贡献。

（曾如雪）

第三节　四十余年筑根基

施维群从事中医临床 40 余载，不断践行中医药事业的传承与发展。

1972 年，年仅 19 岁的施维群在杭州市第四人民医院中医内科、肝病科开始了自己的临床从医生涯。在 23 年的中医临床生涯中，施维群从中医学徒

浙江中医临床名家·施维群

到中医士、中医师、主治中医师直至肝病科副主任、主任，副主任中医师，以后又兼任医教科副科长、科长，踏踏实实走好临床、教学和管理工作的每一步。作为引进人才，2001 年 4 月，施维群来到浙江省建工医院肝病科，任科主任。2003 年，由于成建制划转后，浙江省建工医院更名为浙江中医药大学附属第二医院，施维群有幸被浙江省教育厅聘为医院第一位浙江中医药大学中医学教授，开始了临床、教学相伴的新的工作模式。作为科主任、教授、主任中医师，他全面主持科室的工作，开启了国家中医药管理局"十二五"肝病重点专科的建设工作。2014 年，他凭借着丰富的中医临床经验和精湛技术，以及对患者关怀备至、精心诊治的良好医术和医德，被浙江省政府评为浙江省级名中医；2017 年年底又被遴选为第六批全国老中医药专家学术经验继承工作指导老师。但是，他没有因此而止步，也没有真正退休，继续在中医药的征程上开拓前行。

2015 年 7 月，鉴于中医药事业面临传承、发展的重要历史机遇，施维群向浙江省中医药学会建议"建立浙江省名老中医经验和学术流派传承分会"，以团结全省各层次的名老中医和他们的继承人，专注继承、发展、创新，推进学术流派的发展，讲好中医药故事，使名中医进博物馆和档案馆。2016 年在施维群的不断提议下，浙江省中医药学会进行了批复，并同意筹建"浙江省名老中医经验和学术流派传承分会"。2017 年 10 月，在浙江省永康市成功举办的"浙江省中医药学会名老中医经验与学术流派传承分会（筹）学术会议"上，得到了浙江省卫生和计划生育委员会、浙江省中医药管理局和学会领导的高度赞扬和支持，开创了建立全国第一个关于名老中医经验与学术流派传承的学术团体的先河。由此，在 2018 年，于南京全国中医药学术流派传承发展论坛上，由国家中医药管理局发起，中华中医药学会组织成立的首届中华中医药学会学术流派传承分会，也标志着中医学术流派传承有了全国性的学术团体。施维群当选为中华中医药学会学术流派分会常务委员和副秘书长，其工作室 3 名骨干成员当选为青年委员。

2017 年年底，经浙江省中医药管理局批准，依托于浙江中医药大学附属第二医院，"施维群名老中医传承工作室"正式建立。施维群学术思想、临证经验的传承有国家中医药事业的长期战略思想做后盾，有各级领导的支持和指导帮助，工作室成为中医人才培养的基地。其实，工作室已于 2016 年就投石问路了。施维群以敏锐的眼光看到了以名老中医工作室为载体的重要价值，在加强名老中医学术思想和临床经验的传承与创新过程中，整理、总结、继承、发扬和创新等各个环节能的职能作用、怎么做，他有明确的思路。他的工作有计划，有近期目标、长期目标，有阶段性小结、有年终总结等，开展得井井有条。他善于发挥在脾胃、肝胆、肿瘤等方面的专长，同时不断吸纳经典理论，博采众长，整合诊疗经验和学术思想，将其推广应用于临床；他带领学生们收集整理典型医案、影像资料、科研成果，开展临床教学；他较早涉入资源网络共享平台；他将昔日同事、学术继承人、师承人员、研究生及规范化培训抄方学生搭建成培养骨干，形成梯队的团队。本着开放、包容、跨界、创新的理念，使得无论是大学附属三甲医院还是地市级医院，无论是中医院还是西医医院的成员，都能在施维群的带领下，在各自的不同专业的岗位上为中医药事业的传承和创新鼎力拼搏。工作室成员有 2 人为全国老中医药专家学术经验继承人，2 人为金华市老中医学术经验继承人，1 人为杭州市余杭区名中医，2 人为国家中医药管理局重点专科秘书，1 人为国家中医药管理局中医药重点学科业务骨干，1 人为浙江省重点创新团队（中医内科临床创新团队）业务骨干，2 人为杭州市 131 人才，1 人为杭州市重点学科带头人，1 人为浙江省"育才项目"培养对象，1 人为余杭区"千人计划"高层次人才，1 人为余杭区医学"十佳人才"，多人在全国、省市级学术团体任副主任委员、委员、青年委员、秘书等。团队成员在施维群教授的指导下，前后主持了中医药传承相关科研项目 4 项，其中浙江省中医药管理局项目 2 项，浙江省卫生和计划生育委员会 1 项，浙江中医药大学重点科研项目 1 项，发表施维群教授学术思想论文多篇，研究成果获得省部级奖励 3 项次，厅局级奖励 6 项次，获得发明专利 2 项。卓有成效的工作还包括下基层、山区、海岛进行门（会）诊、查房、健康科普活动、学术讲座、指导下级医院的临床科研等。考虑到工作的便利和人才培养的需要，在海南省中医院、杭州师范大学附属医院、杭州市余杭区中医院、丽水市缙云县中医院等设立了名中医传承工作站，为当地的中医药事业做出贡献。

（来杰锋）

第四节　医教科研相益彰

一、医而优则教

施维群自从走上医学这条路，算起来已有 46 个春秋，其中在杭州市第四人民医院奋战了近 30 载, 一路走来, 兢兢业业, 默默奉献, 全身心地投入到中医临床、教学和科研工作, 真正做到了"三手抓三手都硬"。他深知医教研是相互促进、相得益彰的。46 年的摸爬滚打, 施维群不仅在临床上业绩突出, 还不时给自己充电, 挤时间精读中医"四大经典"及金元四大家, 明清时期医家的著作、医案, 近现代国医大师、传承流派等医家著作, 使自己中医理论基础越发扎实。同时, 施维群从不排斥现代医学, 学习和汲取现代科学和西医的知识和技术, 践行中西医结合, 不断总结提高, 开拓创新, 在中医肝病诊治的发展和创新中前行。20 世纪 90 年代以前, 就获得杭州市自然科学优秀论文三等奖 11 次、浙江省中医药优秀学术论文二等奖 2 次。随着临床水平的不断提高, 经验的不断积累, 施维群完成了从中医师到主任中医师的一步步晋升, 同时完成了从兼职讲师、兼职教授和教授的一次次蜕变。他教过的学生不计其数, 用过的粉笔数以万计, 在三尺讲台上已经忘记站过多少小时, 故而在教学管理工作中先后获得优秀授课教师、带教老师、教学管理干部及高校"三育人先进个人"等多个荣誉称号, 直到 2005 年, 他被浙江省教育厅评为浙江中医药大学附属第二医院的第一位大学教授。

2003 ~ 2014 年, 施维群担任浙江中医学院 (现浙江中医药大学) 中医教研室主任、硕士研究生导师, 主授临床医学专业的《中医学》《传染病学》《医学心理学》《医患沟通学》, 承担了不少授课课时和临床研究生教学的任务。自 1998 年起, 他协助带教培养硕博士 2 名; 2004 年至今, 已经招收培养硕士研究生 17 名, 国家中医药管理局确定的第六批传承人 2 名, 招收中医师承学生 4 名。作为中医教研室主任, 制定修订教学大纲 10 次, 至 2014 年, 每学年授中医、传染病、心理学等课 36 个, 研究生授课 16 个。作为带教老师, 更是严格要求自己与学生, 注重其操作能力的提高及同质化的培养, 学生的临床操作能力得到明显提高, 收到实习单位和用人单位的一致好评及肯定。

二、开展科普讲座

除此之外, 施维群不断开展中医科普讲座。2018 年 3 月, 施维群在杭州市图书馆开展春季养生知识讲座, 还应邀在浙江电视台、杭州电视台等进行中医养身保健、治未病类节目的讲座, 讲授酒精性肝病、脂肪肝等常见肝病的养护调理, 深受观众喜爱。而且, 作为浙江省公民素质健康讲师团讲师,施维群带领工作室的人员、名老中医经验与流派传承分会的部分名医赴基层社区、乡镇、海岛、山区等，以《黄帝内经》为养生理论，开展宣讲、义诊活动，实质性解决了部分当地老百姓看病难、看名医难等问题，同时还开设中医药知识文化讲座，为老百姓讲解传承千年的中医文化，得到了医护人员和老百姓的深深喜爱。施维群从科普讲座与观众交流中再来看中医临床工作，认为中医临床与科普是紧密相关的，在日常临床工作中就要时刻为患者灌输科普知识。

三、肝病研究

施维群以中医传统辨证思维和现代医学的诊断思路经治了大量患者，在师承的基础上对各类脾胃、肝胆疾病的诊治有丰富的经验，且颇具创新精神，在学术界同行中有一定的知名度。1985年，施维群提出肝性昏迷的中医机制为"湿热蕴结，气机逆乱"和"难以用传统温热病中'逆传心包'解释"的学术观点，在大会报告，得到了全国中医肝胆病学术同行的赞赏认可；之后开展的中医"清肠涤腑"方灌肠、"升清降浊通窍"方口服治疗肝性脑病也正基于此机制，并获较好疗效。1998年降酶治疗以"疏肝利胆化湿""顾护脾胃"为主，能够"增加降酶疗效、降低反跳率"，湿热证患者不宜使用五味子制剂，且停药后易产生谷丙转氨酶（ALT）反跳，通过临床和课题"中药降低五味子制剂等停药后 ALT 反跳的临床研究中"证实，该疗法能够显著降低 ALT 反跳率，获杭州市科技进步奖，在省内学术界有一定的影响，其论文在《中医杂志》和《美国临床中医杂志》上发表。施维群在妊娠肝病的诊治方面有独到见解，提出"产前宜清热凉血，产中应预防出血，产后宜温补退黄"等治疗原则，经历数百例临床观察研究，加之妇产科专家大力协助，救治成功率达86%以上，率先建立杭州地区妊娠肝病建设项目；并在《肝脏》杂志、《中西医结合肝病杂志》、浙江省基层产科医护人员培训班、海南省妇产科学术年会等做数场专题讲座。1999年，施维群在中医"肝胆同病"的病理相关性研究中发现："肝胆同治"与活血化瘀中药加山莨菪碱（654-2）对棘手的淤胆型肝炎在肝细胞修复、胆管疏通、退黄等疗效方面远远胜于激素加中药。这在第二届国际肝病学术会议上得到好评，论文在澳大利亚《胃肠病学和肝病学杂志》（SCI）上发表。通过"肝胆同病"的病理研究和治疗探索，施维群审证求因，借助现代检仪器证实，慢性肝病病位在肝、病机为肝胆失疏，累及脏腑为胆，肝胆同病为慢性肝病的病理，因而肝纤维化、肝硬化代偿期、自身免疫性肝病、酒精肝、药物肝、妊娠特发性黄疸等治疗从肝胆入手，肝胆同治。施维群以中医肝胆同病为病理突破，利用其后的抗肝纤维化研究、模型的建立、疏肝利胆中药加活血化瘀的经验对脂肪肝的诊治进行研究。

四、科研创新

2001 ～ 2014 年，施维群在浙江中医药大学附属第二医院工作，担任肝病中心主任，从团队及组成、教学建设、教学效果、科研学术、自身建设五个方面有组织、有计划、分步骤地加强科室建设，开展卓有成效的临床管理，进行本科和研究生教学、科研课题等工作，形成了"科教研临床"多形式、多层次、多方面齐驱并进的工作模式。

2000 年，施维群带领研究生们开始中医外治法研究，针对各类慢性肝病中医外治法起效快、副作用少、局部疗效优于内治、颇具"简便效廉"等特点，在"经气学说"指导下而创制的中医特色外治疗法有中药穴位注射、中药脐部贴敷、中药浸渍和中药保留灌肠等。其中 2 项被全国肝病重点专科协作组的"积聚"诊疗方案所采纳；并获得国家发明专利 2 项，并被写入《浙江省中西医结合诊疗规范》第二版。随后，施维群在肝病科积极开展如"积聚"（肝硬化代偿期）、肝着（慢性乙型肝炎）、肝癖（非酒精性脂肪性肝病）等中医优势病种诊疗，制定其诊断标准、中医理法方药等，并设有中医特色疗法治疗室，创新多种中医药特色疗法：① "脐透消臌贴"贴敷治疗中医诊断为积聚、臌胀，证型为肝脾血瘀、肝肾阴虚、脾肾阳虚。症见腹胀如鼓或下肢肿、纳差、乏力、便溏、尿少，伴面色灰暗、朱砂掌、蜘蛛痣、腹壁脉络显露等；西医诊断为肝硬化门脉高压、内毒素血症，Child-Pugh 分级为 A、B 级，脾肿大或腹水、食管胃底静脉曲张、B 超门脉内径增宽、门脉血流量增多或血内毒素检测阳性等。该"脐透消臌贴"脐部贴敷，亦被"积聚"诊疗方案采纳。② "清肠合剂"保留灌肠治疗前驱期肝性脑病及肝硬化内毒素血症、高胆红素血症。③ "芪灵合剂"内服治疗符合"慢性乙型肝炎抗病毒"治疗指征者。④ "平衡降脂茶"袋泡剂用于治疗西医诊断为"脂肪性肝病"者；⑤ "黄芪注射液"穴位注射治疗慢性乙型肝炎（肝着），符合肝郁脾虚证、肝肾阴虚证、脾肾阳虚证者。⑥耳穴压豆治疗肝癖（脂肪肝）等。

五、治学严谨

施维群治学严谨，继承先贤之法，汲取现代新知，尊古而不泥古。长期致力于肝科各类疾病的理论研究，对慢性肝炎、肝肿瘤、黄疸、妊娠肝病等都有独到的治疗经验，在国内外核心杂志发表论文50余篇（含SCI），部分文章还在全国性学术会议上交流并获奖。共主编和参编专著4部。

施维群经过长期的理论学习和临床实践，不断累积理论知识和诊疗经验，在肝病治疗上效果明显，通过研究论证指导临床，他先后主持了"中药脐部皮透""芪灵合剂""中医外治法"等多项研究，在肝病科同仁中引起广大反响，广受赞誉。他先后获得浙江省中医药科技创新奖二等奖2项；浙江省卫生医药科技创新奖三等奖2项；中华中医药学会科学技术奖三等奖1项；浙江省中医药科技创新奖二等奖1项；浙江省科学技术进步三等奖2项；浙江省中医药科技创新奖三等奖1项。

六、创立施维群名老中医专家传承工作室

2017年申报并成功创立浙江省施维群名老中医专家传承工作室，工作室由浙江省中医药管理局批准，依托浙江中医药大学附属第二医院建设。名老中医工作室的成功建立使其成为一个重要平台，使施维群继续开展的医教研工作向前更进一步，同时为中医药的传承创新做出了应有的贡献。

施维群运用较深厚的中医根底结合所学到的心理学知识，坚持人与自然、社会的统一，运用"心理—生理—社会"诊疗模式，开设临床心理科门诊。在长期的临床工作中，施维群心里永远放着患者，他经常告诫学生弟子，要成为一名好医生，首先要医德高尚，其次才是医术精湛。施维群从1972年开始，一直在临床上担任课堂教学、临床带教、研究生的培养工作，不但有丰富的临床经验、较强的科研能力，还有较高的教学水平，医教研工作相辅相成，多次获得医院、学校、社会颁发的科研荣誉称号，以表彰施维群在医教研方面的优良品德和突出贡献，体现了祖国医学的科学价值及社会效益。施维群为祖国医学的传承与发展，为大众健康绘出浓墨重彩的一笔。

（李　峰）

第五节　荣誉平台为腾飞

一、荣誉等身

纵观施维群近半世纪的职业生涯，其驰骋在教学、教研、临床各个领域，勤奋耕耘，硕果累累，先后获得多项荣誉，在教学管理方面得到了同行的认可及学生的一致好评，先后获得"临床优秀带教老师""临床实习优秀管理干部"等荣誉称号。在科研方面，其撰写的论文发表在各大核心期刊，被广泛引用和转载，多次获得各级论文奖；其科研成果被医院授予"优秀科技成果贡献奖"，并获得多项省级科技进步奖。他在临床工作中孜孜不倦、兢兢业业，先后获得"医药卫生优秀科技工作者""卫生系统优秀行政管理干部""先进工作者"等荣誉称号。在从医40周年之时，荣获"从医四十年荣誉奖"。作为共产党员，施维群始终不忘党和政府的培养，时时处处发挥党员模范带头作用，多次被医院、学校、省直机关授予"优秀共产党员"称号。

施维群在临床、教学、管理、科研等方面不断探索前进，获得种种殊荣，但他始终谦虚谨慎、潜心钻研，不断追求攀登，通过几十年的不断努力，搭建各种平台。施维群曾担任了8年医教科科长和20年业务科室科主任，还在全国学术团体中担任了中华中医药学会肝胆病分会委员、中国中西医结合学会肝病专业委员会委员、中国医师协会中西医结合分会肝病专家委员会常务委员，以及浙江省医学会肝病分会常委、浙江省医师协会感染病分会常委、浙江省医师协会肝病分会常委等。在此基础上，他又兼任浙江省中医药学会理事和肝病分会主任委员，组建浙江省中西医结合抗肝纤维化学组，搭建了更为广阔的学术平台，为全省中医药肝病的发展、创新不遗余力地贡献着自己的力量。

施维群在学术上亦颇有造诣，多年来致力于与乙肝相关的慢性肝病中医药临床疗效系列研究，包括国家科技"十一五"重大专项"慢性乙肝病毒携带者的证候规律及中医药治疗方案研究"，国家科技"十二五"重大专项"慢性乙肝病毒携带者中医综合干预方案研究"等科研课题。施维群积极开展中医外治法，如"黄芪针穴位注射治疗乙肝免疫功能低下的患者""中药脐贴治疗臌胀病""中药保留灌肠治疗肝性脑病""中药脐贴治疗肝硬化内毒素血症"，并获省内外验证和推广；其所创立的以中药健脾补肾口服、中药注射液清热利湿静脉滴注及中药针剂穴位注射等组合方式治疗慢性乙型肝炎病毒（HBV）携带者，获得可喜的治疗疗效；施维群较早提出治疗乙型肝炎中抗病毒治疗必须与中医药抗纤维化相结合，发挥中医阴阳平衡和调节免疫功能优势的理论，为中医肝病界所认可，并为西医肝病界采纳；其运用"通络八法"理论，于临床中应用疏肝通络法、活血通络法、养阴通络法、养血通络法、健脾通络法、清热通络法、化痰通络法、温阳通络法等治疗方法治疗肿瘤，取得较好疗效；他在妊娠肝病诊治方面，提出"产前宜清热凉血，产中应预防出血，产后宜温补退黄"等治疗原则，经历数百例临床观察研究，加之妇产科专家大力协助，救治成功率达 86% 以上，先后获得市级、省级、国家级多种奖项。

施维群在临床教学方面，开展从专科生、本科生、实习生、研究生到师承人员等多层次的教学工作，涉及课堂教学、临床教学、跟师教学等多种形式。他教学方式灵活生动，讲课声如洪钟，非常具有吸引力，常列举一些临床实践案例，将枯燥乏味的课程讲得栩栩如生，引人入胜。40 几年来，施维群桃李满天下，许多学生如今都成长为各部门的中坚力量。

施维群在管理方面，从团队及组成、教学建设、教学效果、科研学术、自身建设五个方面有组织、有计划、分步骤地加强科室建设；在社会方面，积极践行社会主义核心价值观，坚定中国特色社会主义文化自信，传承发展中医药事业，其所在科室和党支部，多次荣获"先进科室""优秀党支部"等称号。学术、教学、管理、科研等平台相辅相成，互相促进，为施维群自身发展及团队建设奠定了坚实基础。

二、成立"浙江省施维群名老中医专家传承工作室"

施维群结合自身情况，将获得的荣誉及平台作为创新发展的新的起点，为培养更多更优秀的中医人才，为加强名老中医学术思想和临床经验的传承与创新，交出浙江省中医药学会肝病分会主任委员的接力棒。2017 年，他在浙江省中医药管理局和浙江省中医药学会的关心和支持下成立了"浙江省施维群名老中医专家传承工作室"，其以浙江中医药大学附属第二医院为载体，工作室成员包括了肝病、消化疾病、重症医学、肿瘤、传染病等多领域人才，形成"老一中一青"，传、帮、带的合理格局的、领域全面的名老中医工作室成员体系。

（一）制定优势病种诊疗方案

施维群带领工作室同仁创立优势病种，制定与之对应的体现特色优势的诊疗方案，系统总结名老中医学术经验，承担与名老中医学术传承相关的科研项目。除此之外，施维群还带领工作室成员下基层，讲科普，扬中医。工作室成立至今，已开展各种类型下基层义诊宣讲活动多次，主要的有施维群带领部分工作室成员在各地区中医院义诊、科普讲座；在世界肝炎日开启网络直播活动，跟广大网友分享肝炎的防治信息；在浙江永康市开展名老中医传承分会学术年会并携众多专家义诊和科普大讲堂；多次在浙江电视台知名养生栏目给观众朋友科普肝炎、黄疸、脂肪肝等知识。

（二）建立微信公众平台

随着大数据时代的到来，智能手机的日益普及，微信、微博等已经成为用户接收讯息、传递讯息、交流娱乐的重要工具，各行各业都经历着网络信息时代知识生产和传播方式的新旧更替，经历着信息服务方式的转型升级，知识、技术、服务、消费都不可避免地被新的信息化平台所重塑。据有关研究显示，中医药微信订阅号目前发展种类繁多，内容庞杂，体现着中医药健康与养生的主题，未来发展空间大，施维群名老中医传承工作室顺应这一发展趋势，已经建立了"施维群名老中医传承工作室"微信公众平台订阅号，通过订阅号向大众介绍养生保健信息、中药信息、中医知识普及，增加精品栏目和固定栏目，重点体现消息的及时性、共享性、针对性、互动性，加强订阅号与用户的互动性，让用户能够参与其中，体会工作室成员用心，以及中医药文化的魅力，以起到传递知识、服务用户、惠及大众的作用，使该平台作为中医药文化传播的有效载体，加强全民的学习交流，是一个有效的中医药信息建构平台。

（三）工作室的传承与推广

传承人在名中医带领下通过言传身教、门诊跟师、病案整理、研讨交流、撰写论文、观看讲座与论著、实验研究等形式，总结和传承名老中医的学术思想和临床经验。同时工作室通过义诊、科普讲座、学习班、出版论著、微信公众号等多种学术推广形式，将祖国医学知识从封闭、晦涩转化为开放、通俗，促进了祖国医学的繁荣发展。

浙江中医临床名家·施维群

工作室在多家医院挂牌，中医系统有海南省中医院、杭州市余杭区中医院、缙云县中医院，西医系统有杭州师范大学附属医院。杭州师范大学附属医院作为一个西医三甲医院，名老中医工作室的成功挂牌，在推广中医理念及治疗方法，促进西医医院的中医诊疗能力方面起着重要作用。工作室与多家医院的合作紧密，交流频繁，帮扶卓有成效，为助推浙江地区中医事业发展起到了积极作用。

多年来，团队在施维群的带领下，在各自的岗位上发扬传承和创新并重的理念，前期做了大量的基础工作，取得了不少成绩。前后主持了传承相关科研项目4项，其中浙江省中医药管理局项目2项，浙江省卫生和计划生育委员会项目1项，浙江中医药大学重点科研项目1项，发表施维群教授学术思想论文多篇，其研究成果获得省部级奖励3项，厅局级奖励6项，获得发明专利2项。

工作室自建立以来，交流、传承、创新始终是其工作宗旨，工作室计划今后继续有计划开展施维群学术思想的研究及传承工作，总结其在脾胃、肝胆、肿瘤等方面的诊疗经验和学术思想，将之推广应用于临床；建立施维群典型医案、影像资料、名老中医药专家继承工作成果库，将相关养生科普知识及工作室学习情况通过网络共享平台共享；举办中医药继续教育项目，进行省内外交流，互相学习工作室工作及传承创新发展模式；完成慢性乙型肝炎、肝纤维化、肝硬化三个诊疗方案；出版相关论著，撰写发表相关论文及研究报告，建设中医人才队伍，培养学术继承人及业务骨干，形成人才梯队。

名老中医传承工作室建成后，迫切需要一个更大的平台，其涉及全省中医传承发展，老中青三代人孜孜不倦的追求。于是，在2017年，施维群组织举办了"浙江省中医药学会名老中医经验与学术流派传承分会（筹）学术年会暨海派中医治疗慢性肝病的学术经验传承与创新学习班"，同时举行了第二届全国中医肝病流派研究沙龙活动，次年成功建立"浙江省中医药学会名老中医经验与学术流派传承分会"并担任第一任主任委员，挑起了引导名老中医经验及学术流派传承发展创新的大梁。

分会成立后，施维群带领分会常委积极开展活动，分会部分专家赴各地中医院开展中医药科普大讲堂的活动，召开了名中医工作室建设交流会分会，多位专家做了专题报告；开展了国际、省内外的学术交流活动，施维群远赴意大利罗马参与了"第十五届世界中医药大会"，并在"浙派中医"分会场做了主题报告。分会联合海南省中医药学会在海口召开了"浙粤琼桂肝病高峰论坛"，举办了省级继续教育项目"施维群名老中医传承工作室经验传承培训班"，吸引了全省众多学员参加。施维群定期在杭州市余杭区中医院、缙云县中医院坐诊、会诊、讲座，在金华市中心医院带教基层青年名中医。诸如此类的活动在今后会将继续有条不紊地开展，把老祖宗留给我们的中医药宝库保存好、传承好、发展好。名老中医经验与学术流派传承分会不同于其他专科分会，分会成员均为各层次名中医或中医学术流派工作室成员，既有指导老师，也有学术继承人，将在浙江省名老中医与学术流派传承、发展中开展卓有成效的工作，促使中医药参与健康浙江建设做出更大贡献。2018年，"中华中医药学会学术流派传承分会"在南京成立，施维群以工作室为依托，任副秘书长，两位工作室传承人与其他同事作为委员，为祖国中医药事业继续发光发热。

以上种种荣誉平台，是施维群在中医事业上孜孜不倦、砥砺前行所获得的成就，也是施维群不遗余力为年轻中医人搭建的学习平台。目前在平台上已开展诸多活动，中医科研、学习交流、建立微信公众号等，今后施维群将持续开展更多内容、形式的活动，搭建更多、更广阔的平台，将独特的卫生资源、潜力巨大的经济资源、优秀的文化资源汇聚于平台之中，让更多人参与进来，共享优秀成果。

名老中医学术思想、临证经验的传承是中医药事业的长期战略任务，也是中医人才培养的重要途径。中医未来的路还很长，需要做的事情还有很多，施维群虽已年过六旬，仍激情澎湃，执着追求，以荣誉平台为载体，为中医事业的腾飞而奋斗。为加强名老中医学术思想和临床经验的传承与创新，工作室通过整理、总结、继承、发扬和创新施维群的学术经验，全面实施中医药的继承、发展、创新工作，将中医药的伟大事业继承发展下去。

（李　峰）

第四章

高超医术

第一节 慢性肝病调阴阳

中医药在我国慢性乙型肝炎（CHB）的诊治中发挥着十分重要的作用。自 20 世纪国家"六五"科技发展规划以来，中医药诊治慢性乙型肝炎一直被列为我国科技攻关的重点之一，并已取得诸多研究成果。初步形成了慢性乙型肝炎辨证分型和治疗方案，研究开发了诸多中成药，对针灸、穴位贴敷、中药灌肠等非药物治疗技术进行了有益探索，在抗肝脏炎症、抗肝纤维化及免疫调控等方面确定了中医药治疗慢性乙型肝炎的优势。

中医多认为慢性乙型肝炎为湿热疫毒之邪内侵，当人体正气不足无力抗邪时，常因外感、情志、饮食、劳倦而诱发本病。病机特点是湿热疫毒隐伏血分，常可引发"湿热蕴结证"；因肝主疏泄、喜条达，如若情志不畅即可引发"肝郁气滞证"；因"肝病传脾"或"湿疫伤脾"，即可导致"肝郁脾虚证"；因"肝肾同源"，或热毒伤阴，或郁久化火伤阴，皆可导致"肝肾阴虚证"；因"肝体阴用阳"，久病"阴损及阳"而克脾伤肾即可导致"脾肾阳虚证"；因气血失调，久病致瘀，入络即可导致"瘀血阻络证"。本病的病位主要在肝，常多涉及脾、肾两脏及胆、胃、三焦等腑。病性属本虚标实、虚实夹杂。由于本病的病因、病机、病位、病性复杂多变，病情交错难愈，故应辨明"湿、热、瘀、毒之邪实"与"肝、脾、肾之正虚"两者之间的关系。由于慢性乙型肝炎可以迁延数年甚至数十年，治疗时应注意以人为本，正确处理扶正与祛邪，调整阴阳、气血、脏腑功能。

中医认为"阴平阳秘，精神乃治"。"阴平阳秘"是一种健康状态，阴

浙江中医临床名家·施维群

阳两气在一定范围内波动属于正常，一旦超出这个范围便是异常，但仍然处在潜在的似病非病的过渡时期，称之为病理性体质，也就是人们常说的亚健康状态。相当一部分乙型肝炎病毒（HBV）携带者貌似健康，其实已经存在肝脏的炎症病变。因为症状比较隐匿，患者不易觉察，但并不是完全健康的状态，一旦机体抵抗力下降或再感外邪，即有可能引起乙型肝炎的发作。有研究发现，慢性 HBV 携带者及慢性肝炎轻度患者常常存在不同程度的肝脏炎症和纤维化，需要采取积极的干预治疗。过建春等认为气虚质和阴虚质慢性 HBV 感染者可能容易出现进展性肝纤维化，中医体质与慢性 HBV 感染者的肝脏病理改变关系密切。所以 HBV 携带者散在分布于中医"治未病"中的各阶段。治疗时，可以从不同体质入手，调整人体的阴阳平衡，充分发挥"治未病"理念，将辨体论治与辨证论治相结合，从而达到未病先防、既病防变的目的。施维群认为应从调整人体的阴阳平衡着手治疗慢性乙肝患者，在动态了解慢性乙型肝炎患者的中医体质证候、观察他们的免疫功能状况后，寻求它们之间的相关性，这对于认识慢性乙型肝炎患者的致病机制乃至易感人群的预防和治疗，都有积极意义。

施维群认为慢性肝病的产生与人体脏腑经络之气血阴阳失调密切相关，临证中倡导内治之法当"谨察阴阳所在而调之，以平为期"；外治之法当"辨证施治，调经气，通百脉"。

一、辨证论治

（一）证型

1. 湿热蕴结证

主症：①身目黄染，黄色鲜明；②小便黄赤；③口干苦或口臭；④舌苔黄腻。

次症：①脘闷，或纳呆，或腹胀；②恶心或呕吐；③大便秘结或黏滞不畅；④胸胁胀；⑤脉弦滑或滑数。

凡具备主症中 2 项加次症 2 项，可定为本证。

治法：清热利湿。

推荐方药：茵陈蒿汤合甘露消毒丹加减。药用茵陈、栀子、大黄、滑石、黄芩、虎杖、连翘等。

2.肝郁气滞证

主症：①两胁胀痛；②善太息，嗳气稍舒；③情志抑郁。

次症：①胸闷；②腹胀；③嗳气；④乳房胀痛或结块；⑤舌质淡红，苔薄白或薄黄，脉弦。

凡具备主症中2项加次症2项，可定为本证。

治法：疏肝理气。

推荐方药：柴胡疏肝散加减。药用北柴胡、香附、枳壳、陈皮、白芍、苏梗、八月札等。

3.肝郁脾虚证

主症：①胁肋胀痛；②情绪抑郁；③纳差或食后胃脘胀满；④倦怠乏力。

次症：①口淡乏味；②便溏不爽；③嗳气；④乳房胀痛或结块；⑤舌质淡红，苔薄白或薄黄，脉弦缓。

凡具备主症①②任一项加③④任一项，加次症2项，可定为本证。

治法：疏肝健脾。

推荐方药：逍遥散加减。药用北柴胡、当归、白芍、白术、茯苓、薄荷、甘草等。

4.肝肾阴虚证

主症：①头晕耳鸣；②腰痛或腰酸腿软；③五心烦热；④寐艰多梦。

次症：①胁肋隐痛，劳累加重；②口干咽燥；③时有低热；④舌红少苔；⑤脉细或细数。

凡具备主症中2项加次症2项，可定为本证。

治法：滋补肝肾。

推荐方药：一贯煎加减。药用北沙参、麦冬、生地、枸杞子、当归、玄参、石斛、女贞子等。

5.脾肾阳虚证

主症：①食少便溏或五更泻；②腰痛或腰酸腿软；③形寒肢冷；④下肢浮肿。

次症：①面色㿠白；②性欲减退；③小便清长或夜尿频数；④舌胖质淡，苔润；⑤脉沉细或迟。

凡具备主症中2项加次症2项，可定为本证。

治法：温补脾肾。

推荐方药：附子理中汤合金匮肾气丸加减。药用党参、白术、制附子、桂枝、干姜、菟丝子、肉苁蓉等。

6. 瘀血阻络证

主症：①胁痛如刺，痛处不移；②朱砂掌，或蜘蛛痣，或毛细血管扩张；③胁下积块；④舌质紫暗，或有瘀斑瘀点，或舌下脉络增粗、迂曲。

次症：①胁肋久痛；②面色晦暗、唇黑；③出血倾向，齿衄、鼻衄；④脉细涩。

凡具备主症中 2 项加次症 2 项，可定为本证。

治法：活血通络。

推荐方药：膈下逐瘀汤加减。药用当归、桃仁、红花、川芎、赤芍、丹参、泽兰等。

临床既可见一证，也可见两证相兼或多证并现，建议治疗时多法联用，处方选药精准，剂量适当，防止过度治疗。

（二）基本方药

慢性乙型肝炎的主要病机为正虚邪恋，虚实夹杂，气血脏腑功能失调。基本治法为益气养阴、清热解毒、健脾补肾、活血通络。推荐常用方药：生黄芪 15g，全当归 15g，炒白术 15g，川石斛 15g，炙鳖甲 15g，仙灵脾 15g，干地黄 15g，叶下珠 30g，可随症加减。

二、内治之法，和阴阳为其大法

（一）补脾肾以滋元阴元阳

人体生命活动全赖肾之元阴元阳的相互维系和推动。肾者水火之宅也，为脏腑阴阳之本，生命之源。《难经·八难》曰："诸十二经脉者，皆系于生气之原。所谓生气之原者，谓十二经之根本也，谓肾间动气也，此五脏六腑之本，十二经脉之根，呼吸之门，三焦之原。"五脏六腑之阴，非肾阴不能滋助；五脏六腑之阳，非肾阳不能温养。因此肾阴为全身诸阴之本，肾阳为全身诸阳之根。若肾阴和肾阳的动态平衡遭到破坏，将最终导致人体正气虚衰和疾病的发生。慢性乙型肝炎（chronic hepatitis B，CHB）的发病关键在于人体正气虚衰，不足以抗御外邪，导致疫毒侵袭而发病，正所谓"邪之所凑，其气必虚"。正气亏虚虽与肾密切相关，肾为先天元气之根，然元气须依赖后天水谷精微之补充和滋养。《景岳全书·杂证谟·脾胃》中即有"凡先天之有不足者，但得后天培养之功，则补天之力，亦可居其强半。"

治疗 CHB 扶正之法在于调补脾肾，以平衡肾之元阴、元阳为要。施维群临证常以黄芪、仙灵脾为调补脾肾之基础对药，仙灵脾温肾阳，黄芪补后天以滋先天。阳气根于阴，阴气根于阳；于阴中求阳，阳中求阴，临床当随症加减，以阴阳调和为期。肾阴虚者加用二至丸、枸杞、生地、龟板等调补肾阴之品；阴虚日久，内必有虚热，故当佐以青蒿、鳖甲、知母、黄柏等退虚热之药。肾阳虚者可选用附子、肉桂、仙茅、巴戟天等温补肾阳之品。阴阳两虚者用二仙汤、金匮肾气丸之类调和肾之阴阳。脾虚甚者加用四君子汤、补中益气汤、黄芪建中汤之类。

（二）祛邪毒以和阴阳

湿热蕴结是 CHB 的发病基础，湿与热互结具有如油入面、缠绵难分、易于弥漫、盘根于气分、浸淫于血分的特点。湿为阴邪易伤人体之真阳，热为阳邪易耗伤人体之真阴，湿热蕴结日久最易导致人体脏腑气血阴阳失调，即张子和所谓"论病首重邪气，治病必先祛邪"。临证中当谨守病机，将清热解毒利湿之法贯穿于治疗全程，使湿化热清，病邪得祛，人体脏腑气血阴阳则渐趋平衡。临床在运用清热除湿法时，必须掌握好辨证要点，辨明湿与热的偏盛和消长变化，随症加减，方能获佳效。施老师认为 CHB 多为本虚标实，应用苦寒之剂时，药味不宜过多，时间不宜过久，病退即止，以防苦寒败胃。热甚者选用苦参、石见穿、半边莲、半枝莲、白花蛇舌草、马鞭草、重楼等苦寒清热解毒利湿之品为主，并酌情佐以健脾化湿、芳香化湿、淡渗利湿之品；湿甚者在用半夏、苍术、白术、扁豆、厚朴等健脾化湿药的基础上酌情选用藿香、苏梗、石菖蒲、砂仁等芳香化湿药和茯苓、猪苓、泽泻、车前子、金钱草等淡渗利湿药，另可酌情佐以黄芩、黄连等苦寒清热解毒利湿之品；湿热并重当清热解毒、祛湿并重，清热毒而不碍湿，祛湿邪而不助热，如此治疗则使湿热得除，阴阳自调，顽疾亦得解也。

（三）调肝肺之气机以和阴阳

调节肝肺之气机为平衡人体脏腑气血阴阳之枢纽所在。《素问·阴阳应象大论》中"左右者，阴阳之道路也"，而"肝生于左，肺藏于右"，是故肝肺者，阴阳之道路交通也。肝之正常升发，肺之正常肃降，关系到人体气机的升降运动，其为气机升降之枢纽。叶天士云："人身气机合乎天地自然，肝从左而升，肺从右而降，升降得宜，则气机舒展。"肝肺两脏不仅在气机调节方面关系密切，而且经络相连，足厥阴肝经分支从肝分出，穿过膈肌，向上注入肺中，交于手太阴肺经。肺主气，手太阴肺经为十二经气血运行的起点；肝主藏血，足厥阴肝经为十二经气血运行的终点；因此肝肺两经与人体十二经脉气血运行变化密切相关。肝肺气机升降失常，则脏腑气血阴阳失调，引起脾胃功能失常，导致脾气不升、胃失和降或腑气不通等证。故此临证之时，当详察细辨，对证治之。施维群临证常选用柴胡、郁金、香附、枳壳、厚朴、佛手等作为调节肝肺气机之基础药。肝肺之气机失调常导致大便闭塞不通，当选用大黄、枳实、厚朴、瓜蒌仁等行气导滞、润肠通便之药，盖肺与大肠相表里，腑气通则气机调和也。肝为体阴而用阳之脏，具体用药时切忌过用辛香燥烈之品，尤其病程长者，为防止肝阴亏损，当酌情选择芍药、生地、甘草、五味子等酸甘之药，此即柴胡疏肝散、四逆散之意也。肝木克脾土常导致脾胃功能失常，宜选用半夏、陈皮、苍白术、山药、鸡内金、神曲等健脾和胃之药，与此同时酌加沙参、麦冬、石斛、玉竹、薄荷等养阴清肺、疏肝之品，此为一贯煎养阴柔肝、佐金以平木之要旨也。肝失调达，日久则气滞血瘀，故调肝肺之气机的同时应适当选用当归、穿山甲、三七、丹参、赤芍、延胡索、乳香、三棱、莪术等活血化瘀行气止痛之药，此乃王清任立血府逐瘀汤治诸疾之本义，盖气血畅通则阴阳调和，百病自除也！

三、外治之法，调经气为其要旨

（一）脏腑—经络—经气—"皮部"

经络是人体运行气血、联络脏腑、沟通内外、贯穿上下之径路，亦为病邪出入之道路；经络乃脏腑之延伸，其运行于经脉之气为经气，属人体的"正气"范畴，经气源乎脏气，脏气借经气以互相通应，是故经气之变化关乎疾病之转归也。而经气在十二经脉中各有其分布规律和特点，《素问·皮部论》曰"皮有分部""皮者，脉之部也""凡十二经络脉者，皮之部也"。"皮部"就是十二经脉及其所属络脉在皮表的分区，也是十二经脉之经气散布所在。此处之"皮部"为经气散布之处的泛称，它可以是经络之腧穴（如期门、肝俞、足三里等）；也可以是脏腑经气在某一局部之汇聚处（如耳部、脐部等）；也可以是某处之皮肤黏膜（如鼻黏膜、肠黏膜）。因此可以通过辨病辨证来确定病变脏腑经气失调之"皮部"所在，用各种方法（如穴位注射、贴脐、灌肠等）刺激经气失调之"皮部"以调整各脏腑之经气，最终达到平衡阴阳治疗疾病的目的，此即中医外治之本质也。

（二）外治之法调脏腑之经气以和阴阳

中医外治法与内治法相得益彰，并具有多途径、多靶点治疗疾病的鲜明特色。施维群临证中推崇"外治之理，即内治之理；外治之药即内治之药，所异者，法耳"之观点，认为药物经"皮部"吸收的机制，分为经络传导和皮肤透入两类，故在选择外治中药时遵循辨证论治的原则，适当选用辛香走窜和引经活络之品。肝着在临床上按西医分类可分为轻度、中度、重度。

施维群在治疗研究中发现，肝着之肝郁脾虚型以轻度多见，湿热中阻型以中度多见，而肝血瘀阻型则以重度多见。肝着肝郁脾虚型当选用黄芪注射液注射足三里。其疗法为：黄芪注射液2ml，隔日1次，每周2次，疗程为1个月，共3个疗程。足三里穴乃"足阳明胃经"之要穴，针刺之则有调理脾胃、补中益气、通经活络、扶正祛邪之功效。黄芪归肺、脾、肝、肾经，尤善补脾肺之气，今针药并用则扶正祛邪之力甚强也。肝着湿热中阻型当选用中药"清肠合剂"（生大黄、熟附片、地榆炭、蒲公英）180ml保留灌肠，每日1次，疗程为1~2周。灌肠之药皆为辨证施治所选之药，其所异者，唯法耳。盖湿热中阻者当从下焦清其湿热，灌肠之法为药气借肠黏膜以速达病变脏腑经络之捷径也，是故"外治之药即内治之药"耳。肝着肝血瘀阻型当选用肝病治疗仪照射期门穴，每日1次，每次30分钟，1个月为1个疗程，共治疗1~2个疗程。《灵枢·经脉》曰："经脉者，所以能决生死，处百病，调虚实，不可不通。"期门者肝经之募穴，肝血瘀阻者为肝经之不畅也，是故选期门穴以红外线照射之，如此治之则经气通畅，气血阴阳调和，病愈不远矣。

四、治肝之法

慢性乙型肝炎属于中医学"肝着""肝积""黄疸""胁痛"等范畴。从先秦开始，《诗经》记载"蘩、蘩、苓"等药物均为散结软肝之用；春秋时期的马王堆帛书《足臂十一脉灸经》记载了经脉所主的肝痛、胁痛、腹胀等病证及其治法；秦汉中医"四大经典"的诞生明确了肝着的病邪、病位、病机、治法、方药和预防；晋代王叔和提出"以胃气为要"论治肝着；南朝陶弘景提出"肝络瘀积,推陈出新"之观点;隋代巢元方《诸病源候论》提出"湿热内蕴肝络"论;宋朝陈师文等在《太平惠民和剂局方》提出"气机不畅郁滞经络"论;明代秦景明《症因脉治》提出"痰饮胁痛";清代吴鞠通《温病条辨》提出"化瘀散结通络"治胁痛;清代唐容川《血证论》提出"血瘀下焦"治胁痛;叶天士于《临证指南医案》提出"久病入络"和"久痛入络"之论,从此奠定了肝着"络病辨治"的病机理论。近现代,中医药对慢性乙型肝炎抗纤维化研究取得较大成就,其中以"络病学"尤具特色,然而"通络法"又引起了百家争鸣,有"初病湿热在经,久则瘀热入络"论;有"暗瘀"论;有"血瘀痰阻络损"论;有"肝络、肝窦"论;有"正虚血瘀"论等。

施维群认为慢性乙型肝炎发展为肝硬化与肝纤维化进展过程密切相关,改善肝纤维化的形成和发展,是防治慢性乙型肝炎慢性化及向肝硬化发展的重要方法,治疗必须抗病毒与抗肝纤维化并重。

《灵枢·血络论》曰:"阳气蓄积,久留而不泄者,以黑血以浊";《素问·举痛论》云:"血泣不得注于大经,血气稽留不得行,故宿昔而成积矣";《临证指南医案》指出:"是初为气结在经,久则血伤入络""大凡经主气,络主血,久病血瘀"。施维群以以上论述为指导,认为慢性乙型肝炎病位已涉及络分、血分,涵盖了三阴经肝脾肾三脏。病邪已不仅是疫气,还夹杂了湿、痰、瘀血等,病位由气分深入血络。因厥阴肝主疏泄,少阳主枢,统调表里上下气机,中焦升降失常,内生痰湿,痰湿气滞困脾郁肝,阳气失于调达,则病血分,血滞瘀阻,气、湿、痰、瘀胶结而成"恶血",形成"恶血归肝经"的络分证和血分证。其病机包含了脾虚肾虚和气郁实邪阻滞,因久病入络,络主血,血分病涉及肝脾肾,是虚实夹杂之证。故治疗大法以"扶正化恶血"为主,涵盖养肝、益肾、健脾、化湿、开郁、除痰、开凝、活血、化瘀、清热、温阳等原则,临案需辨证论治。方药多化裁于经方,如平调寒热虚实之乌梅丸,开郁疏肝之四逆散,调和肝胃之柴平散,扶正化瘀之鳖甲煎丸,行气化瘀之旋覆花汤,健脾益肾渗湿之参苓白术散,调和肝脾之逍遥散等方加减。

"络主血"用以阐释"久病入络",其内涵包括:络中主行血液,络中血行赖血液的充盈和气的推动,络病则血病必然涉及血分与气分;久病可由气入血而病络、病脏,形成本虚的病机,加之邪气深入血分,形成"恶血"之标实。正所谓"邪之所凑,其气必虚",治疗需扶正兼化恶血以虚实兼顾,标本同治。但扶正和化恶血各有其法,临证需四诊合参、谨守病机、辨证论治。

（一）养肝益肾法

施维群认为疫气伤及肝体，损及肝用，肝失疏泄，影响到气机的运行及相关脏腑的生理活动，形成气血郁滞、疫毒之邪蕴结难解等病机变化。木赖土以滋养，土得木以疏通。在慢性乙型肝炎中，肝脾常常相互影响而见肝脾失调。肝脾不调，脾失健运，气血生化乏源，肝肾阴精则无以供给，肝脾久伤，由脾及肾，损及肾阳，而见脾肾阳虚，肝无血养而失柔，肾无精填而失润，以致肝肾亏虚。

施维群根据历代医家对慢性乙型肝炎的认识并结合前期"十一五""十二五"国家科技重大专项课题的研究，总结并提出以脉弦细、两关不调、舌体偏大、舌苔白为辨证要点的肝肾不足证治，其主要病机是肾虚邪伏，肝血不足，脾阳不振，认为主要的治疗原则应为养肝益肾、健脾清透。前期采用了养肝益肾方治疗慢性乙型肝炎，方中淫羊藿、黄芪益气养阴，补肾健脾，针对乙型肝炎病毒携带者的肾虚本质，补益先天之肾气，祛邪外出，共为君药；柴胡疏肝解郁，以顺其条达之性，当归、白芍养血敛阴柔肝，补肝体而能和肝用，共为臣药；白术、茯苓健脾益气，脾强则不受肝辱，共为佐药；炙甘草缓肝急而止痛，薄荷少许而助柴胡疏肝解郁以达清透之力，共为使药；全方针对慢性乙型肝炎病机，君臣佐使合理配伍，补先天益后天，虚实兼治，立法周全，组方严谨，共奏养肝补肾、健脾清透之功。研究结果显示，经用养肝益肾方干预后，中药组乙肝病毒脱氧核糖核酸（HBV-DNA）、乙肝表面抗原（HBsAg）下降幅度均显著高于西药组，肝脏组织学病理检查结果显示炎症、纤维化明显改善，以及免疫组 HBsAg 表达均显著下降，提示养肝益肾方可明显改善慢性乙型肝炎患者肝组织的炎症和纤维化程度，降低乙型肝炎病毒的载量。

（二）疏肝健脾化瘀法

施维群认为其始动因素是疫毒，疫毒长时间作用于肝脏，肝胆之气失疏，气机升降失常，脾胃运化失司，水谷失化，湿邪内生，湿性黏腻阻滞气机；气病著则湿化热，气不散津，气不化津为血，则凝而成浊；久病入络，久病则伤元气，从厥阴气分陷入厥阴血分，气郁络分而血滞，由于湿、郁、瘀、浊、虚程度的不同，这些致病因素和病理产物互相影响，又共同作用于肝络。施维群以"久病入络"辨治慢性乙型肝炎肝纤维化，总结出以舌边齿痕、舌苔厚腻、脉弦等为主要辨证要点的肝郁脾虚证，方药：生柴胡、白芍、枳壳、生甘草、茯苓、白术、薏苡仁、砂仁、丹参、三七花、积雪草、丝瓜络。此方由四逆散宣厥阴之表，升清降浊以畅其气机；苓术薏甘汤以健中化湿；丹参饮加味以舒络化瘀；积雪草、丝瓜络辛苦并用以开津凝，临证根据个体偏颇针对郁、湿、瘀、滞等加减。脾肾气虚加黄芪、淫羊藿；肝肾阴虚者，加女贞子、旱莲草、桂枝；湿热重者，加白花蛇舌草、垂盆草、牡丹皮；血不足者以四物汤化裁。

（三）滋阴益气化恶血法

现代医学已明确慢性乙型肝炎是因免疫机制受损伤而致，人体的免疫功能与此病的发生发展及预后关系密切。人体正气不足、正虚邪恋，现代医学的免疫功能紊乱导致乙型肝炎慢性化，免疫平衡再建与调节阴阳平衡有相通之处。调阴阳，重先天与后天的平衡是治疗的关键。施维群宗"阴常不足"及"损其肝者，缓其中"之旨，滋先天之阴、培后天之气以调阴阳平衡。恶血非一般的瘀血，而是内涉血分的邪气，有寒热之别。其一是热性恶血：由湿邪化热入血，热郁湿阻血滞之恶血；湿热凝痰，痰阻血络，络灼津阻之恶血；其二是寒性恶血：由疫邪直中，中寒本虚，邪气寒化，凝滞肝络，气凝血瘀之恶血；邪气久稽，寒湿内生，冰伏下焦肝肾，络脉失温通而成恶血。所谓"恶血归肝经"也正是指导本病的临证法则，重在通络，引药入肝，以化恶血。临证总结出以舌质暗伴瘀斑瘀点、舌苔少、舌下静脉曲张、脉右关沉、尺脉细等为辨证要点，辨清恶血的寒热属性。寒性恶血多以五苓散及生化汤化裁，热性恶血多以黄连温胆汤和旋覆花汤加减。其主要成分是女贞子、旱莲草、白芍、甘草、白术、茯苓、黄芪、生晒参、炒薏苡仁、沉香曲、三七粉、淫羊藿、厚朴花。寒性恶血加桂枝、泽泻、川芎、红花、刘寄奴、制附子、穿山甲粉等；热性恶血加枳实、竹茹、黄连、大黄、半夏、桃仁、红花、茜草、牡丹皮、赤芍、水蛭等。

（四）肝胆同治法

肝与胆是两个相邻的脏器，其生理病理关系甚为密切，肝脏分泌胆汁，在胆囊内浓缩、贮存，以消化脂类物质，其分泌决定于肝脏的血流量，而血流量则依靠肝细胞的能量供应，在肝脏发生病理改变，能量转运下降时，胆汁成分改变或不足，胆囊排空反射障碍及病毒直接侵犯胆汁抽出系统等，诸类因素可给胆系带来不同程度的受累，特别是使胆囊或胆道系统产生炎症反应。根据国内外近年来的报道，从灰阶超声波的探查发现，急性肝炎中胆囊壁增厚，囊内出现回声较为常见，从而提示肝脏急性炎症过程中，可以某种方式累及胆囊。虽然关于慢性肝炎的胆囊病变未见明确阐述，但长期反复迁延、活动的肝脏炎症对胆囊病变的影响是不可忽视的。因而有学者提示：B超对胆囊的检查，甚至可用以估计肝炎的恢复过程或慢性化过程。

关于慢性肝炎诸症，祖国医学历代均以"胁痛""腹胀""黄疸"等载入医籍。大凡是邪毒内侵、宿主于肝、迁延日久、反复不愈之故。其病位在肝，由于肝胆互为表里，相辅相成，因而病变也往往相互累及。肝主疏泄，而胆则是肝脏小叶间的一个囊状器官，有"藏精汁"的作用，其排泄、贮存有利于肝之疏泄。肝胆同司疏泄，有助于脾之运化、疏通气血的职能。肝胆在生理上如此密切的关系决定了其在病理上的互相影响，在肝脏受损、疏泄失常的病理情况下，胆囊也会相应得病。通过对 111 例慢性肝炎的超声波检查及疗效分析发现，烦急、失眠、胸胁胀痛和脉弦是慢性肝炎的共同主症，这些主症与肝胆的病理变化不无关系。

从中医审证求因角度出发，并从现代医学的实验仪器检查中证实：慢性肝炎之病位在肝，病机为肝胆失疏，所累之脏器为胆，肝胆同病为慢性肝炎的主要病理反映。因而治疗应从肝胆入手，予以肝胆同治，疏肝利胆为主。若单独治肝而忽视胆的通泄，即使其功能恢复，肝病也不易愈。

（五）清热解毒法

清热解毒法的运用是以乙型肝炎病毒为"邪毒"而立的。"久病属瘀"，现代医学的微循环学说将乙型肝炎病毒感染之证归为"血瘀气滞"，故有活血化瘀之法。有人将"正气存内，邪不可干"与现代医学的免疫调节功能相结合，创立了扶正补益之法以抑制乙型肝炎病毒；亦有以"阳气不充，湿邪且盛"之观点解读乙型肝炎病毒感染者，而治以温阳除湿。

（六）调和气血阴阳法

慢性疾病是由于脏腑气血阴阳亏虚或失调而致的诸多慢性病证，其以"气血不足、阴阳失调"为特征。气血阴阳的失衡是疾病发生的基本原理，阴平阳秘是保证正常生命活动的基本条件。同时结合个人的体质特点、慢性原发性疾病的病情，确定脏腑气血阴阳虚损之所，进而调治。施维群认为，在动态了解慢性乙型病毒性肝炎患者的中医体质证候、观察他们的正气状况（即抵御外邪的能力）的基础上，重构阴阳平衡、调和气血，对该疾病的治疗和预防易感都有积极意义。常以补中益气汤、八珍汤为基础方，临床常用黄芪、仙灵脾、白术、红景天、铁皮石斛等加减，这些中药对常年服用抗病毒药物治疗的患者在免疫耐受被破坏后重建免疫平衡、辅助正气（增强抗病毒特异性 T 细胞功能）有一定作用，对于治疗慢性乙型肝炎甚至慢性乙型肝炎病毒（HBV）携带者都有效。

肝脏体阴而用阳，邪毒郁于肝，肝气失疏，肝木乘土，日久致脾失健运，脾阳虚衰，加之患者自身为阳虚体质，元阳不足，以致冲任虚损，经络不通。施维群在治疗此类患者时，以补先后天之阳气兼以养肝扶正祛邪为主。

五、经典病案

病案 1

吴某，男，52 岁，2009 年 7 月 12 日初诊。患者自述间断两胁胀痛不适，情绪波动时尤明显，腰膝酸痛怕冷，餐后胃脘痞满不舒，四肢乏力，稍活动就出汗，大便干，2 ～ 3 日 1 次。乙型肝炎病毒标志物：乙型肝炎表面抗原（HBsAg）、乙型肝炎 e 抗原（HBeAg）、乙型肝炎核心抗体（HBcAb）（+），余（-）。HBV-DNA 1.9×10^5copies/ml。肝功能：总胆红素（TBiL）54μmol/L，间接胆红素（IBiL）29μmol/L，丙氨酸氨基转移酶（ALT）115U/L，门冬氨酸氨基转移酶（AST）98U/L，谷氨酰转肽酶（GGT）87U/L，余正常。B 超示：肝实质弥漫性改变。查体：肝掌、蜘蛛痣（+），舌质红、苔薄黄腻、边有齿痕、伸舌时舌边流涎水，舌下静脉迂曲，脉弦数。诊断：慢性乙型病毒性肝炎。辨证属脾肾阳气亏虚，肝肺气机失调，兼湿热内蕴（湿重于热）。治当温补脾肾、调理肝肺，兼以清热除湿。

处方：淫羊藿 15g，仙茅 15g，杜仲 15g，黄芪 20g，白术 10g，防风 10g，柴胡（醋炙）12g，郁金 12g，枳壳 10g，厚朴 15g，瓜蒌子 12g，延胡索 10g，白芍 15 克，甘草 6g，生地黄 10g，当归 12g，麦冬 12g，焦神曲 15g，佛手 9g，茯苓、猪苓各 15g，茵陈 30g，泽泻 15g，白扁豆 10g，丹参 15g，桔梗 6g。7 剂，每日 1 剂，水煎早晚分服。

7 月 19 日二诊：患者两胁胀痛明显减轻，胃脘部无明显不适、胃纳佳，自觉仍有乏力，自汗较前好转，略感腰酸痛，大便呈糊状，每日 1 次，舌淡红、苔薄黄腻，脉弦数。上方去当归、瓜蒌子、茵陈，加党参 15g，牛膝 15g。7 剂，水煎服，每日 1 剂。

7 月 26 日三诊：患者无明显不适，查肝功能：TBiL 20μmol/L，IBiL 15μmol/L，ALT 53U/L，AST 56U/L，GGT 38U/L。上药继服半个月，肝功能基本正常，患者自觉一般情况良好，已无明显不适症状。

按：施维群认为，慢性乙型肝炎为人体脏腑气血阴阳失调，正气亏虚，湿热疫毒侵袭机体所致。腰为肾之府，肾阳虚则腰膝酸冷；肾阳虚则五脏六腑之阳失其温养。故以仙茅、淫羊藿温补先天之肾阳以养五脏六腑之阳；以杜仲、牛膝强腰膝壮筋骨。阳虚日久则气虚自汗，故以黄芪、白术、防风补脾肺之气固表止汗；肝失疏泄则心情抑郁、两胁胀痛，肺失肃降则腑气不通，故以柴胡、郁金、厚朴、枳壳、瓜蒌子等调肝肺之气机以和全身脏腑气血之阴阳；肝为体阴而用阳之脏，方中以白芍、甘草、生地黄、麦冬、延胡索酸甘敛阴止痛、佐金平木，此亦为调和肝肺气机之法也；肝肺气机失调则气机不畅，日久则瘀血阻络，故见肝掌、蛛丝痣、舌下静脉迂曲，方中以丹参、当归活血祛瘀通络脉以和气血阴阳；患者舌质红、苔薄黄腻、边有齿痕、伸舌时舌边流涎，胃脘痞满不舒，乃湿热蕴于中焦，湿重于热之征，故当以猪苓、茯苓、泽泻淡渗利湿，白扁豆健脾化湿，茵陈清热利湿，并以焦神曲、佛手、白术等健脾和胃；桔梗有载药物舟楫之功能。如此治疗则阴阳平衡、气血调和、湿热得除，诸症自愈。

病案 2

陈某，男，55 岁，2010 年 11 月 4 日初诊。乙型肝炎病毒携带 10 余年，未定期体检。2 个月前与爱人争吵后一直情志不舒，感身体不适遂来就诊。患者面色萎黄偏暗，白睛微黄染，颈部散见蜘蛛痣，两胁隐隐作痛，甚则夜寐不安，时复汗出，咽干，手心发热，心烦，大便稍干，小便黄，舌红少津，苔薄，脉弦细。查肝功能示转氨酶、胆红素轻度升高，乙肝三系为"大三阳"，HBV-DNA 为 $2×10^4$copies/ml；B 超示肝区光点增粗增强，欠均匀，脾肿大。辨证属肝肾阴虚，脉络瘀阻，治拟补益肝肾，兼以祛瘀解毒。

膏方用：生地黄、熟地黄各 150g，山茱萸 120g，女贞子 120g，旱莲草 120g，丹参 30g，赤芍 30g，五味子 90g，白花蛇舌草 50g，垂盆草 50g，北沙参 100g，黄精 90g，知母 90g，生甘草 30g，怀牛膝 30g，枸杞子 90g，牡丹皮 90g，广郁金 50g，陈皮 30g，黄柏 30g，首乌藤 90g，山药 180g，大枣 60g，石见穿 100g，铜皮石斛 30g。上药共煎，去渣浓缩，加入鳖甲胶

60g，龟板胶 90g，鹿角胶 45g，冰糖 500g，饴糖 500g 收膏。每次 1 匙，每日服 2 次。

患者服用 1 个月后症状明显减轻，服用 2 个月后症状基本消失，肝功能稳定，HBV-DNA 一直阴性。

按：肾藏精、肝藏血，施维群认为肝病日久，肝肾两虚，加之患者情志不畅，肝郁日久化火，耗伤精血，致肝肾阴虚。可见咽干、心烦、手心发热、肝区隐痛、夜寐不安、时复汗出、大便偏干、小便黄、舌红少津，苔薄，脉弦细。肝肾阴虚日久，脉络瘀阻，兼见面色萎黄偏暗、蜘蛛痣、脾大、肝脏质地改变。该患者肝肾两亏兼脉络瘀阻，故在滋补肝肾的基础上适当加用活血解毒药。补益肝肾选用生地黄、熟地黄、山茱萸、女贞子、旱莲草、五味子、北沙参、黄精、知母、生甘草、怀牛膝、枸杞子、黄柏、首乌藤、大枣、山药之品；以牡丹皮、广郁金、陈皮疏肝理气；兼肝脉瘀阻加丹参、赤芍、白花蛇舌草、垂盆草、石见穿、铜皮石斛等。在治疗过程中，患者有湿困中焦、脾胃运化功能减退的症状，可在配伍中加运脾健胃理气化湿之品以行气血，有利于膏滋药的消化吸收。

病案 3

詹某，女，32 岁。2005 年年底检查发现 HBsAg（＋），HBeAg（＋），抗 -HBc（＋），HBV-DNA 1.62×10^6copies/ml，肝功能时有波动，B 超提示"慢性肝病改变"，当时只予护肝降酶治疗。2006 年因肝功能升高，遂至本院门诊就诊，后一直在门诊口服核苷酸类药物与中药治疗。2011 年冬季，患者欲食膏方调理，自诉肝功能虽稳定正常，HBV-DNA ＜ 1.0×10^3copies/ml，但仍感乏力，容易疲劳，畏寒肢冷、手足经常不温，冬天尤甚，常感下腹部有巴掌大小区域寒冷，夜尿次数偏多，大便多溏泻不成形，2 日 1 次，双下肢易发湿疹，月经量少，时有提前。舌淡边有齿印，苔白腻，脉沉细。辨证属冲任虚损，经络不通，治拟温补肾火、养肝健脾、温经通络。

处方：艾叶 6g，炒苍术 10g，木瓜 10g，生甘草 6g，杭白芍 10g，香附 10g，猪苓 15g，熟地黄 12g，生地黄 12g，地肤子 12g，砂仁 6g，炒黄柏 6g，牛膝 10g，炒枳壳 10g，茯苓 15g，太子参 15g，红花 6g，玫瑰花 6g，生川芎 10g，生当归 10g，益智仁 12g，山药 15g，阿胶珠 10g，大枣 15g，干姜 6g，附子 5g，生泽泻 12g，山茱萸 12g，炒杜仲 12g，制何首乌 15g，炒鸡内金 12g，枸杞子 12g，生桂枝 10g，炒柴胡 10g，上药 14 剂浓煎。

膏方用：阿胶 150g，龟甲胶 100g，大枣 150g，生晒参 36g，肉桂 20g，

芡实150g，肉苁蓉100g，赤芍60g，厚朴花60g，高山红景天60g，路路通50g，佛手30g，沙苑子60g，鲜铁皮石斛带叶30g。上药共煎，去渣浓煎。将上两浓煎液混合，加入蜂蜜150g，芝麻150g，大核桃100g，黄酒150g，桂圆100g收膏。每次1匙，每日服2次。

患者服用2个月后，乏力疲劳明显减轻，手足偶有不温，下腹部寒冷感消失，夜尿明显减少，大便正常，夜寐安，湿疹减退，月经量基本正常，偶月经先期，苔白不腻，齿痕仍存在，脉细不沉。连服二冬，肝功能稳定正常，HBV-DNA $< 1.0 \times 10^3$copies/ml，HBeAg定量明显下降，不适症状基本消失。

按：肝体阴而用阳，邪毒郁于肝，肝气失疏，肝木乘土，日久致脾失健运，脾阳虚衰，加之患者自身为阳虚体质，元阳不足，以致冲任虚损，经络不通，故可见上述不适症状。施维群在治疗此类患者时，以补先后天之阳气兼以养肝扶正祛邪为主。选用温经汤合肾气丸加减，取炒苍术、生甘草、熟地黄、生地黄、炒黄柏、牛膝、茯苓、太子参、山药、大枣、干姜、附子、生泽泻、山茱萸、炒杜仲、制何首乌、枸杞子、生桂枝、生晒参、肉桂、肉苁蓉滋补脾肾；以艾叶、木瓜、香附、炒枳壳、红花、生川芎、生当归、炒鸡内金、生桂枝、赤芍之品理气养血活血，使补而不滞；佐以益智仁、玫瑰花安养心神；高山红景天、鲜铁皮石斛带叶以扶正祛邪；反佐杭白芍、枸杞子等使药不燥，诸药合用收功。

（何　创）

第二节　黄疸杂病求三焦

施维群一直致力于中医的教育与传承工作，对于黄疸杂病的诊治，做了大量的理论与临床研究工作，总结整理了诊治黄疸的宝贵经验。

一、翻阅古籍心存疑

施维群翻阅历代古籍，从中查找先贤对于黄疸的治疗线索，认为湿邪乃是黄疸致病之关键，其易壅遏脾胃，阻塞肝胆，致使肝失疏泄，胆汁外溢而发生黄疸。《金匮要略》云："然黄家所得，从湿得之。"明确地指出了黄疸的致病因素以湿邪为主。《普济方》曰："未有非热非湿而能致病者也。"

《四圣心源》指出："其病起于湿土，而成于风木，以黄为土色，而色司于木，木邪传于湿土，则见黄色也。"认为本证是由于寒水太过，水来犯土；或脾胃素虚，湿邪内盛，中阳不足，湿从寒化。同时必兼有肝胆火热，否则不致发黄。正如李东垣所说："寒湿与内热相合而生黄也。"可见黄疸的形成不仅与湿热有关，与寒湿也有关。施维群认为，湿邪是黄疸致病中最重要的因素，也是其他致病因素的基础，正所谓"无湿不发黄"。

施维群师承俞尚德老先生，参看老先生《阴黄阳黄考辨》，学习俞老对阴黄、阳黄辨证的学术思想，对阴黄、阳黄的名称溯源进行了大量的细致研究，结合历代古籍，认为阴黄、阳黄并无定论，对阴黄、阳黄的色泽诊断怀有疑问，对此施维群受到启发，提出了目前临床黄疸治疗的困境。施维群认为，近世医家中，对黄疸的辨证分类，以阴黄和阳黄为主，且主要以黄色色泽的深浅晦亮作为判别阴黄、阳黄的重要指征。黄疸色泽受诸多因素干扰，这会对临床各类黄疸的诊治带来不少困惑，甚至失治错治。因此，施维群从临床实际出发，结合先贤理论，认为湿邪致黄毋庸置疑，但仅认为湿邪所致则过于片面，其夹杂因素也不容忽视，应全面综合分析由四诊所获得的临床资料而做出判断，不能单凭黄疸色泽之明晦来辨别热胜还是湿胜，当然更不可仅凭色泽即做出阴黄、阳黄的诊断。

纵览古籍，经方治疗阳黄大致有以下方剂：《伤寒论》中清热通腑、利胆退黄的茵陈蒿汤，清热利湿退黄的栀子柏皮汤，疏表清热、利湿退黄的麻黄连翘赤小豆汤；《金匮要略》中利湿化浊退黄的茵陈五苓散；《太平圣惠方》中清热解毒、利湿退黄的茵陈散；《杂病源流犀烛》中清热利湿的化疸汤；《外台秘要》中清热解表、发汗退黄的发汗泄黄汤。而经方治疗阴黄的有：《伤寒论》中温中化湿、健脾和胃的茵陈术附汤；《卫生宝鉴》中温里散寒、利湿退黄的茵陈四逆汤；《感证辑要》中健脾和胃、利湿退黄的茵陈胃苓汤；《伤寒全生集》中益气温中养血的茵陈茱萸汤。

二、中西医结合以佐证

施维群认为，随着医学科学的发展，中西医结合的治疗方法越来越受到重视，感染性肝病和非感染性肝病均可导致"黄疸"，比如病毒性肝炎、肝癌、胆道系统疾病、家族性遗传性肝胆疾病、自身免疫性肝病、药物性肝病等，病情复杂，变幻多端，鉴别诊断不易，不可偏执色泽为阳黄阴黄之说而胶柱鼓瑟。对黄疸色泽变化的临床意义，诸多医家有不同的见解，以黄如橘色而明为阳黄，以黄如烟熏而晦为阴黄的说法，并非定论。从现代医学来看，还有不少隐匿性黄疸、家族遗传性疾病、先天性的病理性胆红素代谢、血液病等。隐匿性黄疸可包括黄疸初期、黄疸恢复期，现代医学对于隐匿性黄疸的解释，指出血清胆红素虽然超过了正常范围，但皮肤、黏膜、巩膜无黄染，那么如何来辨阴阳？因各种原因所引起的血中胡萝卜素浓度过高，致色素在皮肤沉着，导致皮肤、巩膜黄染；服用阿的平等药物，可致皮肤发黄尤其是身体暴露部位黄色更为明显，但也无巩膜黄染与血清胆红素升高。老年人可见球结膜下脂肪沉着，多见于两眼内眦处，但结膜穹隆部、巩膜与皮肤均无黄染，血清胆红素亦不高。这些假性黄疸如何辨阴阳？如果仅仅从色泽鲜明晦暗来辨阴黄、阳黄，实为不妥，甚至可导致诊疗失当。对于黄疸初期常见的肝脾不调证，黄疸恢复期常见的气血亏虚证、气血瘀滞证，更应由中医四诊合参所获的临床资料，结合现代医学实验室检验，从脏腑、气血辨证入手，不可局限于阴阳辨证。对隐匿性黄疸，肝胆病初期或者恢复期，古籍无具体记载，但抛开阴黄阳黄辨证方法，另辟蹊径，而从脏腑、气血辨证也屡见不鲜。主要方剂有：《金匮要略》中之活血化瘀、软坚散结的鳖甲煎丸，温中健脾养血的黄芪建中汤；《内外伤辨惑论》中之补养气血的当归补血汤；《景岳全书》中之调和肝脾、理气运脾的柴胡疏肝散；《太平惠民和剂局方》中之疏肝解郁、健脾和营的逍遥散等。

涉及急性肝衰竭的黄疸、疾病恢复过程中的残留黄疸、体质性黄疸等，阴黄阳黄难以将其全部涵盖。如果一味局限于相关的阳黄、阴黄之分，则易导致临床医生的诊治翳障而影响疗效。对黄疸进行科学合理的分类辨治，抑或辨病与辨证相结合，是迫在眉睫的任务。

综上所述，施维群认为黄疸辨证更需注重疾病本身的致病因素、病位特点，除了辨阴阳以外，亦可从脏腑、气血方面进行辨证。《张氏医通》曰："以诸黄虽多湿热，然经脉久病，无不瘀血阻滞也。"黄疸初期多为湿热黄疸，日积月累，久病入络，络伤血瘀，肝经瘀热交阻，最终形成瘀热交阻之黄疸。此类证候表现为血不得荣，外则肤色不泽而呈晦暗，内则瘀浊凝聚而为癥块。《诸病源候论》言："气水饮停滞，积聚成癖，因热气相搏，则郁蒸不散，故胁下满痛而身发黄，名为癖黄。"指出肝胆湿火蕴结，气机不利，胆腑失其通降之顺及清中之质，胆热液溢，不循常道，浸渍肌肤，亦可致面目发黄。《景岳全书》曰："阴黄证，则全非湿热，而总由血气之败。"可见致黄并全非湿热所致，也可因气血所伤。除此之外，《诸病源候论》就提出："夫虚劳之人，若饮酒多，进谷者少，则胃内生热则身目发黄。"《千金翼方》中也记载："发黄多酒客。"平素嗜酒积热，损伤脾胃，导致内生湿浊黏滞，郁久化热，热则熬汁煎液，凝结为石，阻于胆道，胆汁逆溢而发黄。

故施维群认为黄疸病邪关键在于湿，但也夹杂着寒、热、瘀、火、虚。其病因可归纳为寒湿阻遏、湿热郁蒸、瘀热交阻、肝胆湿火、血气不足、嗜酒积热六大类，病位可涉及肺、肝、胆、脾、肾等脏腑。

三、三焦理论治黄疸

施维群治疗黄疸的特点在于从三焦的角度来注重整体化治疗，三焦分上焦、中焦和下焦。从部位而言，《灵枢·营卫生会》说："上焦出于胃上口，并咽以上，贯膈而布胸中……中焦亦并胃中，出上焦之后……下焦者，别回肠，注于膀胱而渗入焉""上焦如雾"（主要指心肺的输布作用），"中焦如沤"（指脾胃的消化转输作用），"下焦如渎"（指肾与膀胱的排尿作用，并包括肠道的排便作用）。上焦一般是指胸膈以上部位，包括心、肺在内；中焦指膈下、脐部以上部位，包括脾、胃等脏腑；下焦指脐以下部位，包括肾、膀胱、小肠、大肠。治疗时不能仅从肝胆治疗，而应察看病因病机，结合三焦理论，以中焦病变为主，兼顾病情发生变化中与上焦、下焦的传变关系来治黄疸。

施维群结合上述病因病机及"三焦理论"，临证治黄的具体治法有三：

其一，疏导湿热，健脾化浊，兼顾上焦。《伤寒论》曰："伤寒发汗已，身目为黄，所以然者，以寒湿在里不解故也。"《临证指南医案·疸》曰："阳黄之作。湿从火化。瘀热在里。胆热液泄。与胃之浊气共并。上不得越。下不得泄。熏蒸遏郁。侵于肺则身目俱黄。热流膀胱。溺色为之变赤。黄如橘子色。阳主明。治在胃。阴黄之作。湿从寒水。脾阳不能化热。"施维群临床常用茵陈蒿汤、茵陈五苓散、栀子柏皮汤等加减化裁，再配伍白术、茯苓、薏苡仁等运脾渗湿药。若兼有表证，湿热外袭肌表者，宜先用麻黄连翘赤小豆汤，以解表清热、利湿退黄；腹胀苔厚者，可加厚朴、姜半夏、炒枳壳，以化痰行气消胀；感右下腹疼痛，胆道结石阻滞者，可加金钱草、海金沙、鸡内金，以利胆消石。

其二，消瘀通络，着重中焦。施维群临床多以鳖甲煎丸、血府逐瘀汤、消石矾石散等加减化裁，再配以扶正化瘀胶囊，并加牡丹皮、赤芍、柴胡、青蒿梗等。衄血或便血者，可加地榆、侧柏叶等凉血止血之品；小便短赤不利，甚至出现腹水者，可加茯苓皮、大腹皮、车前子等利湿通淋之品。

其三，调治气血，勿忘下焦。施维群处方常以归脾汤、八珍汤、茵陈吴茱萸汤、茵陈术附汤等加减化裁，酌情加桂枝、附子、干姜等。腰膝酸软、手足不温者，可以黄芪、仙灵脾、肉苁蓉等益气温补；夜尿频繁者，加山药、乌药、益智仁等补肾缩尿；兼心烦失眠者，加酸枣仁、合欢花等安神宁心。

四、经典医案

病案 1

唐某，男，81 岁，务农。2017 年 5 月 24 日，患者因上腹部疼痛伴身目尿黄 3 天，收住肝胆外科，入院查 TBiL475.8μmol/L、IBiL 196.2μmol/L，DBiL 279.6μmol/L，ALT 87U/L，AST 63U/L，B 超示：胆囊肿大，胆囊多发结石，最大 2.0cm，胆总管上段 1.4cm，中下段显示不清，行"胆囊切除术"，胆总管探查，T 管引流，术后病理：慢性胆囊炎急性发作伴坏疽，术后西医予护肝降酶治疗，但患者身目尿黄、腹胀纳差等症状一直存在，同时胆红素较快上升，至 2017 年 7 月 17 日肝功能：TBiL 709.4μmol/L、DBiL 364.8μmol/L，ALT 139U/L，AST 243U/L，于 2017 年 7 月 18 日会诊后转内科予以中医辨证治疗，当时 T 管造影通畅，症见身目尿黄，大便量少，色浅，发热，口苦，胸胁苦满，伴有右上腹疼痛局部肌紧张，舌质暗、苔黄燥、脉滑数。西医诊断：慢性胆囊炎急性发作伴坏疽、胆囊结石。中医诊断：黄疸、胁痛。辨证为湿热蕴结，治宜清热利湿、疏肝利胆。

处方：柴胡 10g，赤芍 30g，白芍 30g，黄芩 10g，枳实 10g，半夏 9g，大黄 6g，桂枝 6g，生姜 6g，水牛角 30g，白茅根 30g，鸡内金 20g，郁金 10g，丹参 15g，茵陈 30g。7 剂，水煎服，每日 1 剂，分早晚温服。

7 月 25 日二诊：患者感乏力纳差腹胀等不适好转，仍见身目尿黄，西医检查提示"肝酶及总胆红素略下降"，遂方略不变，随症加减。

1 个月后三诊：患者皮肤巩膜黄染明显减轻，食欲恢复，小便变清，精神状态明显好转，继续予以柴胡汤随症加减。

2 个月后随诊身目尿黄皆退。

按：本案患者感受湿热邪毒，致湿热内蕴。湿热中阻故见恶心纳差，腹胀；肝胆气机受阻，肝失疏泄，胆汁不循常道，随血泛溢，外溢肌肤，上注眼目，下流膀胱，使身目小便俱黄，而成黄疸。症见身目尿黄，大便量少，色浅，发热，口苦，胸胁苦满，伴有右上腹疼痛局部肌紧张，舌质暗、苔黄燥、脉滑数，当辨证为少阳胆气不舒，阳明腑气不通。《金匮要略》云："诸黄腹痛而呕者，宜大柴胡汤。"病理因素有湿邪、热邪、瘀血，在大柴胡汤基础上加以清热利湿、凉血活血之药物，施维群在诊治疑难病案时，一直推崇仲景思想："观其脉证，知犯何逆，随证治之。"抓住疾病关键点选方，同时亦从病理致病因素着手，随症加减，使黄疸得除，疾病得愈。

病案 2

患者，男，56 岁。初诊时诉腹胀、乏力纳差 1 月余，症见精神疲惫，皮肤色黄晦暗，目珠黄染，全腹微膨隆，自诉乏力，纳差，大便偏稀，舌质红，苔白腻厚，脉沉涩。西医检查：肝功能检查提示：ALT 78U/L，AST 62U/L，TBIL 50.3μmol/L。腹部 B 超：肝硬化；脾肿大；腹水。患者既往有"慢性乙型肝炎"病史 30 余年。四诊合参，考虑为黄疸、积聚。证属瘀热内阻。治以消瘀通络，清热化浊。拟鳖甲煎丸加减化裁。

处方：鳖甲 10g，桃仁 6g，红花 6g，土鳖虫 6g，白芍 9g，牡丹皮 9g，当归 9g，柴胡 9g，白花蛇舌草 15g，三叶青 15g，扯根菜 10g，薏苡仁 15g，茯苓皮 15g，大腹皮 9g，白术 9g，葛根 12g，石菖蒲 9g。7 剂。再予八宝丹同服。

1 周后二诊：患者感腹胀稍缓解，大便稍成行，夜尿增多，舌质较前变淡，脉沉涩。于前方基础上去鳖甲、土鳖虫，加用厚朴 9g，沉香曲 6g，14 剂。

3 周后三诊：皮肤巩膜黄染较前减退，腹胀改善明显，大便成形，夜尿增多，守上方去大腹皮、葛根，加乌药 9g，怀山药 9g，茯苓皮改茯苓，14 剂。

5 周后四诊：皮肤巩膜黄染减退明显，腹胀不明显，胃纳改善，夜尿改善，舌淡红，苔白，脉涩，守上方去厚朴、沉香曲、乌药、山药，加丝瓜络 8g，继服 14 剂。

随访 2 个月后复查腹腔 B 超提示：腹腔极少积液。

按：该患者患慢性乙型肝炎多年，久病入络，络伤血瘀，故舌红，脉沉涩；瘀血阻滞肝络，瘀热交阻胆道，胆汁外溢，故皮肤巩膜黄染。此外，肝硬化，肝失疏泄而郁，木郁克脾土，脾失健运，水浊内停，故感腹胀不适，苔白腻，胃纳较差，大便质稀。治湿、治血、扶正三法并用，以活血消瘀通络、清热化浊祛湿为主，健脾和胃为辅。方中用鳖甲、桃仁、红花、土鳖虫、牡丹皮活血以消肝络之癥块，柴胡疏肝以顺其条达之性，白芍、当归养血柔肝，白花蛇舌草、三叶青、扯根菜清热解毒利湿退黄，石菖蒲化浊和胃，薏苡仁、

浙江中医临床名家·施维群

白术、葛根健脾渗湿止泻、顾护脾土后天之本，茯苓皮、大腹皮助湿从小便而出，予邪以出路。最后配以八宝丹可清热利湿，活血解毒，加强其治湿、治血之效，以助退黄。施维群临证注重病机的主次关系，灵活处方，恰当把握扶正与祛邪之度，攻补兼施，辨证施治，则黄疸得除，疾病向愈。

（李　峰）

第三节　肝纤补益并化瘀

近十多年来，随着慢性乙型肝炎（CHB）、慢性丙型肝炎（CHC）抗病毒治疗的研究发展，肝纤维化（包括早期肝硬化）病理组织学的可逆性及失代偿期肝硬化的肝功能改善翻开了新篇章；以复方中药治疗难治性CHC肝纤维化，美国Ⅱ期临床试验的成功实施为发挥中医药在治疗难治性病变中的优势打开了一扇门。针对肝纤维化的治疗，主要包括病因治疗、保护肝细胞、抑制肝脏炎症反应、抑制肝星状细胞（hepatic stellate cells，HSC）活化、促进凋亡、基因治疗及中药治疗等手段。目的是减轻肝脏炎症反应，控制纤维化的程度，延缓其发展，逆转其病理进程，从而降低终末期肝病的发病率和病死率，提高患者生活质量。

近年来，采用核苷（酸）类似物抑制病毒复制，联合抗肝纤维化中药治疗慢性乙肝肝纤维化已有较多的报道及系统综述，与单用抗病毒治疗比较，显示出明显的优势，但大多为单中心、样本量较小，且评价指标多为纤维化血清标志物，其证据质量明显不高。施维群认为抗病毒治疗与抗肝纤维化中药联用，可能是降低终末期肝病发生率及病死率的重要途径与发展趋势，但长期随访、采用结局指标评价的证据明显不足。抗肝纤维化的中成药迄今已有扶正化瘀胶囊、复方鳖甲软肝片、安络化纤丸、和络舒肝胶囊、强肝胶囊及大黄䗪虫丸、鳖甲煎丸等。对其如何选用，中医师可据其功效辨证择用，而对于西医师则是难题，因此，进行相关抗肝纤维化中成药的对照研究，为临床诊疗指南的制定或专家共识的形成提供可靠的证据是目前面临的重要任务。

中医药治疗慢性肝炎有一定的优势，这是不争的事实，但辨证论治的证型过多、可变因素多、可控性差、无法保证大样本的相对统一，临床疗效判定和科研统计困难，仍难以尽显其优势。作为一种个体化、随机化明显的诊疗体系，辨证论治有赖于微观辨证的研究、方药筛选及机制探讨与宏观相结合，是临床治疗难题之一。

一、施维群对肝纤维化之识

肝纤维化是现代医学名词，但在浩瀚的中医典籍中可见类似之证，如"胁痛""黄疸""臌胀""痞证""积聚"等。施维群熟读经典，他总结了从古至今对肝纤维化的认识，现归纳如下：

施维群认为，对本病治疗的论述自《黄帝内经》《伤寒论》《金匮要略》始，而至近现代，更是洋洋洒洒，蔚为大观。《黄帝内经》提供了病机特点，为治疗提供了原则与方向，揭示了胁痛或肝脏疾病的发生与虚实、寒热、瘀血和情志等因素有关，并指出胁痛病变脏腑责之于肝胆。《难经》通过"积"与"聚"的对比，揭示了"肝积"的脏腑归属及其与其他脏器的相关性。汉代张仲景在其所著的《伤寒论》和《金匮要略》中提出了类似肝病、肝纤维化和肝硬化的治法，目前仍广泛应用于临床，对后世采用活血化瘀法及养血涵肝法等治疗本病有重要指导作用；唐代孙思邈在《备急千金要方》中提出肝纤维化或肝硬化的治疗需要采用综合寒热攻补一炉的方法；宋代陈无择对"肝积"的病因做了形象描述，并提出了用"肥气丸"治肝之积，分述了补肝汤和泻肝汤之用；李东垣在《东垣试效方·五积门》中讲述了肝积的治法：用"肝之积肥气丸"治积"在左胁下，如覆杯，有头足，久不愈，令人发咳逆痎疟，连岁不已"；张子和于《儒门事亲·五积六聚治同郁断》指出肥气与气血有关，宜先攻后补；刘河间在《黄帝素问宣明论方》中指出："五脏六腑，四季皆有积聚……肝之积，名曰贲气，在左胁下，覆如杯，有头足。久不愈，令人痎"，并列出治疗胁痛积聚瘕癖之方；明代王肯堂用大七气汤兼服肥气丸治疗肝积，提出了治积当攻补兼施和治积先治气的治则，并反对朱丹溪以消痰破血为主的治法。许多医家提出治疗本病应该注意扶正，反对一味峻剂攻伐。

施维群认为，至清代时，肝病治疗的理论和实践渐趋完善，并提出了许多有创见的理论。比如清代王旭高在《西溪书屋夜话录》中列出了治肝三十法，详细总结了肝气、肝风、肝火和肝寒肝虚的治法，并在《王旭高临证医案》中提出行气活血为治积第一大法，采用了大量行气活血之药治疗肝积。叶天士的通络法对肝纤维化治疗有重要指导作用，提出了"久病入络""久痛入络"，认为慢性肝病肝纤维化须重视血络瘀阻，合理运用通络法。

根据古人的经验及多年临床，施维群认为肝纤维化的基本证候病机是正虚血瘀。正虚主要表现为气阴两虚；血瘀则主要表现为瘀血阻络。其基本证型为气阴虚损、瘀血阻络。其典型表现有疲倦乏力、食欲不振、大便异常、肝区不适或胀或痛、面色晦暗、舌质暗红、舌下静脉曲张、脉弦细等。基本治法为益气养阴、活血化瘀。益气药可选用黄芪、白术、炙甘草等；养阴药可选用生地、沙参、麦冬、白芍等；活血化瘀药可选用丹参、桃仁、当归、赤芍、川芎等。故施维群提出补益化瘀之法，大家可详参于下。

二、补益化瘀之法

施维群在长期的临床工作中认识到本病是以正虚湿邪留恋不退为主要矛盾，再加肝炎急性期过用清利药物，攻伐太过，损伤正气，正虚邪恋导致残留黄疸难以消退，临床上既有气血瘀阻等邪实的表现，又有脾失运化等正虚的征象，治疗当攻补兼施。据现代药理研究，茵陈、金钱草、大黄等具有保肝利胆作用；丹参、桃仁、红花、赤芍、葛根等具有改善血液循环、抗氧化、抗自由基、抗肝纤维化作用；黄芪、党参、白术等健脾药物能提高免疫功能，诱发内源性干扰素，还能增强网状内皮系统功能，增强吞噬作用，发挥机体防御能力，通过调节蛋白质和能量代谢，增强机体代谢功能，对改善肝细胞功能起到一定作用。

施维群认为肝硬化是各种慢性肝病发展的终末期阶段，以肝功能衰减和门脉高压等为主要表现，其在失代偿期常出现多种并发症，按仲景《伤寒论》厥阴法辨证可辨为类厥阴病、真厥阴病。临证当谨守病机，施以真厥阴法，即扶正温阳、养血化瘀；或类厥阴法，即寒热并调、虚实同治等。其辨证处方多以四逆汤、乌梅丸、麻黄升麻汤、三泻心汤等经方加减，其用经方治疗复杂的肝硬化临床疗效显著。

（一）益气化瘀

《素问·经脉别论》云："勇者气行则已，怯者则着而为病也。"张景岳曰："凡脾肾不足及虚弱失调之人，多有积聚之病。盖脾虚则中焦不运，肾虚则下焦不化，正气不行则邪滞得以居之"，强调了正虚致病。《金匮要略》中"见肝之病，知肝传脾"，提出应及早考虑到肝病及脾。脾主运化水谷精微，

左侧竖排：浙江中医临床名家·施维群

主升清，为后天之本，肝病日久，肝气乘脾，脾失健运，气、血、水、湿停聚，形成痰湿、瘀血；脾气亏虚，则推动血运无力，使血行滞缓，从而出现瘀血，此即因虚致实。所以目前对于肝硬化的论述有"从脾论治""脾虚络瘀""虚损生积"等。施维群认为，肝硬化是各种慢性肝病发展的中后期，久病正伤，结合历代医家对肝硬化的认识，总结出正虚血瘀的证候，以舌体胖大、边有齿痕、脉细涩、乏力、纳差、胁肋部刺痛为辨证要点，正虚以气虚为主；主张益气扶正、活血化瘀，组方以补中益气汤合血府逐瘀汤加减化裁。方中黄芪补后天以滋先天，加用仙灵脾补肾壮阳，二者先后天并补。有研究表明黄芪、仙灵脾可增强机体的免疫功能，这也证实了正虚与现代医学免疫功能低下、免疫缺陷有相似之处；方中茯苓、白术、甘草益气健脾；血府逐瘀汤通络化瘀，上述诸药共同作用，使气旺血行，瘀化气行，从而达到气充血行瘀化浊的目的。临证时，根据患者气虚、血瘀程度增减药物剂量。

（二）温阳化瘀

肝病日久损及脾肾，肝肾同源，阳气同源，阳气虚衰，阴寒内盛，则血运不畅，正如《灵枢·百病始生》所言"温气不行，凝血蕴里而不散"。郑钦安云："阳气弱一分，阴自盛一分，此一定之至理也。"对于先天阳虚体质者，张景岳在《景岳全书》中说"凡先天之有不足者，但得后天培养之力，则补天之功亦可居其强半"，通过温补后天之阳气，以期补先天之阳。施维群在长期临证中，不忘先贤之意，认为肝硬化后期多有脾肾阳虚之候，以四肢末梢冰凉、怕冷、腰膝酸软，舌质偏暗，舌下静脉曲张，尺脉沉迟为辨证要点，治以温补脾肾，处方以金匮肾气丸合血府逐瘀汤化裁。金匮肾气丸以少量补阳药与大队滋阴药相伍，取"少气生火"之义。两方合用，使阳有所温，瘀有所化。对于阳亏较甚者，选用四逆汤回阳，并用桂枝温阳通脉。阳气根于阴，阴气根于阳，无阴则阳无以生，无阳则阴无以化，故在温阳时配以熟地、萸肉以阴中求阳；温阳的同时，也不忘行气，伍以枳壳、厚朴、苏梗等。

（三）养血化瘀

肝硬化日久，气血耗伤，肝藏血的功能失常，血海不足，肝体失于濡养，肝脉失充，血运不畅而成瘀；久病真阴被耗，阴亏液损，血少不行而致瘀；久病迁延，气血两亏，血行迟滞，血少难行，令瘀血内生。故肝硬化日久可形成血虚血瘀的局面，主要表现为面色无华、萎黄，头晕乏力，肢体麻木、疼痛，舌淡，或青或紫，脉细涩。《金匮要略·血痹虚劳病脉证并治》中"五劳虚极羸瘦……内有干血……缓中补虚，大黄䗪虫丸主之"，指出久病血瘀应"缓中补虚"。施维群认为，肝不养血，血行不利；瘀血不去则新血不生，新血不生则血虚不已，故当养血化瘀，使瘀去而新血生，新血生则瘀血易去。药用当归、芍药、川芎、阿胶、丹参、鸡血藤、黄芪、牡丹皮、茯苓、白术、薏苡仁等。而恶血又有寒热不同之属性，寒性恶血加用桂枝、刘寄奴、制附片等；热性恶血加用黄连、竹茹、枳壳、茜草、白茅根等。脾为气血生化之源，治血虚当伍以益气健脾之剂，脾气旺则血生，气充则血足；另外也应配以行气之品，使气行则血行。

（四）滋阴化瘀

《临证指南医案·肝风》"肝为风木之脏，因有相火内寄，体阴用阳，其性刚，主动，主升"，提出了"肝体阴而用阳"。肝主藏血，血属阴，肝以其所藏之血濡养肝体，保持肝体柔和；肝用为肝主疏泄，属阳，为肝气；若肝能刚柔相济，血养其体，气资其用，则肝达而不病。肝硬化患者，其肝体、肝用失调。疫毒、湿热等邪伤及肝阴，肝体失濡，疏泄不利，血脉不畅，以致阴虚血瘀；血瘀久停，郁而化热，灼伤阴精，从而加重阴虚。"肝肾同源""精血同源"，肾精肝血，同盛同衰，休戚相关，肝阴久伤，累及于肾，肝肾阴虚；肾水不能滋养肝木，肝木更枯。有学者以一贯煎加减化裁组方成柔肝补肾汤，治疗原发性胆汁性肝硬化，疗效显著。

在肝硬化的发生、发展过程中，会出现气滞、血瘀、水停等病理因素，施维群认为，血瘀为其主要，故在治疗时以化瘀为主线，配以行气、益气、养血、温阳、滋阴等法。肝硬化治疗的过程相对较长，应谨察其气血、阴阳相互之间的转变，及时调整用药，在具体用药时，活血药多辛燥，易伤及阴分，故治疗时应佐以养阴之品。施维群根据上述理论总结出以形体消瘦，两目干涩，口干咽燥，胁肋隐痛或刺痛，夜间、午后烦热，腰部酸软无力，舌质红绛或有瘀斑，无苔或少苔，脉弦细数为辨证要点的阴虚血瘀证，主要用药为熟地、萸肉、牡丹皮、茯苓、泽泻、怀山药、当归、醋鳖甲、女贞子、麦冬、旱莲草、水蛭、牛膝、丹参、茜草、阳春砂等。方中六味地黄丸、二至丸滋补肝肾之阴，养阴柔肝；鳖甲性味咸，寒，归肝经，能滋阴潜阳，软坚散结，滋阴潜阳，使阳气有化生之根，醋制可增强滋阴药入肝消积，达到软坚散结的功效；张仲景《金匮要略·水气病脉证并治》言"经为血，血不利则为水"，水蛭入厥阴肝经，既能破积血，又能利水道；丹参、茜草凉血活血而不留瘀；阳春砂一味，调中以防熟地滋腻。虚热明显者，加用知母、黄柏、地骨皮、青蒿以清其虚热；肝区隐痛频繁者，加用延胡索、乳香、没药。

三、经典病案

病案 1

章某，女，78岁，2016年3月15日初诊。患"自身免疫性肝炎后肝硬化"6年，主诉腹胀、乏力半月余。症见精神疲软，形体消瘦，肌肤甲错，双手掌暗红，手心烦热，全腹膨隆，移动性浊音阳性，腰膝酸软无力，纳差，寐时较短，夜尿较多，大便较稀，不成形，双下肢浮肿，舌质暗红、有瘀点，光滑无苔，脉细数。腹部B超提示：肝硬化；脾大；腹腔大量积液。中医诊断：积证，臌胀。证型：气阴两虚，瘀阻水停。治法：益气养阴，化瘀利水。选方：六味地黄丸合血府逐瘀汤加减。

处方：熟地、牡丹皮各12g，黄芪、茯苓皮、大腹皮各15g，怀山药、泽泻、当归、丹参、地骨皮各9g，阳春砂、甘草、萸肉、川芎各6g，三七花5g，红花3g。共7剂，水煎服，每日1剂，分2次温服。

3月22日二诊：腹部仍有胀感，双下肢浮肿，双手掌发红，胃纳、睡眠改善，大便稍成形，小便量多，舌质较前变淡，少苔，脉沉细。于前方基础上去怀山药、萸肉、三七花、牡丹皮、地骨皮，加用厚朴、枸杞子、白芍各9g，水蛭6g。共14剂。

4月6日三诊：感腰部乏困，余较前好转，舌质稍暗，薄白苔，脉沉细。于二诊方基础上减去黄芪、川芎、大腹皮，加炒川断、炒杜仲各12g。共14剂。

4月20日四诊：自觉怕冷，四肢末梢感冰凉，腰部稍感无力，舌暗苔薄，脉沉细。在三诊基础上加用醋鳖甲10g，狗脊12g，丝瓜络9g，桂枝5g，茯苓皮换成茯苓。共14剂。

5月15日五诊：无明显乏力、腹胀，双下肢无水肿，舌淡苔薄，脉沉缓，予金匮肾气丸合四物汤化裁，共14剂。

按：自身免疫性肝炎发展至肝硬化，病程日久，以致肝失疏泄致郁，木郁克脾土，脾失健运，水湿内停，气郁水停可致血滞，血瘀阻络，日久伤及气阴，从而表现出气阴两虚之象。另外，血不利则为水，所以在利水时应以活血为要，故首诊选用六味地黄丸合血府逐瘀汤加减以益气养阴，化瘀运水。阴阳互根，阴损及阳则出现阳损虚寒之候，故治疗后期予金匮肾气丸温补阳气，在治疗气血的同时，不忘阴阳偏颇。

病案 2

曲某，女，32岁，1983年2月26日初诊。患者患乙型肝炎半年多，经治无效，经常右胁闷痛，脘腹胀满，不欲饮食，口苦口黏，头昏胀痛，手足心热，小便色黄，大便不调，肝大，右胁下2.5cm，舌质暗赤，苔黄腻，脉弦滑。实验室检查：HBsAg（+），ALT 200U/L。西医诊断：慢性乙型肝炎活动期。中医诊断：胁痛（湿郁）。治疗原则：疏肝和脾，理气祛湿。

处方：柴胡15g，赤白芍各10g，白术20g，枳实10g，党参20g，当归10g，丹参15g，郁金15g，香附15g，鳖甲20g，虎杖15g，甘草10g。水煎服，每日1剂。

3月4日二诊：进药6剂，胁痛痞满略缓，口苦口黏已止。已见初效，原方加减，治疗2月余，诸症消失，肝大回缩右肋下0.5cm，舌淡红无苔，脉弱而滑。乙肝表面抗原转阴，肝功正常。

病愈后已8年，一切良好。

按：本案由湿郁气滞、肝气不舒、横逆犯脾导致肝脾不和所致，治用疏肝和脾，方由四逆散合枳术丸化裁而成。方中柴胡、白芍、香附疏肝理气解郁；枳实、白术消补兼施，导滞和脾；党参、当归补益气血扶正；丹参、郁金、赤芍活血化瘀止痛，配鳖甲软肝消肿；伍虎杖、甘草清热解毒以除未尽之邪。肝脾和调，气机升降复常，不祛湿而湿邪自化，药证相符，切合病机，故收到满意效果。

病案 3

蔡某，男，49岁，2018年8月15日以"肝硬化"就诊。患者于1981年查出"病毒性乙型肝炎"，1983年确诊"肝硬化"。症见面色晦暗，肝掌，胸腹胀满，纳可，舌苔薄黄，少津，脉缓。B超示：肝硬化，肝脏缩小、形态失常，脾大、厚5.5cm，胆囊壁厚，门静脉高压。实验室检查：AST 89U/L，ALT 44U/L，TBiL 37.62μmol/L，DBiL 17.1μmoL/L，IBiL 20.52μmol/L。证属气虚血瘀，痰浊凝聚。拟和肝保肝。

处方：党参10g，茯苓10g，炒白术10g，陈皮10g，甘草6g，焦神曲6g，水红花子10g，莱菔子6g，木香6g，佩兰6g，郁金6g，炒谷芽15g，枳壳5g，大枣4个，砂仁（后下）5g。共7剂。

8月23日二诊：药后全身较舒适，大便可，脉弦缓，舌苔白薄腻。前方加丝瓜络6g，继服14剂，服法同前。

9月7日三诊：面色有光泽，色黄白，病情平稳，力气有所恢复，脉缓，舌浊腻。复查：AST 32U/L，ALT 31U/L，TBiL 23.94μmol/L，DBiL 10.26μmol/L，IBiL 13.68μmol/L。上方加生薏苡仁10g，继服14剂，服法同前。

按：此患者肝硬化诊断明确。肝以血为本，以气为用，主疏泄，性升发，气不足则血不行，肝血不足，血虚失养，容颜不华，面色晦暗无光泽；脾虚湿滞，造成肝失疏泄，胆汁排泄不畅，引发黄疸。治拟益气养血，舒肝解郁，活血祛湿，调和肝脾。方中选用党参、茯苓、炒白术、焦神曲、大枣健脾补气之品，辅以疏肝理气之木香、郁金、枳壳、陈皮，配合开胃健脾化湿之炒谷芽、莱菔子、佩兰，特别是用水红花子一药，消瘀破积、健脾利湿。

（何 创）

第四节 妊娠肝病分段治

妊娠期由于其生理及代谢的改变，全身器官包括肝脏都可能受到影响，由于这时期机体特殊的生理化状态可使孕产妇肝脏代谢负担加重，妊娠期发生肝功能损伤的概率可达3%～5%，其中重症肝病并不常见，但一旦发生肝损伤，孕产妇及胎儿的预后转归却会受到严重影响，如不能及时诊治，可使孕产妇并发症增加、围产儿病死率上升。因此当妊娠期合并肝病时，诊治往往会面临许多困难，正确认识妊娠期肝病，采取正确的治疗对保护孕产妇和胎儿，以及改善母婴预后至关重要。

施维群凭借丰富的临床经验，在妊娠肝病的诊治方面有独到见解，并在1997年正式建立"杭州地区妊娠肝病诊治中心"，对妊娠肝病的诊治及发展做出了贡献。在妊娠肝病的诊治中，施维群提出"产前清热凉血，产中预防出血，产后温补退黄"，对孕妇施以"疏理、化湿、和中、安胎、清热、降酶、温补"等多种方法，成功救治了许多妊娠肝病患者。

一般认为，妊娠期出现黄疸或肝功能损害者均可称为妊娠期肝病，包括妊娠特有肝病和非妊娠特有肝病。妊娠特有肝病包括妊娠期肝内胆汁淤积症（ICP）、子痫前期、溶血、转氨酶升高及血小板减少综合征（HELLP综合征）、妊娠期急性脂肪肝（AFLP）及妊娠性剧烈呕吐等。非妊娠期特有肝病则包括慢性病毒性肝炎、急性病毒性肝炎、自身免疫性肝炎、药物性肝损伤、肝硬化等基础上的妊娠。

正常妊娠过程中，孕妇可出现心率加快，心输出量增加，外周血管阻力下降，血压下降等生理改变，血容量在高峰期增加可接近50%，但经肝血流量并无明显增加。随着孕周的增加，雌激素水平的升高可导致毛细血管扩张，出现肝掌及蜘蛛痣。妊娠期孕激素作用会使胆道平滑肌松弛，胆囊增大，张力低，胆汁黏稠，胆囊排空时间延长，易发胆囊炎及胆结石。实验室检查方面，妊娠期人血白蛋白水平可有所减低，碱性磷酸酶（ALP）水平可升高至正常的 2～4 倍，与胎盘分泌入血的 ALP 同工酶有关；肝酶、胆红素均正常，血液处于高凝状态，但凝血时间检测一般为正常。光镜下肝组织形态正常或基本正常。妊娠期由于肝脏负担的加重，若同时合并肝脏疾病或因妊娠并发症所致肝脏损害，则会使孕产妇并发症增加、围产儿病死率升高。

一、妊娠肝疾早鉴别

施维群认为，妊娠肝病不论是与妊娠有关的肝病，还是妊娠期合并肝病，早期诊断至关重要，由肝病科和妇产科共同会诊，将检查结果和资料进行分析，以尽早做出准确诊断，选择合理治疗及保胎与否对孕产妇的预后具有重要意义。曾有文献报道，早期妊娠肝病的预后一般较好，但中晚期妊娠肝病则相对较重，预后欠佳。中晚期妊娠肝病中，以病毒性肝炎居多，约占60%，妊娠特有肝病，如急性脂肪肝、胆汁淤积等占 10% 左右，其他类型肝病占 30% 左右。

（一）非妊娠特有肝病

病毒性肝炎有甲、乙、丙、丁、戊型肝炎，还有疱疹病毒、巨细胞病毒和 EB（Epstein-Barr）病毒引起的肝功能损害，病毒性肝炎并不是终止妊娠、剖宫产术和非母乳喂养的指征。在婴儿出生前，所有的孕妇应做相应的病毒性肝炎检测，如乙型肝炎病毒（HBV）感染的主要诊断依据是HBsAg 阳性，若持续 6 个月以上，则为慢性 HBV 感染，肝功能正常者称为慢性 HBV 携带，而肝功能异常且排除其他原因，则诊断为慢性乙型肝炎，HBV 可母婴传播，且主要发生在围产期，大多在分娩时接触 HBV 阳性母亲的血液和体液，若不采取相应的措施，HBsAg 阳性孕产妇则有可能会将

HBV 传给子代，目前随着乙肝疫苗联合乙型肝炎免疫球蛋白（HBIG）的应用，母婴传播已明显减少。自身免疫性肝炎的育龄妇女常可正常妊娠，但有较高的胎儿流产及早产的可能性，可借助相关抗体检测辅助诊断。威尔逊病是一种常见的常染色体隐性遗传的铜代谢缺陷疾病。以铜异常沉积在肝脏、大脑和肾脏致病。患者常以血清胆红素、转氨酶、碱性磷酸酶（ALP）升高、溶血性贫血为主要表现。在确诊威尔逊病时，急性肝衰竭表现和溶血的症状在临床上应与 HELLP 综合征进行鉴别，威尔逊病妊娠妇女在妊娠期常有血清铜和血清铜蓝蛋白升高。肝硬化时，由于患者体内雌激素等内分泌代谢紊乱，可以导致妇女无排卵或者闭经，故患有肝硬化的育龄女性妊娠罕见。育龄期肝硬化女性妊娠前应进行全面检查综合评估风险，确定是否适合及耐受妊娠。

（二）妊娠特有肝病

妊娠期肝内胆汁淤积症（ICP）通常发生在妊娠中晚期，临床个体表现以皮肤瘙痒和血清胆汁酸浓度升高为主，皮肤瘙痒常昼轻夜重，一般手掌、足底瘙痒较严重。其发病机制尚不完全明确，目前认为与多种原因有关，包括遗传变异、饮食、雌孕激素水平及环境等，且口服避孕药史和家族史常使 ICP 患病可能性增加。HELLP 综合征以血管内溶血、肝转氨酶升高和血小板降低为主要表现，常伴有右上腹或上腹部疼痛、恶心、呕吐、全身乏力等临床症状，约 85% 以上伴有血压升高，同时可伴有血清氨基转移酶（ALT、AST）轻度至中度升高，胆红素轻度升高。妊娠期急性脂肪肝是妊娠晚期一种特有的疾病，以肝细胞小泡性脂肪浸润为特征。其发病机制尚不完全清楚，双胎妊娠、初产、孕妇体重过低等危险因素可使妊娠期急性脂肪肝（AFLP）发生率增加。其常有呕吐、腹部疼痛、黄疸等临床表现，偶尔伴烦渴多尿等症状；生化检查时血清转氨酶、血清尿酸和胆红素升高，凝血时间延长，近 98% 的患者会出现白细胞增多症，肝活组织检查是诊断 AFLP 的金标准。子痫前期指在妊娠 20 周后发生血压升高（＞ 140/90mmHg）伴或者不伴蛋白尿（尿蛋白＞ 300mg/24h），少数子痫前期发生在分娩 48 小时后，常有右上腹疼痛、头痛、恶心、呕吐等临床症状，是妊娠期肝损伤的一个常见原因，子痫前期患者有 20%～ 30% 存在肝功能异常，病变常可累及肝脏、肾脏、中枢神经系统、血液系统等全身多个系统，胎盘局部缺血导致内皮功能障碍和凝血功能激活是子痫前期重要的致病机制之一。

（三）血清学标志物在诊断中的价值

妊娠肝病患者 ALT 水平升高是其共同的特征，但是由于妊娠期合并肝病往往情况比较复杂，且有研究表明肝炎与非肝炎患者之间 ALT 无显著性差异，因此，单纯的转氨酶在临床诊断上并无显著帮助。施维群根据其多年的临证经验，认为胆红素的高低在肝炎和非肝炎的妊娠患者中有一定区别，肝细胞性黄疸总胆红素（TBiL）往往较高，它除了与妊娠淤胆的鉴别尚有困难以外，与其他肝病相鉴别一般无特殊，有研究对肝炎妊娠组和非肝炎妊娠组的胆红素检测结果进行统计学处理，提示其高低差异有显著性意义。如根据胆红素升高情况再结合凝血酶原时间（PT）检测，对重型肝炎的初步诊断和预后判断则更有意义，还对是否立即终止妊娠、以何种方式终止妊娠有一定指导意义。白蛋白降低可见于正常妊娠，但其下降幅度一般小于 5%，其明显下降是各类肝炎妊娠患者的一个显著特点，因此，对于白蛋白必须加强动态观察，并关注其下降幅度。凝血酶原时间作为一个客观指标，可用于判断肝脏凝血功能情况及肝病的预后，与非妊娠期的肝炎相似，当肝细胞储备、合成功能明显下降时，分娩的预后则会受到极大影响。根据凝血酶原时间计算凝血酶原活动度，参考纤维蛋白原的检测结果则对临床诊断及判断预后更有意义。一般除个别妊娠肝内胆汁淤积和肝硬化患者的 PT 值稍有延长外，多数非肝炎的妊娠肝病患者该值正常，而肝炎妊娠患者的 PT 延长往往与胆红素升高呈正比。

施维群在临床诊疗中通过患者临床表现，结合相应辅助检查，强调与妇产科密切协作。首先尽早对妊娠期肝病患者做出明确诊断，但在实际诊疗中，并不是对每一个妊娠肝病患者都能准确地做出诊断。施维群认为，对暂时难以诊断的患者，必须严密地做好胎儿监测和产程观察，并按严格的程序进行评判，以期尽早明确诊断，当然有的明确诊断需要较长时间，甚至需要进行手术、活检等。施维群在临床中甚至曾诊治过 1 例妊娠肝损的患者，其在产程中大出血，各科会诊并经剖腹探查和肝组织活检，最后确诊为"肝血管瘤与子宫粘连破裂"所致；还有 1 例诊断为"重型肝炎"的妊娠患者，经剖宫产时的肝组织活检，才确诊为"淤胆型肝炎"。

施维群指出，要提高妊娠合并肝病的临床诊断符合率，必须有严格的诊断程序，需要依赖肝病科和妇产科医生的共同努力。当妊娠急性脂肪肝与妊娠重型肝炎的临床鉴别有一定困难时，除借助于病毒指标测定，CT、B 超的早期检查和分析临床特征以外，或许还可采取肝活检确诊，但是对于高胆红素、凝血酶原活动度下降的患者来讲，肝活检却是危险的，且由于妊娠这一特殊情况，是否进行肝活检也是有争论的。有研究提示对围产期肝病患者行经皮肝穿后，其诊断符合率从 61.24% 提高到 90.69%。但也有资料认为妊娠期肝病病理特异性差，诊断时必须密切结合临床资料。肝穿刺毕竟是有创性的，除非特殊需要，不宜普遍开展，且肝病的病理学检查不能区别肝炎的病原，光、电镜对妊娠期肝内胆汁淤积症（ICP）的提示作用均不理想。如对临床资料和病史、体征及剖宫产时肝脏形态等进行观察，则有利于诊断符合率的提高。

二、中西医结合分段治

施维群在妊娠肝病的诊治中，积累了几百例的临床病例，在科学研究基础上，提出以"产前宜凉，产后宜温"为主要原则，总结出产前对孕妇施以"疏理、化湿、和中、安胎、清热、降酶"等多种方法，产后则施以"温补、活血、退黄"等治法，抓住"产前清热凉血，产中预防出血，产后温补退黄"等重要环节，不断提高妊娠肝病的诊治疗效及妊娠重症肝病的救治成功率。

（一）产前清热凉血

历代医家都对妊娠期用药持有"胎前宜清"的观点，朱丹溪曰："胎前当清热养血为主，白术、黄芩为安胎之圣药。俗医不知不敢用，反谓温热剂可以养胎。不知胎前最宜清热，令血循经不妄行，故能养胎……"王海藏云："胎前气血和平，则百病不生。若气旺而热，热则耗气血而胎不安，当清热养血为主。若起居饮食，调养得宜，绝嗜欲，安养胎气，虽感别证，总以安胎为主。"汪石山曰："妊娠必须清热调血，使血循经，以养其胎。故丹溪用黄芩、白术，为安胎圣药。"

施维群也认为妇女孕后生理特点即聚血养胎，此时往往会出现相对阴血不足，故易生内热，不利胎元濡养，易出现"胎漏、胎动不安"等。肝为藏血之脏，主疏泄，体阴而用阳，喜条达、恶抑郁，肝的藏血功能与疏泄作用相互协调，以维持正常的生理功能。妊娠合并肝病时，肝失疏泄，藏血不足，致血虚更甚，内热加重，易使胎元不固，肝阴亏虚，阴不潜阳，使得肝阳上亢，上扰清窍而致眩晕，出现妊娠子晕、妊娠痫症等病证。而妊娠期生理亦会影响肝正常的疏泄、藏血等生理功能，二者相互影响，使病情更为复杂，故治疗上宜"清热凉血安胎"为主。阴虚内热，肝失疏泄，脾失健运，湿聚不化往往是妊娠合并肝病的常见病机，故治疗上应"清热、疏肝、和中、化湿、安胎"为主，同时辅以"降酶"药物，安胎与治病并举，使胎元得固，母体得安。如可用黄芩安胎，黄芩为安胎圣药，为上中二焦药，可使降火下行，用益母草活血行气，亦可补阴。施维群认为妊娠期阴血不足，常易出现气血两虚，因此此期用药过程中还应该尽量避免香燥走窜、温热耗气、活血攻逐类药物，以防出血、早产；应用疏肝理气、燥湿类药物时还应注意避免剂量过大，以免耗伤气血。曾自拟疏肝安胎方，方中柴胡、郁金、制香附疏肝理气；垂盆草、田基黄、焦栀子、蒲公英、茵陈清肝利胆；黄芩、砂仁、藿香梗、苏梗清热和中，疏肝兼安胎，以期清热利湿安胎之效。

（二）产后温补退黄

妇人产后多虚、多瘀、多寒，但历代医家对产后治疗意见不一、治法各异，古方多有四物汤加减治疗妇人产后诸病，而朱丹溪认为"产后有病，先固气血。故产后以大补气血为主，虽有杂病，以末治之。""芍药酸寒，伐生发之气，禁而不用"；虞天民等指出"新产之妇，血气俱虚……故产后诸病，多不利于寒凉之剂，大宜温热之药……四物汤，若用于产后，必取白芍药，以酒重复制炒，去其酸寒之性，但存生血活血之能……"，意为产后气血不足，宜温且寓温于补，温不伤中，借以资其生化之源，且有祛除恶露、防止留瘀之意，因血得寒则凝，得热则行。《傅青主女科》产后总论中提出："凡病起于血气之衰，脾胃之虚，而产后尤甚。"主张产后用温补气血之药，慎用寒凉之品，又提出"热不可用芩、连""产后不可用杭芍炭以及诸凉药"等观点。

施维群认为，妇人产后气血大虚，确需大补气血，以温补药为主，然而临床诊治虽需考虑胎前产后，却不可拘泥于产后，需根据患者的不同情况，灵活地辨证施治，不可一味遵循某一固定治法。他还指出，肝病患者"常虚、常瘀"，而妇人产后亦多虚、多瘀，妊娠肝病患者在治疗上应清补同施，扶正补虚的同时不忘活血化瘀，若湿热留恋，发为黄疸，仍需施以清热利湿退黄之剂，但此时需注意调补妇人气血，健运脾胃，避免更伤气血。

（三）西医治疗

妊娠肝病患者往往以转氨酶升高为主要表现。在西医治疗的基础上，施维群在临床常以甘草酸或肝炎灵针剂作为常规用药对症护肝治疗，中西医结合治疗，并加强对肝脏及全身的支持治疗，尤其需同时加强孕妇及胎儿的随访及监测，随时根据病情调整治疗方案。

此外，对于 HBsAg 阳性患者所产新生儿，需在出生 12 小时内，肌内注射 1 针乙肝免疫球蛋白；同时按 0、1、6 个月 3 针方案接种乙型肝炎疫苗。接种疫苗后要进行随访，时间是第 3 针疫苗后 1 个月（7 月龄）至 12 月龄，查看是否预防成功。

分娩方式与预后关系密切，排除极个别重症患者，在对妊娠肝病患者临床症状和客观检查指标分析观察后，在胎儿发育情况允许的情况下，自然分娩应该是最佳选择。对 HBsAg 阳性孕产妇，在早期的认知中，认为剖宫产可降低母婴传播的概率，但已有研究证明，剖宫产与自然分娩的新生儿乙型肝炎病毒（HBV）感染率没有差别，施维群也认为不需要以阻断 HBV 母婴传播为目的而选择剖宫产分娩。除非出现妊娠毒血症、子宫破裂等，也要在掌握早期剖宫产的指征下行剖宫产术。但是对于合并妊娠胆淤症、急性脂肪肝、肝硬化、慢性活动性肝炎等的患者，随着病情发展，肝脏功能进一步损坏，若继续妊娠不仅不利于肝脏功能改善，反而会加重肝脏负担，甚至出现凝血机制障碍，肝肾功能减退，全身情况较差，危及胎儿及母体生命的情况，此时，选择终止妊娠是首要任务，而由于出血、麻醉等因素可进一步加重肝脏损害，因此选择何时、以何方式终止妊娠，需要根据情况慎重决定。客观地说，妊娠肝内胆汁淤积症易使孕妇早产、产后出血；使胎儿早产或宫内窘迫；急性脂肪肝对母婴的死亡威胁最大；肝硬化的孕妇极易出血和产后大出血，并使胎儿流产、早产或死亡；慢性肝炎加之重叠感染的孕妇极易转变为重型肝炎；至于妊娠毒血症、子宫破裂等，除非掌握早期剖宫产的指征，不然母婴死亡率也会增高。因此，把握好分娩方式至关重要，而行剖宫产甚至应做好切除子宫的准备，这是切合实际的最佳选择。

（四）经典病案

付某，女，27 岁，因"停经 37+ 周，乏力、恶心伴腹胀、尿少 2 周"于 1998 年 5 月 23 日由当地医院转入院，入院时生命体征稳定，神志清，慢性病容，皮肤巩膜无黄染，心肺听诊异常，腹膨隆，全腹无压痛，肝上界右锁骨中线第五肋间，肝脾触诊不满意，墨菲征阴性，宫底脐上 5 指，移动性浊音（++），双下肢凹陷性水肿。血生化学检查：总胆红素（TBiL）16.2μmol/L，直接胆

浙江中医临床名家·施维群

红素（DBiL）8.6μmol/L，白蛋白（ALB）30.2g/L，球蛋白（GLO）30.38g/L，谷丙转氨酶（ALT）132U/L，谷草转氨酶（AST）154U/L，谷氨酰转肽酶（GGT）17U/L，总胆固醇（CHOL）36.41μmol/L，甘油三酯（TRIG）38.78μmol/L，肌酐（CRE）22.7μmol/L，尿素氮（BUN）4.77μmol/L。血常规：白细胞 4.0×10^9/L，中性粒细胞 0.85，淋巴细胞 0.15。凝血功能：（凝血酶原时间）PT 18 秒。肝纤维化指标：层粘连蛋白（LN）122.1mg/ml，透明质酸酶（HA）956.4mg/ml，Ⅲ型前胶原（PC Ⅲ）333.9μg/L，Ⅳ型胶原（Ⅳ-C）91.7μg/L。腹水常规：李凡他试验弱阳性，有核细胞 50 只 /mm³。血清 HBsAg（＋），HBeAb（＋），HBcAb（＋），其他肝炎病毒血清学标志物（抗 HCV、抗 HEV、抗 HAV）均（－）。B 超提示：慢性肝病，脾脏增大（厚度 3mm），门脉增宽，大量腹水。诊断：肝炎肝硬化失代偿期，肾功能不全，妊娠 37+周。该患者病情复杂，治疗上予以新鲜血、血浆、人血白蛋白、头孢曲松针、利尿剂（呋塞米、螺内酯、双氢克脲塞）等护肝降酶、抗感染、支持治疗及一般对症处理。此时该患者湿浊内阻，肝郁气滞，脾失健运，膀胱气化失司，产前配合中药疏利化湿、行气消胀之剂治疗。并经有关专家与两科医务人员慎重讨论后于 1998 年 5 月 28 日行"剖宫产术"，术中出血不多，吸出腹水约 6000ml，分娩一女活婴，评分 10 分。术中外科检查肝脏示：肝质地硬，缩小，有结节（由于麻醉原因，未行肝活检）。术毕在腹腔置引流管一根，至拔管时共引流液体 5000ml。术后继续中西医结合护肝、抗感染、支持治疗及一般对症处理，病情逐渐好转，腹水消退，复查肝肾功能基本恢复正常，于 1998 年 6 月 10 母婴同时出院。

施维群在该患者基本恢复后指出，该病例为"肝炎肝硬化失代偿期妊娠"，由于患者对以往的病史全然不知，以致受孕临产。一般而言，肝硬化失代偿患者是绝对禁忌妊娠的，当年此类患者在生产时母婴死亡率几乎接近 100%。肝炎肝硬化失代偿期可产生门静脉高压症，而在腹腔感染、肝肾综合征、肝性脑病、上消化道出血及肝肺综合征等诸多并发症中，任何一种并发症后果都是不堪设想的。患者受孕以后，尤其是妊娠晚期，胎儿与母体争夺营养，增加肝肾负担的矛盾更显突出。因此低蛋白血症、凝血机制障碍、肾功能不全及腹腔感染等对即将临产的肝硬化失代偿母体来说如履薄冰，危殆万分。经过肝科与妇产科全体的反复讨论，并得到两位主任专家的支持指导，就实施剖宫产手术尽快结束妊娠达成共识。尽管如此，这其中仍存在几大难题：①孕妇能否经受住麻醉；②术中出血的危险性；③低蛋白血症及大量腹水的漏出，创口愈合问题。围绕这几个难题，针对病因，最后决定在加大抗菌药物剂量，改善凝血功能，加强支持疗法的基础上，术后予以留置腹腔引流管，使腹水得以有出路，加大血浆、人血白蛋白的应用，配合中医特色产前清热利湿、产后清补兼施治疗，最后得以闯过难关，使得母婴生命得以保全。这一抢救成功案例在当时浙江省内属于首次，为中西医结合救治肝炎肝硬化失代偿的孕妇探索出一条道路，意义重大。但对于肝炎肝硬化失代偿期育龄期患者，选择妊娠仍需慎重。

三、饮食宜忌需重视

由于妊娠对肝脏的负担会随着孕周数的增加而加重，肝功能受损或加重的风险随之升高，而胎儿的呼吸、排泄等依靠母体来完成，此时孕妇的热量需求骤然增大，蛋白、维生素和必需元素需求量增加，同时各种性激素的分泌有碍于脂肪的运转和胆汁排泄，所以妊娠肝病患者应更加重视正确的饮食及一些注意事项。

施维群针对妊娠期肝病患者生理病理特点，在饮食方面提出一些建议，如产前饮食避免过于肥甘厚腻，以清淡营养为主，避免湿热更甚，损伤胎元；西医方面，可适当补充叶酸，叶酸参与遗传物质 DNA 和 RNA 的合成，妊娠合并肝病会加重叶酸的代谢紊乱，易造成巨幼细胞贫血，且会使胎儿畸形风险增高，因此妊娠合并肝病患者更需重视叶酸的摄入，并定期检测；适当补充维生素 C，胎儿正常发育需要大量的维生素 C，当孕妇患肝炎时，体内维生素 C 的缺乏会更严重；适当补充钙、磷，母体血钙降低时，会发生肢体抽搐，严重缺钙会引起骨质疏松；适当补充铁，妊娠期铁的需要量增高，孕妇除需要补充自身消耗外，尚需储备相当数量的铁，以补偿分娩时的损失，同时胎儿也要储存一部分铁，以供出生后 6 个月内的消耗。妊娠期间，可多进食深绿色蔬菜，如富含叶酸的菠菜等，还可选择含有丰富 Ω 亚麻酸的核桃，以及富含优质蛋白，且易于消化吸收的鱼类等；肝炎患者可以合理摄入蛋类，但以每天不超过 2 个为宜；此外还可适当进食蘑菇，其含有丰富的氨基酸和维生素，还具有抗菌、抗癌的作用和健脾开胃的功能。所有食物均应适量，不应过分食用和单一。在此期间，需限制饮用咖啡与浓茶等，避免饮酒，避免高糖、高脂肪食物，且不宜长期素食，不宜滥服过于温热补品等，服用药物需遵循医嘱，不可随意自行服药。

对于乙型肝炎患者，在怀孕前应该积极治疗，降低血清 HBV-DNA 水平，最大限度地降低母婴垂直传播概率。在早期，孕妇需要积极卧床休息，不要乱用药物，避免服用对肝功能有损害的药物，如精神病用药中的氯丙嗪、安定，抗菌药物中的四环素、磺胺等。孕期要注意预防戊肝病毒的感染。由于戊型肝炎病毒经口传播，特别是进食不洁、不熟的贝壳类海产品易于感染，所以应避免此类食品的摄入。在整个妊娠期间，必须定期做肝功能检测，一般每 1～2 个月检测 1 次，一旦发现异常，就要咨询专科医生予以处理。产后应继续保肝护肝，回奶不宜用雌激素。

（曾如雪）

第五节 肝郁佐畅重五志

施维群认为，很多疾病一半是身体之病，一半是心理之病，此时治疗肝郁尤为重要。郁病是指心情抑郁、情绪不宁、胸部满闷、胁肋胀痛等症为主要临床表现的一类病证，中医之郁证包括脏器郁、病气郁、客气郁、情志郁、药郁等，以情志郁为主，而情志郁与现代医学中抑郁症、焦虑症等有诸多相似之处，在中医古籍中，抑郁症属于中医"郁证"范畴，郁证多因情志不畅，肝气郁结，而肝主疏泄、藏血、舍魂，喜条达恶抑郁，若肝失疏泄，则气机失畅，导致情绪抑郁、思绪不宁、悲伤善哭、胸胁胀痛、咽中如有异物梗阻等多种症状，现将施维群多年治疗肝郁而引发的疾病的部分治疗经验及常用方剂、用药特色简述如下。

一、常治肝郁疾病

（一）不寐

此证多因肝郁化火，上扰心神所导致，临床主要以入睡困难，睡眠浅易惊醒或寐而不酣，时寐时醒、早醒、多梦、醒后乏力不适，舌红苔白腻，脉弦细等为主，严重影响着人们的正常工作、生活、学习和健康。此乃肝郁化火、痰热内扰，心神不安所致，治以疏肝解郁，清热化痰，佐以安神为主，施维群临床常用柴胡疏肝散合黄连温胆汤加减化裁，方药组成：炒白术 10g，柴胡 9g，当归 10g，茯苓 15g，炒白芍 10g，川芎 6g，炒枳壳 6g，香附 6g，黄连、陈皮、甘草各 6g，姜竹茹 10g，竹沥半夏 9g，石菖蒲 9g，胆南星 12g，合欢皮 10g，远志 9g，随症加减。热在上焦者改黄连为黄芩；胁肋痛甚者，酌加郁金、乌药等以增强其行气活血之力；肝郁化火者，可酌加山栀、灯心草清热泻火。

（二）脏躁

脏躁由情志内伤所致，以精神忧郁、心神惑乱为主要病机，以烦躁不宁、无故悲泣，哭笑无常，喜怒无定，呵欠频作，不能自控，喜怒无常，舌质淡，苔薄白，脉弦为主要临床表现，多发于中青年妇女，称脏躁。若发生在产后，则称产后脏躁。脏躁首见于《金匮要略·妇人杂病脉证并治》"妇人脏躁，喜悲伤欲哭，象如神灵所作，数欠伸，甘麦大枣汤主之"，施维群以肝郁结合妇人阴常不足、阳常有余的特点，以甘麦大枣汤为主方，配合二至丸（女贞子 12g，旱莲草 15g）配伍加减，赤芍、生地等凉血清热，治疗阴虚内热，若心悸、不寐者加酸枣仁、远志、夜交藤、灯心草等宁心安神；若大便不通或便解不畅者加火麻仁、柏子仁等润肠通便。

（三）肝癌

"肝癌"一病在古代医书中并无明确记载，但根据其症状体征，《灵枢》《难经》及历代中医专著中均有类似描述，其属"肝积""积聚""癥瘕""臌胀""黄疸"等范畴，起病隐匿，病情进展快，发现时多为晚期。近年来，随着肝癌的发病率增长，各医家对其的诊治也开始重视，施维群通过阅读中医典籍，总结先贤思想，发展"络病学"理论，指出疾病的发展乃由经脉始，继而累及络脉。络主行血液，络中血行赖血液的充盈和气的推动，络病则血病，必然涉及血分与气分，久病必瘀、久病必虚。肝癌乃机体正气亏虚，痰浊、瘀血等有形之邪日久稽留于络脉，使得肝络闭阻不通，聚而成核、成块，癌毒得成。或化寒化热，或流注走窜，日久则兼见气血亏损，阴阳两虚，终成为本虚标实、虚实夹杂之证，亦是一个"脏虚络闭"的状态。施维群据此提出了中医治疗肝癌的"施氏通络八法"。其中之一为疏肝理气通络法，以疏肝理气药为主，少佐以凉血活血药，用来治疗肝气郁滞，久郁化火而导致肝络气血不畅，成痞积块的一种方法。临床多以精神抑郁，时时叹息，胸腹胀满，食后胀闷更甚，胁下胀痛，胃纳不佳，时感恶心，舌苔薄白，脉弦为主要表现。治以逍遥散、柴胡疏肝散加减化裁，疏肝行气药辛香走窜入络，血分药入血通络，因气郁日久易化火，故酌情配伍牡丹皮、赤芍、郁金等凉血活血之品，共成疏肝理气通络之法。

（四）脂肪肝

随着现代人们生活水平的提高、饮食结构和生活方式发生改变，非酒精性脂肪肝（NAFLD）的发病率逐年升高。该病在中医无特定名称，往往将之归为中医的"胁痛""肥气""积聚"等范畴，非酒精性脂肪肝患者的中医证型中以肝郁脾虚证居多。《内经博议》有云："肥气属气血两虚，肝气不和，逆气与瘀血相并而成。"暴怒、抑郁等情志不畅可致肝失疏泄，气机升降不利，日久则血行不畅，积聚乃成。治疗当以疏肝健脾，调和气血。施维群临床常用逍遥散为主方，善用茯苓、白术、豆蔻等温而不燥之药健脾化湿，利水化痰，配以柴胡、白芍、炒枳壳等疏肝行气。同时加以自制调脂茶（炒山楂15g，丹参15g，决明子12g），炒山楂具有健脾开胃、消食化滞、活血化瘀的功效，现代研究显示，山楂能够降低血清胆固醇；丹参活血祛瘀，通经止痛；决明子清肝明目，润肠通便，三药合用具有消食、祛瘀、通便的功效，能够有效调脂而治疗脂肪肝。

（五）更年期综合征

更年期综合征又称围绝经期综合征，多发生于45～55岁，指妇女绝经前后出现性激素波动或减少所致的一系列以自主神经系统功能紊乱为主，伴有神经心理症状的一组症候群。临床主要以妇女在绝经前后出现月经紊乱，烘热汗出，失眠，眩晕耳鸣，烦躁易怒，五心烦热，腰腿酸软等症状为主，此病归属于中医"绝经前后诸症""郁证"等病范畴。《素问·上古天真论》中记载"任脉虚，太冲脉衰少，天癸竭，地道不通，故形坏而无子"，这一论点指出，女性更年期综合征主要是由于先天肾气渐衰、冲脉衰少、气血失调、阴阳失衡等造成的脏腑功能失调的现象。多用滋肾阴、温肾阳、调整阴阳的治法。其肝郁气滞型，采用疏肝解郁的方法，施维群临床多用逍遥散联合一贯煎及其加减方，主要药物：炒白芍10g，焦山栀6g，香附9g，柴胡9g，生地15g，乌药9g，枸杞子12g，炒白术10g，山萸肉15g，当归10g，麦冬9g等。生地黄滋养肝肾为主药；辅以北沙参、麦冬、枸杞滋阴养肝，以加强养阴作用；佐以当归养血和肝；乌药、山栀郁热可除。诸药合用，使肝体得养，肝气条达，诸症得除。

二、常用方剂

施维群临床常用柴胡疏肝散、逍遥散、小柴胡汤等方剂加减辨证治疗肝郁所致各种疾病，将其用方心得介绍如下：

1. 柴胡疏肝散

柴胡疏肝散出自张景岳的《景岳全书》，具有疏肝解郁、行气止痛的功效，是治疗肝郁气滞证的代表方，柴胡、芍药以和肝解郁为主；香附、枳壳、陈皮以理气滞；川芎以活其血；甘草以和中缓痛。施维群临证之中非常注重气机协调，喜用柴胡疏肝散加减治疗各种抑郁症、焦虑症、不寐、慢性胃炎、肠功能紊乱等肝气郁滞型疾病，尤其是抑郁焦虑的患者，其临床疗效显著。施维群认为柴胡发汗伐阴，对于阴虚患者，柴胡需适当减量。

2. 逍遥散类方

施维群临证中对此方情有独钟。逍遥散出自《太平惠民和剂局方》，具有疏肝解郁、养血健脾的功效。主要药物有柴胡、甘草、当归、茯苓、白芍、白术、当归等，芍药与柴胡同用，补肝体而助肝用，血和则肝和，血充则肝柔。诸药合用，使肝郁得疏，血虚得养，脾弱得复，气血兼顾，体用并调，肝脾同治。在逍遥散基础上加牡丹皮和栀子，名为丹栀逍遥散或加味逍遥散，在疏肝、解郁、健脾的基础上更重于郁热的清解，主治肝郁血虚，内有郁热证。在临床上，施维群每遇肝郁脾虚日久化热或失治误治久郁化热的患者，常用此方，均获良效。在逍遥散基础上加用生地或者熟地，名为黑逍遥散，增强其养血之力。在逍遥散基础上加用黄连、黄芩、地骨皮、车前子等清热药，名为加减逍遥散（《寿世保元》），加强其清热利湿之效。施维群临床运用逍遥散类方时，抓住辨证原则，以肝郁为基础，辨清其在肝郁基础上是脾虚、肝郁化热、湿热还是血瘀。结合病因，以证选方，灵活运用，临床疗效显著。

3. 小柴胡汤

小柴胡汤出自张仲景《伤寒论》，主要药物组成为柴胡、半夏、人参、甘草、黄芩、大枣等。柴胡苦平，入肝胆经，透解邪热，疏达经气；黄芩清泄邪热；半夏和胃降逆；人参、炙甘草扶助正气，抵抗病邪；生姜、大枣和胃气，生津。诸药合用，可使邪气得解，少阳得和，上焦得通，津液得下，胃气得和。具有和解少阳、和胃降逆的功效，主要治疗肝经郁滞、气机不畅之证。

4. 柴胡加龙骨牡蛎汤

柴胡加龙骨牡蛎汤出自于张仲景《伤寒论》，本方由小柴胡汤去甘草加龙骨、牡蛎、桂枝、茯苓、大黄、铅丹而成，具有和解清热、镇静安神的功效，方中柴胡、桂枝、黄芩和里解外，以治寒热往来、身重；龙骨、牡蛎、铅丹重镇安神，以治烦躁惊狂；因铅丹具有毒性，现临床基本不用了，半夏、生姜和胃降逆；大黄泻里热、和胃气；茯苓安心神、利小便；人参、大枣益气养营、扶正祛邪。共奏和解清热、镇惊安神之功。临床上，施维群治疗神经官能症、高血压、2 型糖尿病的患者常用此方，联合西药常规治疗，能明显改善患者的临床症状，当患者出现自汗、盗汗症状时，龙骨、牡蛎改用煅龙骨、煅牡蛎以加强收敛固摄功效。

5. 逐瘀汤系列方

逐瘀汤系列方出自王清任《医林改错》，主要有血府逐瘀汤、通窍活血汤、膈下逐瘀汤、少腹逐瘀汤、身痛逐瘀汤等，该系列方是王清任呕心沥血、大成之作。该五方均以桃红四物汤为基础，血府逐瘀汤配伍四逆散，活血行气，主治胸中瘀阻证；通窍活血汤再配伍麝香、老葱、鲜姜、红枣等，活血通窍，主治瘀阻头面证；膈下逐瘀汤再配伍五灵脂、延胡索、香附、枳壳等，活血祛瘀，行气止痛，主治瘀血阻滞膈下证；少腹逐瘀汤再配伍小茴香、干姜、肉桂、蒲黄等，活血祛瘀，温经止痛，主治寒凝血瘀证；身痛逐瘀汤再配伍秦艽、羌活、香附、牛膝、当归等，活血行气，祛风除湿，通痹止痛，主治瘀血痹阻经络证。施维群认为"久病必有瘀"，该类方临床运用较多，以血瘀为基础，采用异病同治的方法，分部位论治，各有所主，针对性强，常用于治疗头痛、冠心病、慢性肝炎、肝硬化等疾病，屡获良效。

三、用药特色

（一）寒温并用，调畅气机

施维群临床用药以寒性和温性，甘味和苦、辛味药物居多，他认为郁则气滞，气滞则易痰、湿、瘀血壅滞，久而化热伤津，气机升降之机失度，初起伤在气分，久而延及血分，最后瘀而成痼疾，气机郁滞，运行不畅是基本病机。以病因病机为基础，同时使用寒凉药与温热药配伍，寒温并用，各趋其所，有相反相成之妙。另外，重用甘味以缓急调和。如柴胡疏肝伤阴，适当配甘草以甘缓之。气机郁滞，升降之机失度，苦能通泄降逆，辛能发散行气，用苦泄热而不损胃，用辛理气而不破气，苦辛同用，苦辛凉润宣通而不滋腻气机。不投燥热敛涩大补，辛开苦降而宣通三焦脏腑气机，以达气机升降之动态平衡。

（二）善用补虚药

施维群治疗郁证以补虚药为主，如当归、人参、白芍、甘草等，其次为清热药，施维群认为郁证以虚证为主，心、脾、肾三脏亏虚，尤以肾虚为主，治当顾护正气，所谓"正气存内，邪不可干""邪之所凑，其气必虚"，郁久易化热，同时补虚药中以当归、人参、白芍、甘草等补气血的药物为主，气血生，脏腑润，则气机调畅，郁证得除。

（三）以心为重，兼及肝脾

施维群认为郁证之病因以七情之郁居多，如怒伤肝、思伤脾等，而其缘由在于心，所谓郁证"其原总由乎心，因情志不遂，而郁而成病矣。"其所选药物归经以心经为多，心者，神明出焉，主宰一身之精神情志，常用牡丹皮、郁金入心经以清心凉血，药对选远志配茯神以交通心肾，安神定志。法虽异，但调摄心神的目的相同。情志不遂亦多责之于肝，肝气不疏，气机郁滞，当以疏肝解郁，如香附配伍薄荷以疏肝理气。此外，施维群深知"见肝之病，知肝传脾，当先实脾"之道，其所选用药物注重肝脾同调，在疏肝的同时调理中焦脾胃，如白芍配茯苓以调肝健脾等，同时重视脾胃之调护，"太阴阴土，得阳则运"，如茯苓配陈皮以健脾理气等。其治法有清泄上焦郁火、通补肝胃、泻胆补脾等。

四、讨论

随着现代生活节奏加快，工作生活压力加大，人们往往会不自觉地出现以肝郁为基础的亚健康状态，焦虑、失眠、头晕、乏力、胃部不适等症状，施维群结合自身40余年临床经验，以疏肝解郁方法为基础，辨证以化痰、清热、除湿、滋阴、活血等，同时配合心理学知识，为患者进行语言上的疏导，宣扬健康的生活方式，强调患者自身情绪的表达与疏泄，增强患者治病的信心，再配合药物治疗，往往事半功倍。

五、经典病案

病案 1

黄某，女，58岁，2017年6月14日初诊。自诉夜间睡眠极差，睡前多有胡思乱想，入眠困难，神疲，乏力明显，自觉颈部、背部僵硬，尤以颈部为主，纳差，精神紧张，容易焦虑，担忧各种事情，喜唠叨，胸中烦闷，口苦，无全身烘热汗出，无发热畏寒，二便正常，舌红苔黄腻，脉弦滑。此前已于他医（西医）处就诊，查各项指标正常，均诊断"神经官能症、睡眠障碍"。患者出现此种状态已持续3月余，多处就诊未见明显改善，故焦虑明显，诊断为"焦虑状态"，予氟哌噻吨美利曲辛片口服，每日1片，中医辨证为肝郁脾虚，痰湿内蕴化热，治以清热化痰，理气安眠，予柴胡加龙骨牡蛎汤和黄连温胆汤加减。

处方：柴胡9g，龙齿（先煎）15g，生牡蛎（先煎）15g，黄连6g，炒枳壳6g，胆南星6g，制半夏9g，化橘红6g，茯苓15g，甘草6g，石菖蒲12g，合欢皮10g，当归9g，淮小麦30g，枣仁15g，厚朴6g，苏梗9g，桂枝5g。7剂，每日1剂，早晚温服。

2017年6月21日二诊：诉上述症状较前明显好转，大便较稀，于前方基础上加炒葛根9g。

2017年7月19日三诊：诉症状出现反复，胸中烦闷明显，经仔细询问，患者自行停用氟哌噻吨美利曲辛片，嘱患者继续服用氟哌噻吨美利曲辛片，于二诊基础上加用淡豆豉9g，焦山栀9g。后患者症状逐渐改善，继续以柴胡加龙骨牡蛎汤合逍遥散加减调理。现患者无明显烦闷、焦虑，夜间睡眠可，精神状态明显好转。

病案2

戴某，男，33岁，已婚，工人。2018年9月15日住院，患者自诉乏力，纳差，头昏头晕，睡眠劣，手脚心热伴双下肢酸软，目黄、尿黄反复4年余。患乙肝"大三阳"20余年，反复在本院肝病科住院治疗6次。查体时见：身目轻度黄染，心肺听诊无殊，肝上界第六肋间，肋下可及，脾肋下似可及，伴右上腹轻度压痛，舌质红，苔薄白腻，脉细弦数。检查报告：谷丙转氨酶（ALT）129～278U/L，谷草转氨酶（AST）114～171U/L，总胆红素（TBiL）79～109μmol/L，直接胆红素（DBiL）42.7～50μmol/L，HBV-DNA（10^5～10^6）copies/ml，白细胞（WBC）（3.0～3.41）×10^9L，血小板（PLT）（91～113）×10^9L。西医诊断：病毒性肝炎慢性乙型。中医诊断：肝着、黄疸，证属肝郁化火，兼有夹湿，宜化疏肝泻火、除湿退黄，方用丹栀逍遥散加茵陈蒿汤加减7剂。

此后，患者肝功能反复，心情焦虑，担心肝硬化、肝癌的发生，以至于终日惶惶不安，彻夜失眠，遗泄频频，对疾病的治疗失去信心，但又惧怕转变。

请心理科会诊，诊断为"焦虑抑郁症"。在其入院后的 41 天中，分别根据舌苔变化、脉象及辨证论治，予以清胆化痰和胃之黄连温胆汤、疏肝安神宁心之柴胡疏肝散合甘麦大枣汤、养血安神清热除烦之酸枣仁汤加交泰丸加减等，收效均不佳。于 11 月初开始尝试心理治疗的介入。此时复查肝功能示：ALT 101U/L，AST 96U/L，TBiL 73.0μmol/L，DBiL 39.2μmol/L，间接胆红素（IBiL）39.8μmol/L。患者乏力，甚至懒得睁眼，胃纳甚差，身目微黄如前，舌红苔白，脉细弦。在访谈中，得知，患者在发现自己得乙肝以后，为了不让妻子及孩子"被传染"，于 3 年前开始独居禁欲，有了性欲抑制状态。

在适度调整中药治疗、加用乌灵胶囊治疗的基础上，行认知治疗方法。根据患者的具体情况，听取倾诉，详细解答，识别患者对疾病的不合理、不科学和歪曲的想法和信念，开展指导、疏导、辩论等重建患者的认知方式，包括患病期间，在身体条件允许情况下，适度地有节制地性生活，开展积极的自我对话和积极的自我暗示，建立科学的、合理的信念。如此方法，每周 1～2 次的个别交谈，每次 30～40 分钟，疗程 2 个月。1 个月后，患者诸症明显好转，心情大为开朗，身目微黄略减，睡眠改善，舌淡苔薄白，脉细滑。疗程结束后的肝功能报告：ALT 55U/L，AST 46U/L，TBiL 43.0μmol/L，DBiL 22.1μmol/L，IBiL 20.9μmol/L。乙肝三系仍为"大三阳"，HBV-DNA 为 1.16×10^3copies/ml，予以出院。出院半个月后，肝功能正常，HBV-DNA < 1.0×10^3copies/ml，遂恢复工作。

（李　峰）

第六节　肝疾肿瘤疏络脉

肝癌是临床常见的恶性肿瘤之一，其发病率和病死率均较高，严重危害了人们的身体健康。肝癌一病在古代医书中并无明确记载，但根据其症状、体征和成因，《灵枢》《难经》等历代中医专著中均有类似描述，属"肝积""积聚""癥瘕""臌胀""黄疸"范畴。近年来随着肝癌的发病率增长，各医家对其的诊治也开始重视，论述逐渐丰富。循证医学证明，活血化瘀的行气血、化瘀滞、通经络，能改善肝脏的血液灌流与微循环，可以减轻肝细胞炎症、促进肝细胞再生、防止和逆转肝纤维化等，与《素问·调经论》"病在血，调之络"的治疗法则颇为相通。吴鞠通认为："肝主血，络亦主血……肝郁久则血瘀，瘀者必通络"，提出"治肝必治络"的主张。施维群阅读古籍，总结先贤经验，认为治疗肝癌可从络论治。

络病理论在中医发展史上源远流长，《灵枢·经脉》曰："经脉十二者，伏行分肉之间，深而不见……诸脉之浮而常见者，皆络脉也"，首次明确提出了"络脉"的概念；张仲景在继承前人学术理论的基础上，创立"络病证治"，书中记载的著名络病治疗方药旋覆花汤，开创了络病治疗用药的先河；叶天士集前人经验之大成，创建了络病理论，其《临证指南医案》言："初为气结在经，久则血伤入络"，指出了"久病入络"的思想；清代名医王清任开创了活血化瘀通络之法，而其血府逐瘀汤、通窍活血汤等名方，也将络病理论的发展又一次向前推动。络病理论的发展，对后世医家的临床实践具有重要指导意义。络中主行血液，络中血行依赖血液的充盈和气的推动，络病则血病，必然涉及血分与气分。同时络脉也是留邪、传病之场所。所谓邪之外受，首犯络脉，由络脉传邪入里；或内生之邪袭络而导致气机紊乱，并随其演变；或因其所处部位而分别表现为脏腑、肢体、周围血管等不同疾病。中医认为"久病必瘀""久病必虚"，肝癌乃机体正气亏虚，痰浊、瘀血等有形之邪日久稽留于络脉，使得肝络闭阻不通，聚而成核、成块，癌毒得成，或化寒化热、或流注走窜，日久则兼见气血亏损，阴阳两虚，终成为本虚标实，虚实夹杂之证，亦是一个"脏虚络闭"的状态。《医学真传》云："但通之之法各有不同，调气以和血，调血以和气，通也；下逆者使之上行，中结者使之旁达，亦通也；虚者助之使通，无非通之之法也。"故对于肝癌治疗，施维群权衡轻重，以通络为主导思想，根据不同的致病特点，提出了"施氏通络八法"。

一、施氏通络八法

（一）疏肝理气通络法

疏肝理气通络法是指以疏肝理气药为主，少佐凉血活血药，治疗肝气郁滞、久郁化火而导致肝络气血不畅、成瘀积块的一种方法。肝居右胁，其经脉布于两胁，为风木之脏，主疏泄，助气机升降，性喜调达。情志不畅或病邪内蕴则可致肝气郁滞，络气不畅。肝癌患者由于疾病本身因素，外加得知患有此病后的情绪失落，常有不同程度的气滞、气郁的表现。临床多见精神抑郁，时时叹息，胸腹胀满，食后胀闷更甚，胁下胀痛，胃纳不佳，时感恶心，舌苔薄白，脉弦。行气药可辛香走窜入络，欲行气者务以疏肝为要；血在脉中，脉之细微者为络，欲通络者必用血分药。《血证论》谓"肝属木，木气冲和条达，不致遏郁，则血脉得畅"，故施维群临证常用逍遥散、柴胡疏肝散等加减化裁。而气为血之帅，气郁日久则导致气滞血瘀，故酌情配伍牡丹皮、赤芍、郁金等凉血活血之品，共成疏肝理气通络之法。

（二）活血化瘀通络法

活血化瘀通络法是针对本病脉络瘀滞的病机特点，运用活血化瘀药物舒通肝络。祖国医学认为，肿瘤的形成与瘀血的凝滞有着极为密切的关系。《医学发明》云："血者，皆肝之所主，恶血必归于肝，不问何经之伤，必留于胁下，盖肝主血故也。"王清任的《医林改错》云："肚腹结块，必有形之血。"故肝癌形成的病理机制与瘀血凝滞密切相关。由于离经之血不能及时排出和消散，积聚于肝，血脉瘀阻，以致肝络阻塞，蕴结不散而成癥积。患者常见胁下有积，疼痛不适，肢倦乏力，面色黧黑，形体消瘦，舌质紫暗，脉弦涩。施维群指出，瘀血既是病理产物，又是疾病进一步发展的病因，所谓"久病必瘀"。因此，在临证时需注重活血化瘀通络，常选用复元活血汤、血府逐瘀汤等加减化裁。现代研究证明，活血化瘀方能抑制肿瘤细胞、改善血液流变性和凝固性，降低血液黏度、抗凝、抑制血小板活性，促纤溶、抗血栓、消除微循环障碍，发挥抗转移作用；对化疗、放疗有增效作用，能增强机体免疫力，具有镇痛、抗炎、抗感染等作用。由于活血化瘀药中有破血化瘀药，药性峻猛，所以在使用时必须根据其性质和患者的体质，以及肝癌中晚期等不同情况，进行辨证施治。所谓"气行则血行，气滞则血瘀"，故在活血通络的同时，酌情配伍枳壳、香橼、木香、八月札等行气理气药，以增强活血通络之效，达到瘀去血行，脉络通畅的目的。而对于中晚期肝癌患者，体质比较虚弱，正气亏虚严重，需适当配伍一些如党参、黄芪、白术等补气药，以达到扶正化瘀通络之效。

（三）益气养血通络法

益气养血通络法是由补气和养血共施，用于治疗肝癌中晚期或通过手术、放疗、化疗后，造成机体严重的消耗和损伤，正气虚弱，血液亏耗，肝络失养不利之证。久病气血耗伤，络脉不充，则络脉失于濡养，可致络虚疼痛。患者常表现为面色不华，低热不退，右胁隐痛，劳动后加剧，时有四肢乏力，神疲倦怠，舌淡少苔，边有齿印，脉沉细无力。《素问·调经论》说："人之所有者，血与气耳。"《景岳全书·血证》又说："人有阴阳，即为血气。阳主气，故气全则神旺；阴主血，故血盛则形强。人生所赖，唯斯而已。"肿瘤患者气虚血虚时常共存，故在其防治中，益气养血占有极其重要的地位。施维群临证常选用八珍汤加减治疗，方中四物汤乃中医养血活血之经典药方，四君子汤益气健脾，两方合成一方，相辅相成，共奏益气养血之法，使气血具充，则脉络得通。但他又提出，在临床使用时还需辨清是气虚为主，还是血虚为主，是真虚还是假虚，不能盲目误投补剂，以免造成虚虚实实之弊，即古人所云"至虚有盛候，大实有羸状"。同时还需特别注意防止"闭门留寇"之患。

（四）健脾治水通络法

健脾治水通络法采用健脾渗湿药及利尿通淋药，必要时配以峻下逐水药外用敷脐，用于治疗脾虚湿阻，水湿内停脏腑，顽固不化，日久渐成湿毒，结于肝络之证。患者多表现为腹部胀大，按之紧绷如鼓，甚至感坚满疼痛，神疲乏力，大便溏泻，尿少，舌淡有齿痕，苔厚腻，脉弦滑或濡。《血证论》谓"若水质一停，则气便阻滞"，病久则气滞络阻，故湿邪与肝络病亦密切相关，水行则络脉通。同时，强调治病治标亦需求本，《金匮要略》云："然黄家所得，从湿得之"，而湿多生于脾，故该证除了治水利尿以外，更需健脾，令湿无所源。施维群临床常以四君子汤为主方益气健脾，以五苓散、五皮饮等为副方利水渗湿。若大量腹水，顽固难消，健脾渗湿利尿效果欠佳时，依据古人"外治之理，即内治之理"，故予脐透消臌贴膏贴敷脐部。该贴膏由莱菔子、汉防己、地龙、砂仁组成，可使药性透过脐部内达脏腑经络，达到治水通络之目的。

（五）清热解毒通络法

清热解毒通络法运用清热解毒药，治疗热毒内蕴之证。情志内伤或其他因素导致的郁火、邪热郁结日久而成热毒，热毒易与水湿相结，湿热壅盛，熏蒸肝经，导致肝经络脉不通，逐渐蓄积而发病。患者多表现为发热烦渴，胁下刺痛，黄疸加深，大便秘结，小便短赤，时有牙龈出血，舌红苔黄褐厚燥或焦黑，脉弦数。清热解毒法可清解肝络热毒，使得络脉清畅。据现代研究证明，清热解毒药具有抗癌杀毒、抑制肿瘤、抗炎排毒、控制和清除肿瘤周围炎症和感染的作用，而炎症和感染往往是促使疾病恶化和发展的重要因素之一。故常用龙胆泻肝汤、甘露消毒丹加减化裁，再予少许当归、赤芍、川芎等血分药，以达通络之效。若湿热偏盛者，酌情加白花蛇舌草、半枝莲、半边莲等。除此之外，热毒亦可灼津耗血，或迫血妄行，故可随症伍以养阴清热及凉血止血之品。

（六）消痰散结通络法

消痰散结通络法以消痰散结之品治疗痰瘀阻滞肝络之证。因痰随气机升降，无处不到，痰阻气滞，则气滞血瘀，肝脉阻塞，痰浊与瘀血互结，终成肝癌。患者常见胁下结块，质硬拒按，胸闷不舒，纳差，舌质暗淡，苔白腻，脉弦滑。痰是一种病理产物，其产生的原因有很多，或因虚生痰，或因热生痰，或因寒生痰，或因风生痰等。故施维群临床常选用二陈汤、黄连温胆汤、半夏厚朴汤等加减化裁，再配伍僵蚕、地龙等化痰活血通络之味，使痰浊去、脉络通，实现气血调和。但临床亦需分清痰的性质，或温化寒痰或清解热痰或燥湿化痰或润燥祛痰，要辨证施治，灵活应用。

（七）养阴生津通络法

养阴生津通络法运用养阴生津与活血通络之品，治疗由于本病日久，耗伤阴液，肝肾亏虚，真阴不足，血流缓慢，瘀阻脉道而发络脉病证的方法。患者发病日久，常表现为五心烦热，潮热盗汗，头昏目眩，纳差食少，腹胀大，甚则呕血、便血、皮下出血，舌红少苔，脉细而数。随着肝癌的发展和恶化，肝阴虚日久，累及肾阴。同时，由于营养摄入不足，严重消耗体内阴液，尤其是放化疗的灼伤和损害，阴液的亏损则更为突出。此时以养肝肾之阴为关键，佐以活血通络药，使脉络得以滋养和通利。施维群临床多用六味地黄丸合桃红四物汤加减，前方滋肾养肝以治其本；后方活血通络以治其标，两方合用，而成养阴生津通络之治。

（八）温肾助阳通络法

温肾助阳通络法是由辛香温热散寒之味以温补肾阳，通达脉络为主，治疗由肾阳不足、阴寒内盛而致的气滞血瘀，肝络瘀阻之络病的方法。患者多表现为精神萎靡，形寒肢冷，腰膝冷痛，大便溏薄，小便频数，舌淡胖，脉沉细无力。肾阳，又称为真阳，"命门之火"，对人体各脏腑组织的功能起推动、温煦作用，是人体功能活动的源泉。肾阳不足，往往正气比较亏虚，气血运行不畅，又可导致机体抗邪能力低下，易感邪而致病。因此，常用金匮肾气丸加减化裁，再酌情伍以桂枝、丝瓜络等，取其引经通络走窜之效，共成温肾助阳通络之功。

二、经典病案

周某，男，60岁，2017年11月7日初诊。2011年7月因"上腹疼痛"，在杭州当地医院就诊，行CT及B超检查，发现"肝癌"，并行"肝脏部分切除"，期间阶段性的行放化疗、介入手术及靶向治疗，但甲胎蛋白（AFP）仍然呈持续性升高。于2017年8月在当地医院进行化疗后，复查提示肿瘤进展。故至施维群门诊行中医中药调理。患者慢性肝病容貌，时感肝区胀痛，夜间减轻，双目微黄染，感乏力，纳差，大便次数增多，水样便，量少，舌红、苔黄厚腻，脉滑数。辅助检查：AFP 16318.8ng/ml，癌胚抗原（CEA）5.2ng/ml，谷丙转氨酶（ALT）29U/L，谷草转氨酶（AST）98U/L，总胆红素（TBiL）35.4μmol/L，谷氨酰转肽酶（GGT）763U/L，碱性磷酸酶（ALP）326U/L。西医诊断：肝恶性肿瘤。中医诊断：肝积。辨证为湿浊毒热邪留聚肝络之证，治以清热解毒，健脾利湿通络，予甘露消毒丹加减。

处方：藿香、炒枳壳、当归、炒苍术、连翘各9g，茵陈、半边莲、茯苓皮15g，薏苡仁、垂盆草各30g，滑石12g，豆蔻、厚朴、砂仁、三叶青、生甘草各6g，黄芩、沉香曲各5g，通草、熟大黄各3g。7剂，每日1剂，水煎分2次温服。

11月14日二诊：肝区胀痛有所缓解，仍感乏力纳差，大便溏薄，舌红、黄腻苔渐化，脉弦。守上方去黄芩、连翘、熟大黄，加黄芪20g，以固护正气。继续予7剂，每日1剂，水煎，分2次温服。

11月21日三诊：肝区胀痛有所好转，乏力改善，胃纳一般，大便质软，舌红苔白，脉弦。守上方予黄芪改15g，加柴胡9g，土鳖虫10g，引药入肝经，内达血分，以加强通达肝络之目的。继续予7剂，每日1剂，水煎，分2次温服。

服后，守前方继续辨证施治1月余，现患者精神好转，诸症均有所改善，复查：AFP 13788.8ng/ml，CEA 5.2ng/ml，ALT 41U/L，AST 106U/L，TBiL 28.4μmol/L，GGT 409U/L，ALP 283U/L。门诊继续随访。

按：本医案施维群辨证为湿毒热邪留聚肝络之证，清热解毒通络法与健脾治水通络法共治，处方予甘露消毒丹为底方加减。甘露消毒丹本可清热解毒，利湿化浊，方中射干、贝母、薄荷，清热解毒，散结消肿而利咽止痛，但本患者并非热毒上攻，无咽痛之证，故予去之；木通有毒，可影响肾脏功能，故以通草代之；炒苍术、厚朴、茯苓皮、薏苡仁、沉香曲、砂仁、炒枳壳，合以健脾行气，化湿和中，令脾健气畅湿行；三叶青、垂盆草、半边莲，助滑石、通草导湿热从小便而去，以益其清热利湿之力；熟大黄取其凉血解毒、逐瘀通络之效，配伍当归活血补血，以入血分，起到通达肝络的目的；最后再佐炙甘草调和诸药。施维群认为近年来肝癌的发病率越来越高，总体的治疗费用较高，治疗及预后效果不理想，无论是对于个人家庭，还是社会的经济负担都比较重，此时应该充分地发挥中医药特色及优势，注重对肝癌患者生存期和生活质量的改善，在治疗上可从络论治，注重见病求源，治病求本，在辨清患者证型后或单用一法，或多法合用，随症施治。

（来杰锋）

第七节　疑难杂病畅达途

《黄帝内经》认为疑难杂病的治疗以条畅五脏元真之气为要，《素问·六微旨大论》曰："出入废则神机化灭，升降息则气立孤危；故非出入，则无以生长壮老已，非升降，则无以生长化收藏"，施维群注意到气机升降出入直接关系到人体生理病理的整体调节，一气而周流，对于元气及气机的调节是治疗疑难杂病的关键，正所谓四两拨千斤。

所谓阳为气，阴为味，味归形，形归气，气归精，精归化，化生精，气生形，阴阳二气的推动和精气之间的转化是神机维系正常的前提，疑难病证的问题往往也涉及神机的紊乱。施维群时常告诫学生们："大气一转，其气乃散，阴阳、气血、营卫之气的通畅是疑难病证咽喉之所。"正如医家叶天士所言"通阳不在温，而在利小便"，正是治疗肝病疑难之证的体现。

一、补、调、祛

（一）补

施维群临证把握肝病疑难之症的关键在于"补、调、祛"三字。补脾肾以滋元阴元阳，轻清和中，调左右之气机，和阴阳、祛湿热及瘀毒。如慢性乙肝是因为人体正气虚衰，不足以抗御外邪，导致疫毒侵袭，即所谓"邪之所凑，其气必虚"。肾为先天元气之根，正气亏虚虽与肾密切相关，然元气须依赖后天水谷精微之补充和滋养。《景岳全书》曰："凡先天之有不足者，但得后天培养之力，则补天之功，亦可居其强半。"我们认为，治疗慢性乙型肝炎扶正之法在于调补脾肾，以平衡肾之元阴、元阳为要。临证常以黄芪、仙灵脾为调补脾肾之基础药对，仙灵脾温肾阳，黄芪补后天以滋先天。阳气根于阴，阴气根于阳；无阴则阳无以生，无阳则阴无以化。临床当随症加减，以阴阳调和为期。肾阴虚者加用二至丸调补肾阴之品；阴虚日久，内必有虚热，故当以青蒿鳖甲汤加减；肾阳虚者可选用附子、肉桂、鹿茸等温补肾阳之品；阴阳两虚者用二仙汤之类调和肾之阴阳；脾虚甚者加补中益气汤、黄芪建中汤、大建中汤之类。在补益脾肾同时妙用花药，如三七花、扁豆花、玫瑰花、佛手花、梅花等畅达情志之品，如此则诸药补而不滞，为调补阴阳大法巧妙之处。

（二）调

施维群认为调肝肺之气机乃是和阴阳之法。调节肝肺之气机为平衡人体脏腑气血阴阳之关键所在。肝肺气机升降失常，则脏腑气血阴阳失调，引起脾胃功能失常，导致脾气不升、胃失和降或腑气不通等证。故此临证之时当详察细辨，对证治之。临证常选用柴胡、郁金、香附、枳壳、厚朴、瓜蒌、旋覆花等作为调节肝肺气机之基础药。肝肺之气机失调常导致大便闭塞不通，当选用大黄、芒硝、枳实、厚朴、麻子仁、柏子仁等，行气导滞、润肠通便。盖肺与大肠相表里，腑气通则气机调和也。肝为体阴而用阳之脏，具体用药时切忌过用辛香燥烈之品，尤其病程长者，以防止肝阴亏损，当酌选白芍、生地黄、甘草、五味子等酸甘之药。肝木克土常导致脾胃功能失常，宜选用半夏、陈皮、苍术、白术、防风、山药、鸡内金、神曲、山楂、炒谷麦芽等健脾和胃之药，与此同时酌加沙参、麦冬、石斛、玉竹、薄荷等养阴清肺、疏肝之品，此为一贯煎养阴柔肝、佐金以平木之要旨也。肝失调达，日久则气滞血瘀，故调肝肺之气机的同时应适当选用当归、川芎、桃仁、红花、穿山甲、地龙、三七、丹参、赤芍、延胡索、乳香、没药、三棱、莪术等活血化瘀止痛之药，气血畅通则阴阳调和，疾病自愈。

（三）祛

在邪正相持的阶段，施维群主张祛湿热邪毒以安正，湿热蕴结是慢性乙型肝炎的发病基础，湿与热互结具有缠绵难分、易于弥漫、盘根于气分、浸淫于血分的特点。湿为阴邪易伤人体之真阳，热为阳邪，易耗伤人体之真阴，湿热蕴结日久，最易导致人体脏腑气血阴阳失调，即张子和所谓"论病首重邪气，治病必先祛邪"。临证中当谨守病机，将清热解毒利湿之法贯穿于治疗全程，使湿化热清，病邪渐祛，人体脏腑气血阴阳则渐趋平衡。临床在运用清热除湿法时，必须掌握好辨证要点，辨明湿与热的偏盛和消长变化，随症加减，方能获佳效。慢性乙型肝炎多为本虚标实，故在应用苦寒之剂时，药味不宜过多，时间不宜过久，病退即止，以防苦寒败胃。热甚者选用虎杖、苦参、石见穿、半边莲、半枝莲、叶下珠、茵陈、栀子、白花蛇舌草、马鞭草等苦寒清热解毒利湿之品，并酌佐健脾化湿、芳香化湿、淡渗利湿之品；湿甚者在健脾化湿的基础上宜选用藿香、佩兰、紫苏梗、豆蔻、石菖蒲、砂仁等芳香化湿和薏苡仁、茯苓、猪苓、泽泻、车前子、金钱草等淡渗利湿之药，另酌佐苦寒清热解毒利湿之品；湿热并重者当清热、解毒、祛湿并重，清热毒而不碍湿，祛湿邪而不助热，使湿热得除，则阴阳自调，顽疾亦得解也。

二、调理神魂

肝藏魂、心藏神，情志不遂往往难以顺气，神魂俱伤，施维群从多年临证中体会到调理神魂所居是治疗疑难病另一独辟蹊径之法。他有时会在临床中采用认知和冥想训练之法以达到满意疗效。因慢性乙型肝炎患者不仅要面临病情发作和恶化的危险，同时要面对歧视和冷遇等，在心理上遭受创伤，加之因长期看病服药而带来沉重的经济负担。有时心理上的创伤远远大于疾病本身对身体的伤害，从而使患者产生压抑、焦虑、人际关系敏感、孤独、恐惧等一系列心理问题；慢性乙型肝炎患者不良的心理状态会影响机体的神经免疫调节功能，减弱机体的防御能力，进而延缓疾病的康复甚至容易引起疾病的反复和恶化。

大量数据表明，慢性乙型肝炎患者在治疗过程中，其心理健康状况直接影响病情的预后，有心理障碍的患者其病情好转率明显低于心理健康状况良好的患者；有心理障碍的患者其肝癌、肝硬化的发病率明显高于心理健康状况良好的患者。认知治疗的理论基础，是 ABC 理论模式：A 是指诱发事件（Activating events）；B 是指个体在遇到诱发事件之后相应而生的信念（Beliefs），即他对这一事件的看法、解释和评价；C 是指特定情景下，个体的情绪和行为的结果（Consequence）。通常人们会认为，人的情绪和行为反应是直接由诱发事件 A 引起的，即 A 引起了 C。ABC 理论指出，诱发事件 A 只是引起情绪和行为反应的间接原因，而人们对诱发事件所持的信念、看法、解释 B 才是引起人的情绪和行为反应的更直接的原因。也就是说，人们的情绪障碍是由人们的不合理信念所造成的，因此，简要地说，这种疗法就是要以理性治疗非理性，帮助情绪障碍者以合理的思维方式代替不合理的思维方式，以合理的信念代替不合理的信念，从而最大限度地减少不合理的信念给情绪带来的不良影响，通过以改变认知为主的治疗方式，来帮助他们减少或消除已有的情绪障碍。认知治疗的具体方法：根据每个患者的具体情况，耐心听取患者的倾诉，详细解答患者提出的问题，识别患者对疾病的不合理、不科学和歪曲的想法和信念，通过与患者进行解释、疏导、辩论等方式重建患者的认知方式，指导患者积极的自我对话和积极的自我暗示，建立合理的、科学的、积极的信念。根据患者心理问题严重程度的不同，可予以个别认知心理治疗和集体心理治疗。个别认知心理治疗是采取每周 1～2 次的个别交谈，每次 40 分钟，疗程为 2 个月；集体心理治疗是在团体情境中提供心理帮助和指导的一种心理咨询与治疗的形式，可以通过讲座、讨论、座谈等形式，每周 1 次。

还可以采取放松冥想训练治疗，每天早晚各 1 次，每次 30 分钟，医生应帮助指导患者采取舒适的体位，解释方法并进行示范。示范的具体步骤和指导：①选择一个不太可能被打搅的安静的屋子和时间（建议晚上睡前和早晨醒后起床前，平躺床上），平躺在一个软硬适宜的垫子上，闭上眼睛，用意识掠过全身，放松每一个紧张的肌肉群，把注意集中于呼吸，保持一切轻松自然。②让自己对呼吸的感觉占据全部意识，无论你聚焦于鼻孔还是腹部，都把对呼吸的感觉作为焦点。③深深吸一口气，再呼气，呼第一口气时默数 1，第二次数 2，一直数到 10，然后往回数，每一次呼气一直数到 1，又往回数到 10，如此循环往复……这样循环几次，感觉自己放松自然后开始冥想。④冥想指导语：想象一个你非常熟悉的、令人高兴、具有快乐联想的景致，一旦确定了想象之事，仔细看着它，寻找它的细微之处，假如想象的是花园，找出花丛、玫瑰丛或苹果树的确切位置，看着它们的颜色和形状，尽量准确地获取它们的一切，倘若图像不太清晰或想象随即消失，也没关系。现在，开放想象（让它走开），代之以一个幻想中的景象。选择一个海滩，风平浪静，海水在阳光照耀下波光粼粼，沙滩平静如镜。你躺在平静的海滩上，温暖的阳光照耀着你，微风温柔地拂过你的脸颊。随着景象越来越清晰，幻想自己越来越轻柔……直到飘飘悠悠离开平躺着的地方，飘进了想象中的宁静景观，让它环抱着你，你已置身其中，与它融为一体，再感觉身体与它的联系，阳光暖暖地抚摸你的脸，清凉的水、温柔的风、软软的沙、绿绿的树叶拂着你的手。你已化为景象的一部分、宁静的一部分，没有地方要去，没有事情要做，没有要求要满足，没有压力，没有最后期限，只有周围的宁静、内心的祥和。你可以任意选择在这种状态下逗留的时间；然后慢慢让自己回到躺着的床上，让眼前的景象缓缓消逝，不要过分唐突地回到现实之中，再躺一会儿，看一看景象远去后留下的空白，晴空万里的蓝天、平静似水的白云，随后缓缓地做好思想准备，睁开眼睛，回到现实。先在医生指导下进行放松冥想训练，再慢慢鼓励患者自己做，方法很简单，只要做就能做到，每次冥想训练以后，患者会有从未有过的放松、平静、舒畅的情绪体验，从而缓解患者的焦虑、抑郁等不良情绪。

不良的情绪和种种的心理问题会促使大脑皮层产生过度的兴奋或抑制，使人体指挥中枢工作紊乱，其下属结构—皮层下中枢管理的消化、血液循环、呼吸、内分泌、免疫系统等人体的各种基本功能混乱，这是不争的事实。祖国医学对因心理问题而引起身体疾病的情况有十分精辟的描述，如描述情志异常与五脏所患疾病的关系："过度的喜笑，常常使人心气涣散；过于激怒，常出现肝阳上亢、肝失疏泄的症状；忧伤过度，常意志消沉、肺气耗散；思虑太过，可见脾运无力、食纳不旺；突然惊恐，常使肾气不固，气陷于下，二便失禁"。《黄帝内经》明确指出："怒伤肝""喜伤心""思伤脾""忧伤肺""恐伤肾"。如果患者是在恐惧或焦虑精神状态下服用药物，效果往往不佳。治疗乙肝是一项长期而艰巨的任务，合理用药只是获得满意疗效的手段之一，而来自于社会和家庭的关爱，以及医护人员有效的心理疏导和治疗以减轻乙肝患者抑郁、焦虑、恐惧等不良情绪，以平静、稳定、积极的心态面对疾病，使人体各个系统处于良好的状态，有利于药物的吸收，使药效达到最佳状态。我们在医疗实践的过程中，重视心理治疗，将躯体治疗和心理治疗有机地结合起来，这是医学模式转轨的需要，也是医学模式更加科学化和现代化的需要。施维群始终觉得作为一名现代医生，对患者予以药物治疗的同时，还要善于缓解他们的焦虑感、孤独感、恐惧感等，善于驱散他们心头的乌云。

三、治疗黄疸

施维群从医数十年，在患者的万般疾苦和病证中摸索前行，意识到在肝胆病证中，"黄疸"依旧是疑难之病。张仲景《金匮要略·黄疸病脉证并治》曰："寸口脉浮而缓，浮则为风，缓则为痹，痹非中风，四肢苦烦，脾色必黄，瘀热以行""趺阳脉紧而数，数则为热，热则消谷，紧则为寒，食即为满""尺脉浮为伤肾，趺阳脉紧为伤脾。风寒相搏，食谷即眩，谷气不消，胃中苦浊，浊气下流，小便不通，阴被其寒，热流膀胱，身体尽黄，名曰谷疸"。从上焦、中焦、下焦分析黄疸之病机，可见三焦同病确是疑难之证。施维群认为，张仲景这篇描述可以从三焦解释：寸脉浮缓，心阳推动着营血往外走，营血秉了心火之性，出现脉缓，有瘀热，若金不生水，出现汗不出，胃气秉了金的收敛之性，上焦无汗或者但头汗出，脾阳受伤四肢苦烦，瘀热不行，在身体里面瘀阻而生热，营卫之气包括气血，瘀热使身体产生湿，皮肤因湿热而变黄，这是上焦出现的症状。若趺阳脉紧而数，则提示中焦热阻。一般而言，数脉为胃热腐熟食物之象，但有时也是寒脉的征象，就是脾寒，进而影响脾的运化功能，食物堵在胃里面会引起头晕，胃里苦浊不去，吃了东西头晕；下焦尺脉浮则提示肾伤，肾寒而致肾阴亏，肾损则伤脾，脾受寒而导致运化功能差，阳不入阴，反而进入膀胱，出现小便不利。浊气应该是通过小肠分清秘浊，浊走大肠，清走膀胱，清气经膀胱重新气化再上承，糟粕从小便排出。总的来说，黄疸的病机应从上焦、中焦、下焦来解释：上焦中风出现浮脉，中焦出现了紧数的脉，胃热而脾寒，脾寒因湿而阻，致其运化功能失常，导致消化的食物被堵在胃里，无法进入小肠和三焦；热入膀胱引起小便不利；另一方面，小肠分清别浊功能失常就会出现小便黄而赤。人体在正常情况下，浊气走大肠，清气走小肠，则小便通利；倘若水谷精微不经五脏而入六腑，则小便不利、湿热交蒸，导致黄疸。黄疸病以湿热为主的占多数。在三焦和阳明的湿热，熏蒸肝、心；肺经不降，则脾肾受伤，肺阴不足。脾的运化功能不全、肾受伤，则阴阳俱损，阳不入阴则阴不足，肝木塌陷，肝藏魂，魂属阳，故木陷而肝热，肾阴亦受累。这是施维群从病机上理解黄疸的心得。

（一）难治性高胆红素血症

施维群在临床中除了运用经方外，对于难治性高胆红素血症，尤其是梗阻之症，认为其根本在于"求病思辨"和"求证思辨"，应整体化治疗与个体化治疗有机结合。结合"脏腑辨证、络病学、阴阳学说"辨证体系更加凸显了中医的"阴阳平衡"理论。黄疸关键在于"湿"中夹杂着瘀、热、火、虚等，其病因病机可归纳为湿热郁蒸、寒湿阻遏、瘀热交阻、肝胆湿火、血气不足、嗜酒积热六大类，病位涉及肝、脾、肾等脏腑。肝病的"常虚常瘀"，与"治黄必治湿"并不是对立的，"治血、扶正"对治疗黄疸具有重要意义。具体治法有三：其一，疏导湿热勿忘健脾化浊。临床常用茵陈蒿汤、茵陈五苓散、栀子柏皮汤等加减化裁，再配伍白术、茯苓、薏苡仁等运脾渗湿药。若兼有表证，湿热外袭肌表者，宜先用麻黄连翘赤小豆汤，以解表清热，利湿退黄；腹胀苔厚者，可加厚朴、姜半夏、炒枳壳，以化痰行气消胀；感右下腹疼痛，胆道结石阻滞者，可加广金钱草、海金沙、鸡内金，以利胆消石。其二，消瘀通络勿忘疏肝清透。临床多以鳖甲煎丸、血府逐瘀汤、消石矾石散等加减化裁，再配以扶正化瘀胶囊，并加牡丹皮、赤芍、柴胡、青蒿梗等。衄血或便血者，可加地榆、侧柏叶等凉血止血之品；小便短赤不利，甚至出现腹水者，可加茯苓皮、大腹皮、车前子等利湿通淋之品。其三，调治气血勿忘温补脾肾。处方常以归脾汤、八珍汤、茵陈吴茱萸汤、茵陈术附汤等加减化裁，酌加桂枝、附子、干姜等。腰膝酸软、手足不温者，可加黄芪、仙灵脾、肉苁蓉等益气温补；夜尿频繁者，加山药、乌药、益智仁等补肾缩尿；兼心烦失眠者，加酸枣仁、合欢花等安神宁心。

（二）淤胆型肝炎之黄疸

临床工作中对于淤胆型肝炎的黄疸，施维群按照"瘀而逐之，滞而通之"的原则，在茵陈蒿汤或茵陈五苓散的基础上加用柴胡疏肝散，对缩短黄疸期很有帮助。其中，高黄疸加用"山莨菪碱（654-2）注射液"静脉滴注，辅以自制"参三七口服液"，较加用西药激素组退黄作用更强。在采用"654-2注射液"加中药疏肝活血利胆之剂为主治疗 74 例淤胆型肝炎中，"654-2 注射液"首次用量 20mg，以后逐渐加量，最大量可达 80～100mg/d，加入10% 葡萄糖 250ml 中静脉滴注，每日 1～2 次给药。中药组方：茵陈 30g，酒大黄 10g，焦山栀 12g，柴胡 10g，郁金 12g，当归 10g，海金沙 15g，鸡内金 15g，穿山甲片 6g，赤芍 15g，白芍 15g，丹参 15g，牡丹皮 15g。水煎服，每日 1 剂，分 2 次服。结果：血清胆红素每周下降幅度＞171μmol/L 患者 19 例，85.5～170μmol/L 患者 30 例，34.2～58.4μmol/L 患者 10 例；下降幅度小于34.2μmol/L 患者 2 例。

（三）妊娠肝病之黄疸

对于妊娠肝病之黄疸，施维群认为肝炎和非肝炎的妊娠患者有一定区别，肝细胞性黄疸，总胆红素（TBiL）往往较高，它除了与妊娠淤胆的鉴别尚有困难以外，与其他肝病相鉴别皆无困难。如针对胆红素的增高再参考凝血酶原时间（PT）值，这对重型肝炎或妊娠急性脂肪肝的初步诊断和预后判断更有意义，对于是否立即终止妊娠、以何种方式终止妊娠亦十分重要。他在治疗上提出了"产前清热凉血，产中预防出血，产后温补退黄"等必须抓住的重要治疗环节。妊娠合并病毒性肝炎在中医里没有相应的病名，按辨证论治，属于"黄疸""胁痛"等范畴。施维群认为，无论何种疾病，病因不出内外二因。外因者，病毒浸淫是首要条件；而劳倦中虚、湿浊内滋为其内部因素，湿热和疫毒蕴结贯穿始终。妊娠肝炎，特别是妊娠晚期黄疸居高不下的危险之症，涉及母子安全，早中期妊娠黄疸的治疗以疏肝化湿、清热退黄、和中安胎为原则；晚期黄疸，如凝血时间进一步延长，有重症倾向时，应及时中止妊娠，在治疗过程中应注意宜清不宜补，宜疏不宜收，并兼顾"产前宜凉，产后宜温"的原则。自拟疏肝安胎方，方中柴胡、郁金、制香附疏肝理气；垂盆草、田基黄、焦栀子、蒲公英、茵陈清肝利胆；黄芩、砂仁、藿香梗、苏梗清热和中，疏肝兼安胎，诸药共奏清热利湿安胎之功效。在用药过程中，尽量避免使用香燥走窜、温热行气活血之品，以防出血、早产等。

（四）重型肝炎之黄疸

对于重型肝炎的黄疸，施维群认为重型肝炎的高胆红素血症是较为危重的，与普通肝炎之阳黄不同，来势迅猛，如伴有频繁呕吐、呃逆，便意频频（施氏提出的重型肝炎肝"三危症"），此时"邪极盛"，邪浊犯胃，气机逆乱，湿热毒邪弥漫三焦，蒙蔽清窍，传导失司，预后犹如"厥逆连脏则死，连经则生"，以温病"逆传心包"而设的至宝丹、紫雪丹、安宫牛黄丸的治疗效果欠佳。然"三危症"虽现，承瘟疫诊治大法"外解""内陷"两种转机的"天行发黄"，以清肠涤腑、降逆之内外治合而为之，急以逐秒为第一要义。"下不嫌早"，拟大黄制剂通腑退黄，开启危重患者肠道功能，"清肠合剂"保留灌肠，再以达原饮、黄连解毒汤加减，防止内陷，功效显著。慢性重型肝炎患者的高黄疸，腹水和黄疸同步上升，故消腹水、抑制胆红素上升亦应同步，退黄先利尿，尿畅黄自退，王肯堂提出治疗"湿热瘀"黄疸宜利小便，则湿热自去，寻求退黄出路，此时，活血化瘀不可小觑，若气臌、血臌、水臌不除，则消腹水难，退黄更难。

（五）甲状腺功能亢进并发黄疸

甲状腺功能亢进伴发黄疸肝炎在临床中虽不多见，但该疾病复杂且凶险。甲亢病变的整个过程为肝气郁结，郁而化火，炼液为痰，痰气互结或心火炽盛，胃热灼阴，加之抗甲亢药物的药毒，患者黄疸较高，以"肝郁痰火""阴虚湿热"为主，治疗时应究其内因，宜在疏肝利胆、清热退黄的基础上，潜以软坚、化痰并进。针对于此，施维群自拟退黄软坚复肝汤，其在控制黄疸、改善甲状腺功能方面可以达到同步奏效。

（六）肝胆同病之黄疸

胆道系统疾病累及肝脏的情况并不少见。此时肝胆同病之黄疸，病位在胆，病机为肝胆失疏、肝胆同病，因此必须肝胆同治。施维群自拟疏利清胆汤，在 324 例有烦急失眠主症的"胆司相火""性为刚"特征的患者中，其中对 297 例有黄疸胁痛等"肝胆失疏，胆热外泄"特征的患者进行疗效观察，总有效率达 88.17%。

（七）体质性黄疸

Gilbert 综合征一类的体质性黄疸，有明确的家族史，其黄疸虽为良性的胆红素障碍，但患者心理压力大，疲劳感明显，每遇体检即心烦意乱。辨证除了患者出示化验单，以及轻度乏力、轻微黄疸以外，几乎无证可辨。此时，阴黄、阳黄难辨，宜从体质辨识入手，予以茵陈五苓散加广金钱、海金沙、生鸡内金，辅以八宝丹，亦可获效。

（八）膏方治黄疸

使用膏方退黄疸，也是施维群曾惹争议之举。他在临证时力排"膏方补益、易致关门留寇"之非议，认为膏方使用正确、得当，同样可以退黄疸。一些慢性肝炎男性患者，目微黄染，胆红素异常，症见少阴热化，脉细弦，舌红苔薄，辨证为肝肾阴虚、络脉瘀阻者，以六味地黄丸、二至丸合而加丹参、赤芍化瘀通络，同时，为除收膏滋腻之弊，加用健脾和中之剂。治疗 2 个月后，这些患者的肝功能恢复了正常，黄疸消失；还有一些患者 HBV-DNA 出现阴转。

（九）中医特色治疑难黄疸

另外，用中医特色疗法治疗疑难黄疸病亦有佳效。如用中药"脐透消膨贴"治疗肝硬化内毒血症、门脉高压。中医学本无内毒素血症之称，但历代医籍中"膨胀""黄疸""温病"等证之描述与内毒素血症相似。中医把该病病机归结为"气滞血瘀，久而化热"，或"热毒内伏，伤及脏腑"。中医"热毒"与西医"内毒素"之间存在着密切关系。热毒、瘀血之"积""聚"，是内毒素血症的病机。施维群依据中医治疗的"理气活血化瘀、清热解毒、滋阴益气"治则，创制出"脐透消膨贴"。本贴剂由莱菔子、砂仁、地龙、汉防己4味中药组成。四药相辅相成，具有理气消胀、化瘀清热之功效，且在增强消化道运动、促进肠蠕动、加速内毒素的清除、缓解临床诸多症状起着至关重要的作用。作为透皮促进剂的典型代表，月桂氮卓酮是新型、高效透皮吸收型促进剂；冰片为龙脑、异龙脑混合消旋体，易溶于乙醇，具有芳香开窍、止痛行气的功效，能引药由肌表直达腠理，具有良好的透皮促进作用。月桂氮卓酮与冰片，二者合用能产生药物的协同作用，促透效果叠加。

1. 脐透消膨贴

中药类袋泡剂"脐透消膨贴"脐部贴敷 [包含以下重量比例的中草药：莱菔子、汉防己、地龙、砂仁（比例10 : 10 : 5 : 5），每袋含生药3g，面积为6cm×6cm，厚度为0.3cm]，以月桂氮卓酮和冰片乙醇溶液为透皮促进剂，每日2次加液，保持贴敷剂湿润，每3天更换1次贴剂，期间休息1天。1个月为1个疗程，共2个疗程。临床观察结果显示，治疗组能显著降低门脉高压（门静脉及脾静脉内径显著缩小、门静脉及脾静脉的血流速度明显加快，门静脉血流量明显下降），降低内毒素及血氨含量，升高补体C3含量，患者腹胀腹痛、胁痛、黄疸、尿少、便秘、纳呆等症状均有明显改善。

2. 清肠合剂

用中药"清肠合剂"保留灌肠治疗肝硬化肝性脑病、高胆红素血症。中医学认为，肝性脑病多由湿热疫毒之邪侵犯中焦，胶着不化，邪毒弥漫，蒙蔽清窍所致。施维群根据祖国医学"下不嫌早"的理论，创制中药"清肠合剂"，保留灌肠治疗肝硬化肝性脑病。中药"清肠合剂"保留灌肠组成：生大黄20g，熟附片16g，地榆炭30g，蒲公英30g，阴虚加生地30g，黄疸加茵陈20g。腹胀加大腹皮30g，煎取150ml。先排空大便，必要时用"开塞露"清洁灌肠后用结肠滴入或高位结肠灌洗仪保留灌肠，温度37.2℃，流速10ml/min，每日1次，7天为1疗程。第2个疗程起，隔日1次，共2个疗程。临床观察显示，中药"清肠合剂"保留灌肠对肝硬化轻微型脑病患者神经心理和神经生理的影响、脑病改善程度、神志转清时间等情况均优于单用西药组；中药保留灌肠既可发挥整体调理之功，又可直达病所，在改善局部微循环、调整肠道菌群紊乱、清除代谢物质、预防继发感染、降低胆红素等方面发挥积极的作用。在同一患者的疾病发展过程中，亦能根据证型的变化，及时做出续贯治疗或药物更改变化，使"祛邪不伤正""扶正不留邪"的疗效得以延续。

总之，施维群认为疑难杂病的治疗以畅为要，五脏元气通畅，营卫、气血、阴阳通畅才是治疗杂病的根本。

施维群驰骋医路近50载，从业以来医治过无数患者，治愈无数疑难杂症，前来门诊的患者虽说以肝胆脾胃系统较多，但因施维群临床经验颇丰，疗效确切，医德高尚，加之患者的口口相传，门诊者中不乏众多疑难杂症患者，如跨越学科的皮肤病亦有所涉猎，并疗效颇佳，现特举几例病案于下，以飨读者。

病案1

倪某，女，56岁，2018年3月15日初诊。双手掌心反复脱皮10余年，严重时露出嫩肉，手掌不能拿握，多处求医未果，苦不堪言。可见双手掌角质层明显增厚，干燥，龟裂，基底暗红，脱屑（图4-1，彩图见文后），舌淡，苔少，脉细数。辨病为"鹅掌风"，证属肝肾阴虚，血热化燥，治以滋阴润燥，予六味地黄加减。

处方：生熟地各15g，牡丹皮9g，山茱萸9g，生葛根30g，生黄芪12g，生甘草8g，天花粉30g，茯苓15g，炒知母12g，赤芍15g，三七花6g，生白术9g，清风藤15g，生当归9g，生川芎5g，红花6g，茺蔚子9g，垂盆草20g，桑枝15g，丝瓜络12g，枸杞子9g。7剂，水煎服，每日1剂，分2次服。

3月22日二诊：患者手掌脱皮好转（图4-2，彩图见文后），仍觉手心发热，去红花、山茱萸，加醋鳖甲、青蒿加强清虚热之效。

处方：生地15g，牡丹皮9g，生葛根30g，生黄芪15g，生甘草8g，天花粉30g，茯苓15g，炒知母12g，赤芍15g，熟地12g，三七花6g，生白术9g，清风藤20g，生当归9g，生川芎5g，茺蔚子9g，垂盆草20g，桑枝15g，丝瓜络12g，枸杞子9g，醋鳖甲（先煎）12g，青蒿9g。14剂，水煎服，每日1剂，分2次服。

4月5日三诊：患者手心无明显发热（图4-3，彩图见文后），自觉夜寐不安，炒知母、芜蔚子、醋鳖甲、青蒿，加炒枣仁、生桂枝以安神养心。

处方：生地12g，牡丹皮10g，生葛根30g，生黄芪15g，生甘草8g，天花粉30g，茯苓15g，赤芍15g，三七花6g，生白术9g，清风藤20g，熟地12g，生当归9g，生川芎5g，垂盆草15g，桑枝15g，丝瓜络12g，枸杞子9g，炒枣仁12g，生桂枝3g。14剂，水煎服，每日1剂，分2次服。

图4-1　鹅掌风图1

图4-2　鹅掌风图2

图4-3　鹅掌风图3

按：患者为中老年女性，天癸绝，肝肾阴精不足，皮肤滋养无缘，所以皮肤反复脱皮；阴虚生内热，化燥生风，所以干。脱皮处发红，根本病因未明，反复缠绵不愈，治以养阴清虚热。患者皮肤甲错，由于阴虚血热致瘀，故加以活血通络并举，桑枝引药直达病所，故其效如桴鼓。

病案2

王某，女，25岁，因"口唇干燥、反复脱屑及结痂，口周发痒发干（图4-4，彩图见文后），伸舌舔唇"于2018年7月24日就诊。平素随身携带唇膏，总觉口唇干燥疼痛，涂了唇膏治标不治本，反复发作，平素大便干，数日一行，小便黄赤，舌红，苔黄，脉弦细数。中医辨病为唇风，辨证为脾胃热盛。治以清热泻火，凉血滋阴。方用三黄清脾汤加减。

处方：焦山栀9g，生石膏15g，生黄连5g，生地黄20g，生黄芩3g，茯苓15g，灯心草5g，生甘草6g，生白术10g，玄参9g，麦冬9g，牡丹皮9g，生白芍10g，熟地黄15g，熟大黄5g，炒知母10g，白及6g，桔梗5g，

浙江中医临床名家·施维群

蝉蜕 3g，北沙参 12g。7 剂，水煎服，每日 1 剂，分 2 次服。

1 个月后诉口唇干燥消失（图 4-5，彩图见文后），大便正常。

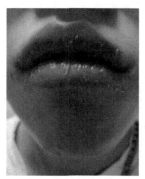
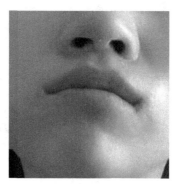

图 4-4　唇炎图 1　　　　　　　图 4-5　唇炎图 2

按： 脾开窍于口，其华在唇，足阳明胃经挟口环唇，唇部疾病当从脾胃二经入手，患者大便干结，数日一行，口唇干燥，俱为脾胃热盛之象，故予白虎之意加减清脾胃之火，热盛伤阴液，故以滋阴，予白及经验性敛疮。

病案 3

患者，男，85 岁，因右下肢、右足背红肿 3 天于 2018 年 10 月 15 日就诊。可见右小腿、右足局部皮肤颜色鲜红，皮温升高，小便黄，大便正常，舌红，苔黄，脉滑数。中医辨病为丹毒，流火，证属湿热毒蕴结于下肢，治以清热解毒，因患者拒绝内服中药，予中药 5 剂，煎水外洗，每天 2 次。

处方：牡丹皮 15g，赤芍 15g，丹参 30g，银花 15g，连翘 15g，紫草 15g，玄参 30g，牛膝 15g。煎汤泡脚共 5 天（图 4-6、图 4-7、图 4-8、图 4-9，彩图见文后）。

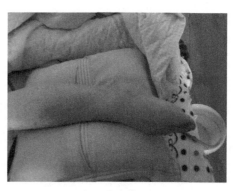

图 4-6　泡脚第 1 天图　　　　　　图 4-7　泡脚第 2 天图

浙江中医临床名家·施维群

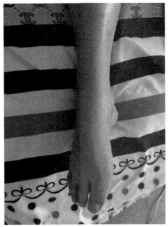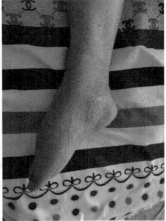

图 4-8　泡脚第 5 天正面图　　　　　图 4-9　泡脚第 5 天侧面图

按：患者素体血分有热，湿热毒蕴结，郁阻小腿、足部肌肤而发，因患者拒绝内服中药，故予中草药清热解毒散结、凉血化瘀利湿之洗剂，煎汤浸泡足部，起效甚著。

（程贤文）

第五章

学术成就

第一节　肝胆相照显真知

　　施维群临证 40 余载，在消化系统疾病，尤其是肝病的诊治方面有丰富的临床经验，在国内学术界有一定的知名度。在以往的临床工作中，他组织指挥救治重型肝炎、疑难重症病患近千例，参与诊治疑难杂症数百例，应邀在省内外会诊近百次。施维群在职时每周坚持两个半天专家门诊，接诊百余人次，其中省外患者占 40%。在医院领衔开设慢性肝病心理咨询门诊、疑难杂症门诊，建设杭州地区首家妊娠肝病中心，注重肝病临床中医内治、外治相结合的开发与运用，并在省内外相关医疗机构验证和推广。从"十一五"到"十三五"国家科技专项，以及国家重点肝病专科建设中，施维群始终以坚守中医药阵地、发挥中医特色为方向，以整体观念、辨证论治与辨病施治相结合为原则，以疗效为基准，总结出针对各类肝病的诊治预防方案，涉及肝肿瘤、脂肪肝、情志病等领域。他在积累经验的同时也形成了自己独特的学术观点，不仅拓宽了治疗肝胆脾胃方面疾病的内容，而且对中医学的发展与传承具有重要意义，在给患者带去福音的同时，也给后辈学子留下宝贵经验，下面就对其在肝病诊治方面做如下总结，以供同道参考借鉴。

一、提出肝性脑病应内外结合治疗

　　21 世纪初，国内肝硬化失代偿期并发症缺乏有力的预防措施，严重危及患者生命，肝性脑病是重中之重，施维群查阅古籍，创新采用中医外治法治疗肝性脑病。基于本病是由严重肝病或门 - 体分流引起的、以代谢紊乱为基础、中枢神经系统功能失调的综合性疾病，临床表现轻者仅见有轻微的智力减退，严重者则出现意识障碍、行为失常和昏迷等。临床上，部分肝硬化患者会出现神昏、谵语等肝性脑病的症状，症状轻微者在使用开塞露等灌肠后可出现好转，而严重者则需要清脑开窍等其他治疗方法，由于当时医疗条件及技术的限制，以及对肝性脑病的认识不足，疗效往往欠佳，给患者及其家属带来沉重的经济负担和心理压力。而中医药作为祖国传统医学，早在清代就有相关记载，如"温邪上受，首先犯肺，逆传心包"，出现神昏谵语等，与肝性脑病的症状相似。而施维群通过临证观察，结合我国乙肝治疗的现状，认为本病多是由于感受湿热疫毒之邪，病邪侵犯中焦，中焦受损，邪毒弥漫，气机逆乱，上扰清窍所致，不能仅用温病学"温邪上受，逆传心包"的理论来解释，据此自创了中医"清肠涤腑"方灌肠治疗肝性脑病。这一治疗方法得到浙江省中医药科研基金项目的支持，课题组纳入较大病例样本，经过长期临床观察，证实"清肠合剂"能够改善肝性脑病患者神志，获得"清肠合剂"国家发明专利，中医外治法被证明可以有效应用于肝硬化患者并发症的治疗。

施维群通过医学古籍"下不嫌早"之理论，结合肝性脑病患者的发病机制及临床表现，创制"清肠涤腑"方灌肠，主要组成有生大黄、蚤休、石菖蒲各30g，生枳壳15g，锡类散6g，八宝丹0.6g。其中生大黄、生枳壳取承气类方理气、泻下、通便之意，对热结便秘、高热神昏有通腑清热的功效；蚤休、八宝丹具有清热解毒、凉血散结的作用；石菖蒲能辟秽化湿通窍；锡类散、米醋，取"酸主收敛"之意，不仅能保持肠道的酸性环境，还可吸附肠道中的含氮类毒素。灌肠的具体操作是：先用1、2、3灌肠液100ml清洁灌肠，待肠壁刺激症状消退后，取120ml"清肠合剂"，加入30ml米醋均匀混合，使温度保持在35～40℃，用连接管插入直肠25cm，灌注20分钟；灌肠结束后，协助患者先左侧位15分钟，再右侧位15分钟，亦可仰卧位甚至直立位以便使中药在肠腔内尽可能保留多的时间，充分发挥药效。这种采用中药煎剂加米醋灌肠的方法，可以收到涤肠中秽浊、去瘀滞之物和攻下邪毒的效果。

施维群在治疗肝性脑病患者的过程中发现，口服给药往往难以奏效，并且存在一定的困难，特别是出现顽固性呕吐、呃逆、中毒性臌胀、烦躁或神志不清时；若鼻饲给药则会因患者烦躁或反复插管等引起鼻、咽喉或上消化道黏膜出血的危险。所以，可通过清除肠道内毒素血症来治疗肝性脑病。肝性脑病发生的主要病理基础是肝细胞功能衰竭和门体分流存在，氨代谢紊乱引起氨中毒，所以清除或减少肠道内氮源性毒物的生成与吸收不失为治疗肝性脑病的一种方法，而清洁灌肠则可作为清除肠道毒物的首选。药物保留灌肠治疗肠源性内毒素血症具有一定的优势：首先，药液与肠道充分接触，充分发挥药物的治疗作用，并且没有肝脏首过效应，不会对肝脏造成影响；也可避免口服药物对胃肠道的影响，减轻患者的消化道症状；另外，药物有效成分可以通过直肠静脉直接进入身体循环而发挥治疗作用；此外，药物通过刺激肠壁自主神经，反射性地引起肠蠕动，促进粪便排泄，减轻腹胀，促进有毒物质外排，从而达到清除内毒素的目的。西药保留灌肠主要通过导泻、降低肠道 pH 值、调节肠道微生态等而达到防治肝性脑病，常用的药物主要有乳果糖、醋酸、抗生素、硫酸镁、调节肠道微生态制剂等；但也存在肠道菌群失调或肠道菌群移位等副作用。在辨证论治的基础上，应用中药灌肠，多选用具有清热解毒、通里攻下、活血化瘀功效的药物，不仅可以达到泻下通便、促进肠蠕动、排除毒素的目的，也可以减轻内毒素对肝脏的损害，减少并发症，提高患者生存质量。经过观察发现，应用清肠合剂保留灌肠治疗的肝性脑病患者总有效率明显高于普通灌肠者（口服乳果糖），该方法不仅具有明确的疗效，而且应用方便，也没有明显的副作用，完全可以推广于肝性脑病的治疗中。

另外，施维群推荐在应用清肠合剂灌肠治疗的同时，口服红参、三七口服液等具有扶正、活血化瘀功效的中药制剂，通过调节机体免疫功能，清化肠道瘀血，可以明显提升治疗的效果；再联合具有缓解微血管痉挛作用的山莨菪碱针剂（654-2 针），可以改善肠道微循环。通过口服补益药物联合清肠合剂灌肠，以攻为主，提高肝性脑病昏迷的苏醒率。

二、"疏肝利胆化湿"兼"顾护脾胃"治疗转氨酶异常

20 世纪末，肝病治疗的特效药物较为单一，以肝功能异常就诊的患者不断增多，基于我国国情，病毒性肝炎是引起转氨酶升高的主要原因，而此时还没有出现恩替卡韦、替诺福韦酯等强效低耐药的抗病毒药物，乙型肝炎的疗效较低，不仅如此，早期抗病毒药物的副作用较大，而且容易发生耐药。在这种情况下，施维群在降酶方面主要选用五味子制剂，如联苯双酯，但是其在停药以后容易发生反跳，病毒性肝炎处在难于治愈的尴尬局面中，因此

浙江中医临床名家·施维群

必须寻求新的治疗方法和方向，才能满足临床上大量转氨酶异常患者的需求。1995年，施维群开始自己的第一项科研课题《中药降低五味子制剂停药后ALT反跳的研究》，在用五味子制剂降低谷丙转氨酶（ALT）治疗的基础上，应用疏肝利胆化湿的中医治疗方法，研究结果发现慢性肝炎患者转氨酶的反跳率仅为9.2%，明显低于单纯应用五味子制剂对照组的38.5%。之所以选择疏肝利胆的治疗方法，是基于肝胆互为表里、肝胆同病的原理；同时，施维群在临证实践中发现，慢性肝炎的证型主要以气虚湿阻和阴虚瘀热多见，所以针对此两种证型创制治疗慢性肝炎的肝神Ⅰ号方和肝神Ⅱ号方，其中肝神Ⅰ号方主要组成有柴胡、郁金、灵芝、仙灵脾、白花蛇舌草、蕲蛇等10种中草药，将其制成袋装泡剂；另外将太子参、黄芪研末制成胶囊。肝神Ⅱ号方有柴胡、郁金、灵芝、仙灵脾、白花蛇舌草、蕲蛇、山甲片等11种中草药，同样制成袋泡剂；女贞子、旱莲草研末灌制成胶囊。五味子具有敛肝、益肾、滋阴的功效，现代药理学研究证明其能通过诱导肝微粒体细胞色素P450，直接抑制肝细胞内及血清中ALT的活性，从而减少ALT通过肝细胞膜漏出。在使用五味子制剂降酶的同时，联合疏肝利胆、益气除湿和解毒通络化瘀的治疗方法，选择归肝脾经的中药如柴胡、蕲蛇、太子参、黄芪、仙灵脾、灵芝等来调节免疫功能，提高抗病毒能力，降低反跳率。柴胡、郁金通过疏肝利胆的作用来增加肝脏对蛋白的合成作用。肝神Ⅰ号是针对湿浊偏盛患者而设的，以清利化湿为主要功效；而肝神Ⅱ号方则针对阴虚疲热而设，旨在加强活血化瘀之力，山甲片、女贞子、旱莲草等养阴活血以祛瘀生新，目前穿山甲已鲜少应用。通过该研究结果，得出通过疏肝利胆、顾护脾胃治疗，可明显增强慢性肝炎降酶疗效、降低反跳率的结果。该项课题研究成果在1996年获得杭州市科研成果三等奖。

三、提出治疗妊娠肝病的三原则

妊娠肝病相对其他肝病的治疗更为棘手，因为妊娠期时，人往往处于特殊的生理或者是病理状态，容易并发一些病证，若是既往有基础疾病者，则会加重患者病情，甚至使疾病进一步进展，可能出现危及生命安全的情况；加之妊娠期间，多数孕产妇饮食习惯和进食种类的变化，都会诱发某些特有疾病，比如急性脂肪肝。就拿妊娠期肝内胆汁淤积症来说，高雌激素水平使Na^+，K^+-ATP酶活性下降，能量提供减少，导致胆汁酸代谢障碍，也可使胆汁的回流增加和流出受阻。这些疾病的发生与肝脏对妊娠期生理性增加的雌激素高敏感性有关。施维群对于妊娠肝病认识，包括诊断与鉴别诊断、治疗方案及妊娠时机的选择等方面都有自己的独到见解。妊娠合并肝病或肝病基础上的妊娠，都能够使孕妇的体能消耗增加，容易导致早产、流产，甚至是胎儿死亡，所以妊娠肝病的早诊断具有非常重要的意义；肝功能及凝血功能在妊娠肝病的诊断中具有非常重要的价值，其中白蛋白明显下降是各类妊娠肝病患者的一个显著特点，妊娠后期，产妇一般都处于高凝状态，凝血酶原时间作为一个客观指标，可用于判断肝脏凝血功能情况及肝病的预后，所以必须加强对白蛋白和凝血功能的动态观察。对于重型肝炎患者而言，还需要结合胆红素的数值，因为肝炎妊娠患者的凝血酶原时间（PT）延长往往与胆红素升高呈正比，不仅能够判断预后，而且还可以判定妊娠的时机和方式。当鉴别诊断存在困难时，则需要行 B 超等检查来明确，更甚者则需要行肝活检，但是对于高胆红素、凝血酶原活动度下降的患者来讲，肝活检却存在一定的危险和争论。对于妊娠肝病的治疗，应针对病因采取中西医结合的治疗方法，施维群根据中医妇科"产前宜凉，产后宜温"的原则，通过对几百例妊娠肝病患者的观察，创新性地提出"产前清热凉血，产中预防出血，产后温补退黄"的治疗原则；自拟"疏肝安胎方"，方中柴胡、郁金、香附疏肝理气，垂盆草、栀子、蒲公英、茵陈清肝利胆，黄芩、砂仁、藿梗及苏梗清热和中兼有安胎的作用，全方共奏清热利湿安胎之功效。对孕妇施以"疏理、化湿、和中、安胎、清热、降酶、温补"等多种方法，但在用药过程中应尽量避免香燥走窜、温热耗气、活血攻逐类药物，以防出血、早产。产后应酌情运用温补、活血、退黄之品，加强对肝脏及全身的支持与呵护。施维群运用上述治疗原则及治疗方法，在妊娠肝病疑难重症救治过程中，成功率达 86% 左右。基于此，施维群率先建立杭州市妊娠肝病诊疗中心，并担任中心负责人。这给那些因为客观条件限制，没有专科诊治条件的孕产妇带来极大的安慰和帮助，有很多此类孕产妇病患闻讯前来就诊。妊娠肝病诊疗中心帮助她们顺利完成从怀孕到顺利分娩的过程，以及分娩后的长时间的治疗。针对妊娠重型肝病的治疗，施维群强调积极处理为首要原则，在加强内科支持的基础上，联合妇产科医生，选择合适的时机终止妊娠，有利于降低死亡率，提高母婴成活率。在对妊娠肝病患者临床症状和客观检查指标进行分析后，如胎儿发育情况良好，自然分娩应该是最佳选择；但是在肝脏功能进一步损坏，出现凝血机制障碍、肝肾功能减退、全身情况较差，甚至危及胎儿及母亲生命安全的情况下，终止妊娠则是首要任务。是否立即终止妊娠，用什么方式终止，必须视情况而定。各种性激素的分泌有碍于肝脏对脂肪的运转和胆汁排泄，在分娩的时候，孕妇出现紧张、饥饿、肾上腺素分泌剧增、糖原储备下降、出血、麻醉等情况，均可进一步加重肝脏损害。妊娠肝内胆汁淤积症孕妇易出现早产和产后出血，使胎儿早产或宫内窘迫；急性脂肪肝对母婴的死亡威胁最大；肝硬化的孕妇极易出血和产后大出血，并使胎儿流产、早产或死亡；慢性肝炎加之重叠感染的孕妇极易转变为重型肝炎；至于妊娠毒血症、子宫破裂等，需要掌握早期剖宫产的指征。除非极个别重症患者，一般主张自然分娩，但从多数肝病患者的病情发展趋势看，继续妊娠不仅不利于肝脏功能改善，反而会使肝脏负担进一步加重，甚至危及母婴生命安全。在严密观察病情的基础上，必须根据病情变化、肝功能损伤程度及胎儿在宫内的发育情况选择合适的妊娠时机。

四、从"肝胆同病"角度出发，治疗淤胆型肝炎

从早期临床经验总结及国家重点肝病中心建立发展过程中，施维群逐渐体会到肝纤维化、肝硬化代偿期、自身免疫性肝病、酒精性肝病、药物性肝病、妊娠特发性黄疸等慢性肝病的发病机制为肝胆失疏、气病及血络、累及胆腑、肝胆同病，所以慢性肝病的治疗可以从肝胆入手，肝胆同治；在疏肝利胆的同时活血化瘀，达到气血并治。淤胆型肝炎是以肝内小胆管胆汁瘀积为表现形式的一类肝炎，其发病机制复杂，病程较长，可发生于各型病毒性肝炎中。20世纪80年代末至90年代初，对于淤胆型肝炎的治疗尚缺乏特效药物，临床上主要应用激素治疗。中医早在《黄帝内经》中就有关于黄疸病名和症状的记载，《伤寒杂病论》中对其进行了分类，并探讨了形成机制，创制了著名的茵陈蒿汤，《景岳全书》提出了"胆黄"的病名，认为"胆伤则胆气败，而胆液泄，故为此证。"初步提出了黄疸的发生与胆液外泄有关。《沈世尊生书》曰："天行疫疬，以致发黄者，俗称瘟黄，杀人最急。"这些文献记载都符合现代医学对淤胆型肝炎的认识。

"肝胆相照"理论源于肝胆两脏生理病理密切关系，肝脏分泌胆汁，在胆囊内浓缩、贮存以消化脂类物质，肝脏的能量供应能促进胆汁的分泌；在肝脏发生病理改变、能量转运下降时，胆汁成分改变或不足，胆囊排空反射障碍及病毒直接侵犯胆汁输出系统等，会造成胆囊或胆道系统产生炎症反应。

通过 B 超检查发现，大多数急性肝炎患者的胆囊壁增厚，囊内出现回声，表明肝脏在急性炎症过程中可以以某种方式累及胆囊。同时，临床观察亦表明，肝炎患者胆系有多种异常表现，长期反复迁延、活动的肝脏炎症，对胆系病变的影响不可忽视，所以可以通过 B 超检查胆囊的病变情况来评估肝炎的恢复或慢性化过程。中医学认为，慢性肝炎由于邪毒宿主，迁延日久，反复不愈，病位在肝；但肝胆互为表里，日久则可累及于胆，发生肝胆同病。从临床表现看，慢性肝炎患者的烦急、失眠、胸胁胀痛和脉弦等症状皆可归咎于肝胆失疏，胆热外泄。然而，肝病及胆尚需一定的时间与演变过程，所以容易被忽视。在认可慢性肝炎的病理为肝胆同病后，治疗上可以从肝胆入手，予以肝胆同治、疏肝利胆的治疗方法。在此治疗方针的指导下，施维群自拟疏利清胆汤，主要组成有柴胡、广郁金、青陈皮、秦艽、忍冬藤、青黛、牡丹皮、丹参、仙灵脾、黄芩等，在临床应用中随症加减。基于此，20 世纪 90 年代初，施维群用 654-2 加疏肝活血利胆中药治疗淤胆型肝炎 74 例，并与激素加清热解毒利胆中药治疗 50 例作对照，结果发现治疗组退黄时间、血清胆红素每周下降幅度、血清胆固醇及三酰甘油的下降均较对照组有显著性差异。治疗淤胆型肝炎，关键在于降低血清胆红素，缩短黄疸期，尤其是缩短高胆红素血症期。通过研究，施维群发现"肝胆同治"加"活血化瘀法"治疗淤胆型肝炎，其疗效远胜于激素加中药，主要是由于该治疗方案能够修复肝细胞损害，疏通肝内胆管通道，加速减退黄疸。

五、中药外治法在肝病中的应用

在国家"十一五""十二五"重大专项研究及浙江省中医药管理局项目中，施维群在中医外治方面先后获得两项国家发明专利。他在临床上应用中西医之所长治疗肝病不只是应用内治法，也运用外治法。如前面所述的"清肠合剂"灌肠，还有应用黄芪注射液的足三里穴位注射，"脐透消臌贴"贴脐，肝病治疗仪照射肝区穴位等，在临床上不仅取得了明确的疗效，还获得了多项殊荣。外治法不仅方便、快捷、廉价，而且疗效肯定，值得临床推广应用。

这些外治法的应用大都基于经络学说、经气学说。经络是运行气血、联络脏腑和体表、沟通内外、贯穿上下的通道，是人体功能的调控系统。运行于经脉中的经气，源于脏气，脏气借经气以互相通应，是故经气的变化关乎疾病转归。通过应用各种物理方法（如针刺、艾灸、推拿等）刺激经气失调之"皮部"来调整相关病变脏腑之经气，以恢复病变脏腑之气血阴阳平衡。经气以通为要，经气通则气血阴阳畅通，诸病自除。正如清代医家吴师机所言："草木之菁英，煮为汤液，取其味乎？实取其气而已……变汤液而为薄贴，由毫孔以入之内，亦取其气相中而已。"是故借助中药之药气刺激"皮部"亦可达到调整人体病变脏腑之经气的效果。"经气学说"认为：中医外治调经气补虚的治疗方法，尤以选穴和选药为关键。在具体应用中，黄芪注射液足三里穴位注射，通过扶正祛邪、调节机体免疫功能治疗慢性乙型肝炎；"脐透消臌贴"贴脐，通过理气化瘀、降低门脉高压治疗乙肝肝硬化；通过肝病治疗仪照射肝区穴位，达到疏通经络的作用，从而改善肝区疼痛、腹胀减轻，食欲、体力增加等临床症状，尤其在改善失眠症状方面有极显著的疗效。

（一）黄芪注射液针足三里之应用

由于足阳明胃经乃多气多血之经，针刺足三里有调理脾胃、补中益气、通经活络、扶正祛邪之功效，并能激发气血生化和运行。采用单纯针刺恐其不足以扶正，故可联合中药制剂的扶正功效而加强治疗效果，如将 2ml 黄芪注射液，在注射的同时施以"提、插、补、泻"等手法，通过该治疗方法可以刺激足三里穴以达到通经活络、扶正祛邪的功效。《本草纲目》云黄芪味甘，性微温，入肺、脾二经，具有益气升阳，补气固脱之功效。《本草经解》载"黄芪味甘温，温之以气，所以补形不足也；补之以味，所以益精不足也""芪，长也。黄芪色黄，为补药之长，故名"。现代药理学研究也证明，黄芪对 T 细胞有较好的保护作用和双向调节作用，能增加机体免疫功能、调节和促使细胞免疫趋于正常；保护肝细胞及促进肝细胞生长；黄芪通过直接抑制造血干细胞（HSC）增殖，抗氧化、抗脂质过氧化、减少层粘连蛋白（LN）产生，防止肝窦毛细血管化等而抗肝纤维化。如此，通过针药并用的治疗方法，可使药气相通，从而提高扶正祛邪的功效。通过对照观察 70 例辨证为肝郁脾虚型、具有抗病毒指征的慢性乙型肝炎（CHB）患者，结果发现，拉米夫定联合黄芪注射液穴位（足三里）注射组较单用拉米夫定抗病毒治疗组患者睡眠、食欲等症状改善明显，并能显著提高治疗组患者 HBeAg 转阴率和 HBeAg/HBeAb 血清转换率，且无明显不良反应。

（二）脐透消臌贴膏之应用

施维群在臌胀的中医外治方面可谓是具有突破性成就，臌胀历来就是中医四大疑难疾病之一，临床医院治疗手段较为单一、疗效不明显。俞尚德老先生师从上海名医蔡济平先生，从医60余年，毕生钻研脾胃肝胆学说，倡导中西医结合的"审病辨证，辨证治病"的治疗思维。施维群传承俞尚德老先生治臌胀的经验，依据中医"理气活血化瘀、清热解毒、滋阴益气"的治则，创制了脐透消臌贴膏，膏贴的做法是将莱菔子、汉防己、地龙、砂仁按10：10：5：5比例碾成细末，过100目筛，并用滤纸加工成类袋泡剂的剂型，每袋含生药3g，然后做成面积为6cm×6cm、厚度为0.3cm大小的贴膏。其具体使用方法是：常规消毒脐部后，在脐部四周均匀涂搽2%的月桂氮卓酮，范围为6cm×6cm，然后将脐透消臌贴敷上，再用3%的冰片溶液1.5ml湿润贴剂，最后用带孔的医用胶布固定。每天用冰片溶液湿润贴剂2次，每3天更换1次贴剂，每次更换间隔1天。脐部为神阙穴的位置，该穴与诸经百脉相通，通过奇经八脉而统领全身经脉，联系五脏六腑；脐部表皮角质层最薄，屏障功能差，渗透性较强，药物分子较易通过脐部皮肤的角质层；脐部有大量腹壁动静脉分支及丰富的静脉网，使该部位更易于药物吸收，是透皮给药及缓释长效的理想给药部位。脐透消臌贴将中药、经络穴位、现代化透皮吸收技术相结合，共同发挥利尿消肿、活血理气的作用。脐贴的过程中，穴位刺激和药物二者产生协同作用。

应用脐透消臌贴治疗肝硬化难治性腹水患者，通过刺激穴位达到利尿消肿、活血理气、穴位刺激的作用，能够明显改善此类患者腹水消退、24小时尿量，以及腹胀、乏力、胃纳等症状，而且能够使血肾素、血管紧张素、醛固酮水平有不同程度的下降；运用该贴治疗肝硬化门静脉高压症，经治疗后，此类患者门静脉及脾静脉内径显著缩小，门静脉血流速度明显加快，对于改善肝硬化门静脉血流动力学等短期疗效与普萘洛尔相当，但是在改善临床症状方面明显优于普萘洛尔；能够显著降低肝硬化患者血内毒素、血氨水平，减轻患者临床症状。该项研究在2001年为浙江省建工医院（浙江省新华医院前身）第一个浙江省中医药管理局课题"中药脐部贴敷对肝硬化门脉高压血流动力学影响研究"。使用该贴膏联合肝病治疗仪治疗肝硬化门脉高压，比单纯运用肝病治疗仪更能有效地减轻肝硬化患者的临床症状，降低门脉高压、促进门静脉血液循环，且简易价廉，无不良反应。

（三）肝病治疗仪之应用

施维群应用肝病治疗仪辅助治疗慢性肝炎、肝纤维化和脂肪肝在浙江省内是比较早的。该仪器主要根据中医的循经和局部取穴兼顾的方法，结合现代电子优化设计技术，集针灸、按摩、电场、脉冲为一体，通过特定穴位电脉冲物理治疗；通过自动提取患者的心率信号，发出与患者心率相同并和人体蛋白质振动频率基本一致的电磁波，明显改善肝脏的微循环，提高药物的疗效，有效地调整肝脏内环境；能使肝脏的血流加快，血流量增加，使肝脏的氧化和营养物质的供给得到改善，从而能修复受损的肝细胞，恢复肝功能；通过照射显著增加正常肝脏门静脉的血流量，起到活血化瘀的作用，符合中医"内病外治"的原理。由于肝区有期门、日月、章门三穴，均为足少阳胆经、足厥阴肝经之要穴。通过腧穴对肝病治疗仪的红外线信息吸收，使治疗作用直接到达脏腑经气失调的病所，发挥归经的功效。

应用DSG-I型肝病治疗仪治疗慢性肝病患者，通过该仪器的指套换能器，经过电脑自动提取系统接受患者的生物节律信息心率信号，再经微电脑处理系统控制，发出与患者心律同步的近红外脉冲波，使之与人体的生物节律产生能量共振，提高人体对光波的透过率的反应，使肝区部位获得近红外波能量，改善肝细胞膜的通透性，使肝血窦的血流量增加。研究发现，该治疗方法能明显改善患者的临床症状，恢复肝功能，降低肝纤维化指标，且能激活人体的免疫系统，促进肝病康复。除临床治疗之外，施维群还与浙江大学医学院附属第一医院感染科、绍兴市上虞人民医院感染科专家共同开展了肝病治疗仪治疗多种肝病的科学研究，取得了较好疗效，以及多个科学数据。

在肝病的治疗中，施维群十分重视内毒素血症的"二次打击"理论。由于肝脏可摄取血液中80%～90%的内毒素，血中内毒素升高会对肝脏造成损伤，可引起重型肝炎、肝性脑病、肝肾综合征、全身炎症反应综合征，甚至多脏器功能衰竭等多种损害，所以内毒素对肝病的发展和预后产生重要影响，积极治疗肝病肠源性内毒素血症具有重要意义。肝病患者的门静脉回流受阻，肠黏膜充血水肿、缺血缺氧、糜烂，黏膜通透性增加，使内毒素等大分子通过肠壁进入血液循环，导致内毒素的吸收增加；同时内毒素具有很强的收缩肠黏膜血管的能力，引起肠黏膜血流减少，导致肠黏膜缺血缺氧进一步加重。发生肝病肠源性内毒素血症时，肠蠕动功能下降，肠细菌移位，致病菌大量繁殖，导致肠道菌群的异常改变及微生态的失调。中医学虽然没有肝病肠源性内毒素血症之说，但依据该病是因慢性乙型肝炎、肝硬化进一步发展而来，所以可以认为其主要见于"温毒""热毒""臌胀""黄疸"等病之中，该病的中医发病机制多为湿热毒邪蕴结，热伤血络所致，病变部位多在"阳明之腑"；故治疗上应以清热解毒、通里攻下、活血化瘀、扶正固本为原则。施维群依据丰富的临床经验，提出内毒素血症多为湿热毒邪蕴结的机制，临床上常用清热解毒、通腑泻下的中药保留灌肠，既可发挥整体调理之功，又可改善局部微循环、调整肠道菌群紊乱、预防继发感染。相对于西药治疗，更具有灵活性和低毒副作用的优势，且治疗方便易行，价格低廉。在疾病发展过程中亦能根据证型的变化，及时做出序贯治疗或药物更改变化，使"祛邪不伤正""扶正不留邪"的疗效得以延续。

六、调节"阴阳平衡"纠正慢性乙型肝炎患者"免疫功能紊乱"

施维群认为，人体生命现象的本质是阴阳的动态平衡。"阴阳学说"是中医学中重要的组成部分之一，阴阳是自然界相互关联的某些事物和现象对立双方的概括，具有对立统一的概念。阴阳之间具有对立制约、互根互用、消长平衡、相互转化的特点。现代生物医学认识到了内环境的动态平衡是健康的基本保证，一旦人体内的这种动态平衡被破坏，就将会产生各种疾病。通过动态了解慢性乙型肝炎（CHB）患者的中医体质证候、观察他们的免疫功能状况，发现中医学"阴阳平衡"和现代医学的"免疫平衡"似乎有不少相似之处。施维群带领团队，于 2013 年争取了浙江省中医药重点研究计划《芪灵合剂对慢乙肝 TH17 细胞等免疫平衡再建作用》的课题。经研究发现，中药"芪灵合剂"能够提高慢乙肝患者 HBV-DNA 转阴率、ALT 复常率，外周血 Th17 细胞（IL-17）、Treg 细胞（FOXP3）分布频率明显低于对照组（$P < 0.05$）、CD4$^+$T 细胞表面 PD-1/PD-L1 表达水平降低（$P < 0.05$）。可见，该治疗方法可以明显减轻肝脏炎症、增强抗病毒效力、改善免疫功能，并且可将其外周血 CD4$^+$T 细胞表面 PD-1/PD-L1、Th17 细胞及 Treg 细胞的分布频率，作为中医药治疗后评价免疫功能的指标，也可间接反映阴阳平衡的相关指标。在该研究中也发现黄芪的免疫双向调节作用、提高淋巴因子（白介素 -2）激活的自然杀伤细胞（LAK）的活性作用较为明显；仙灵脾多糖明显地抑制体内 IL-2、IL-6 的产生并降低其活性作用；从免疫耐受到打破，从清除病毒到免疫损伤、从免疫应答到病毒耐药等慢性乙肝病变和治疗的过程来看，免疫平衡是关键，中医学的"阴阳平衡""阴平阳秘"理论为此开启了先河。由此，施维群提出了将抗病毒治疗与免疫治疗有机、序贯地结合起来，

不断求得免疫平衡，在乙型肝炎病毒的抑制或清除，甚至清除 cccDNA 方面，不失为一种有效途径。多数具有免疫调控作用的中药，在与抗病毒药物联合使用后，阴阳平衡是疗效大大提高的关键。

中医学和现代医学属两个不同的科学体系，两者共同的追求目标是人体生理平衡，不断求得新的平衡则是它们的共同初衷和终极理想。人的生理平衡也就是动态的"阴平阳秘"，一旦出现阴阳任何一方的偏胜或偏衰，这种平衡状态即遭到破坏，也就会发生疾病。"阴平阳秘"是保证正常生命活动的基本条件，阴阳失衡则是疾病发生的基本原理。同理，在免疫应答过程中，抗原和抗体、亢进和抑制、激活与失活、感染与抗感染、致敏与脱敏等现象，既相互对立、相互矛盾又互为统一，正如同中医学的"阴阳"在一定条件下相互对立、相互转化、互为统一。阴阳平衡与现代医学的免疫防御、免疫自稳、免疫监视三大生理功能有着许多不谋而合之处。人体免疫功能的不断完善是动态的平衡过程，人体完整的免疫机制正是中医学的"正气"；而外来病原体如病毒、细菌等则是中医学的"邪气"。正邪斗争，相互制约，相互转化，共同维持着机体的生理平衡，决定着疾病的发生、发展、预后和转归。免疫调节的过程亦如阴阳对立消长与转化，一方面机体动员免疫系统尽快产生足够强的应答，清除病原体；另一方面，高强度的应答又可导致内环境稳定的偏移，诱发不同程度的组织损伤。HBV 感染后，机体免疫功能的强弱决定着急性自限性感染还是慢性感染的结局就是例证。因此免疫的平衡过程，是人体不断修正应答程序所产生的各种问题的过程，是内外环境保持稳定的关键。在 HBV 慢性感染过程中，病毒逃避机体免疫导致慢性持续感染的情况系机体特异性的免疫功能低下所为。现代医学运用阴阳学说来分析生物体内动态变化规律，特别是在肿瘤病变及细胞周期等方面。现代医学的免疫调节是通过免疫细胞和免疫分子的免疫应答来维持机体免疫功能的稳定。中医学通过辨证施治实现机体的"阴平阳秘"，通过现代科学技术手段研究，发现某些治疗方法及某些中草药能够提高机体免疫功能和纠正机体免疫紊乱。

七、慢性肝病的膏方调治

施维群始终认为疾病重在"治未病"，中国有句古话讲"冬令进补，来春打虎"，通过该形容足以说明冬令进补的效果是非常令人满意的，利用冬令之季进补，可以提高人的体质，使来年身体更加强健。慢性肝病同样可以在冬季进补,通过补益而提高机体免疫力。施维群通过辨体、辨证、辨病、辨时四辨相结合,四诊合参,以清补为主,调整机体阴阳平衡,从而达到未病先防、既病防变的目的。膏方是一种具有营养滋补和预防治疗综合作用的方剂,集调理、治病于一体,以中医辨证论治、未病思想和整体观为指导,以辨证为基础,再结合个人的体质特点、慢性原发性疾病的病情,确定脏腑气血阴阳虚损之所而制,具有小体积、高含药量、药效久、口感润滑、服用方便等特点。随着现代生活水平不断提高,人们对日常养生保健医疗有了更高的要求,膏方作为中医药常用剂型,在治未病方面发挥着重要作用。江浙一带特别流行冬令膏方,这可能与潮湿的环境及经济发达有一定的关系。以下为施维群具体的临证遣方应用:

（一）重构阴阳平衡

施维群遵《黄帝内经》"正气存内,邪不可干""阴平阳秘,精神乃治"的原则,强调人体强健则无以为病,但是在每个人的生命进程中,机体不断衰老、功能不断减退,就好像是机器运转时间太久,都会出现磨损一样,需要不断地检修才能继续工作。急性疾病发生过后,人体都会出现一定的功能受损,需要日后不断的治疗和保养才能逐渐恢复,甚至部分会出现不可逆转的情况;慢性疾病则是由于脏腑气血阴阳失调或者亏虚而出现的,上述两种都可以出现"气血不足、阴阳失调"的特征表现。气血阴阳的失衡是疾病发生的基本原理,阴平阳秘是保证正常生命活动的基本条件。

慢性乙型肝炎虽然是湿热疫毒之邪外侵所致,存在着一定的病邪因素,但也存在着机体受损、阴阳失衡、气血受损的情况,施维群认为,在动态了解慢性乙型肝炎患者的中医体质证候、正气状况后,在常规服用抗病的西药的基础上,通过重构阴阳平衡、调和气血的治疗,能够实现控制病情和预防易感人群的作用。施维群在临床中通常以补中益气汤、八珍汤为基础方,配伍黄芪、仙灵脾、白术、红景天、铁皮石斛等补益药物,这些中药对常年服用抗病毒药物治疗的慢性乙型肝炎患者在打破免疫耐受后重建免疫平衡、辅助正气（增强抗病毒特异性 T 细胞功能）有明显的作用,对于治疗慢性乙肝甚至 HBV 携带者都有意义。

（二）活用仲景之法,通补兼施,升降相宜

施维群在慢性肝病的辨证中,考虑肝木克脾土,易导致肝病及脾,临床上以肝郁脾虚证较为多见。其主要临床表现可见胁肋隐痛、腹部胀满、体倦乏力、纳呆便溏等。慢性肝病患者的膏方中可活用仲景"见肝之病，知肝传脾，当先实脾"的治肝之法，以疏肝健脾为基本大法，佐以护胃理气。膏方多含胶糖厚腻之品，脾胃素虚者不易克化，久服可增加胃脘胀闷不适感，所以在遵从仲景治肝之法的同时要顾护脾胃之气，用药宜通补兼施、升降相宜、补而不滞，使受纳之人能顺利服完膏方。施维群常常选用逍遥散加减应用，喜用炒白术、太子参、山药、佛手片、茯苓、炒鸡内金、炒枳壳、厚朴花等益气健脾、消食导滞之品。

（三）肝肾同固

施维群认为肝肾之间生理、病理互相影响较为密切。在生理上，肝藏血、肾藏精；肝主疏泄，肾主闭藏。二者关系密切，有"肝肾同源"之说，主要表现在精血阴液互养互生、同济相火、藏泄互用。在病理上，主要体现在阴阳失调、精血失调、藏泄失司，以致水不涵木，故慢性肝病患者常常伴有腰酸、膝软、便秘、神疲、梦多健忘、肌肤干燥、面色憔悴等症状。临床上，慢性乙型肝炎患者久用抗病毒药（如替诺福韦酯片），久服对肾脏会产生损伤。以扶正之法治疗慢性乙型肝炎在于调补脾肾，以平衡肾之元阴、元阳为要。若肾水不济肝木，那么肝病修复时间可能延迟，所以对于慢性肝病患者，在开膏方的时候宜肝肾同固。肾阴虚者常用六味地黄汤合二至丸加减应用；善补阴者，必于阳中求阴，所以常加入炒杜仲、槲寄生、肉苁蓉等；阴虚日久，内必有虚热，故佐以青蒿、鳖甲、地骨皮、知母、黄柏等退虚热之药。肾阳虚者可选用肉桂、鹿茸、仙茅、巴戟天等温补肾阳之品。

（四）肝病常虚常瘀，用祛瘀生新之法

施维群认为久病及血，慢性肝损伤因发病缓慢，迁延日久，致使肝、脾、肾三脏受损，肝脾肾功能失调，肝气郁结，气滞血瘀。当发展为肝硬化时，气滞、血瘀、水停互为因果，相互影响。常虚常瘀的特点始终贯穿慢性肝病的发生发展，所以无论慢性肝病患者有没有发展成肝硬化，祛瘀生新药必不可少，故多用当归、炒川芎、丹参、红花、炙鳖甲、炙龟甲之品，以祛瘀生新、软坚散结，使补而不滞、祛瘀生新而不使血溢脉外。

施维群从事中医临床40余载，不仅积累了丰富的临证经验和理论创新，

而且真正实现了中医药文化的传承，为中医药在慢性肝病的临床应用做出了巨大贡献。

（傅燕燕）

第二节 探索求真再创新

施维群从业 40 余年中，从不间断地深耕于中医理论研究，结合自身临床经验，不断地总结和探索，形成一套独特的，并可实际操作的中医肝病的治疗体系和理论。具体而言，施维群之中医肝病治疗体系详见于其近年完成的《慢性肝病的中医规范化诊疗研究》，自项目研究以来，不断地推广应用，深受同行认同，源源不断地接到临床获益的患者回馈。作为一个当代中医学者，保持和推广传统中医义不容辞，但利用现代科学的研究方法探究中医背后的科学机制，丰富中医内涵，使之便于推广应用同样重要。早在 20 余年前，施维群已经开始利用科研方法证明中医在慢性肝病临床治疗方面的优势，时至今日，他的科研成果已是硕果累累，享誉业内。

一、"肝神袋泡剂"控制转氨酶反跳

20 世纪 90 年代初，核苷类抗病毒药物尚未在我国上市，当时以乙型病毒性肝炎为主的广大慢性肝病患者的主要治疗方式为护肝治疗，因缺乏针对病因、病原学的治疗，往往存在反复的生化学异常，表现为转氨酶异常。施维群意识到这一尴尬的临床问题，意味着我国广大慢性肝病患者面临着肝脏持续炎症、肝纤维化的危险境地，甚至无奈地走向肝硬化和原发性肝癌。作为一名临床医生，面对病情反复的患者，除了焦虑和担忧，更有一种治病救人的责任激励着他努力寻求改变慢性肝病治疗局限的现状。经过不断摸索、试探，其自拟方"肝神袋泡剂"能够显著降低慢性肝炎患者的转氨酶，并且疗效持久，不易反跳。他以此申报并完成相关课题研究，在课题《中药降低五味子制剂等停药后 ALT 反跳的临床研究》中，该疗法对于传统护肝疗法，转氨酶反跳率只有 9.2%，远远低于传统对照组的 38.5%。项目立项于 1995 年，是施维群从业后第一个科研项目，由此开启了他的中医药科研大门，踏上"临床-科研-再回到临床"的道路，这一创新疗法效果明显，实用性强，使用方便，

患者很容易接受，在一定程度上改善了慢性肝炎患者的预后。基于临床贡献和社会效益，该项目于 1996 年获得杭州市医药卫生科技成果奖三等奖。这在施维群的执业生涯过程中无疑具有重要意义，然而他并没有在科研的道路上停下脚步，因为他清醒地认识到医学永无止境，需要解决的问题还有很多，尤其中医学不能局限于古人，也不能停止于当代，作为一个中医学者，应该承担推动中医学发展进步的责任。他也以此为激励，在此后的工作中取得了一项又一项的科研成果。

二、妊娠肝病治疗成果卓著

妊娠患者具有特殊的生理病理状态，妊娠肝病是妊娠患者常见的病证，不同类型的妊娠期肝病，对产妇和新生儿均有不同的影响，因此妊娠期肝病是产科和肝病医生共同面临的问题。针对妊娠期肝病患者，施维群根据中医妇科"产前宜凉，产后宜温"的原则，结合自己的临床经验，总结出针对妊娠期肝病治疗应"宜清不宜补，宜疏不宜收"的治疗原则，自拟"疏肝安胎方"，方中柴胡、郁金、香附疏肝理气，垂盆草、栀子、蒲公英、茵陈清肝利胆，黄芩、砂仁、藿梗及苏梗清热和中兼有安胎的作用，全方共奏清热利湿安胎之功效。随着对妊娠期肝病的深入研究，施维群认识到妊娠期肝病患者需要一个专业、科学、系统的诊疗平台。1996 年，经过努力和多方协调，施维群在杭州市卫生局的支持下建立了当时浙江省第一个区域性妊娠肝病诊治中心：杭州地区妊娠肝炎诊治中心。在中心的临床工作基础上，经过多年研究，施维群和其团队就妊娠肝病的病因、发病特征、诊断及治疗流程、分娩方式进行了深入探讨，并科学地制定了相应规范，使当时妊娠重症肝病的救治成功率达 86%。基于大量临床实践经验，他主持了《妊娠肝炎诊治规范研究》的课题研究并申报了杭州市医药卫生科技项目，该项目针对各类病因的妊娠期肝病患者进行诊治和追踪观察，对拟定的诊断程序、鉴别诊断及中西医结合治疗、分娩方式等诊疗措施做进一步科学验证，有效地降低了母婴的死亡率。研究发现，临床中甘草制剂在严密观察下使用，对孕妇无明显不良反应，突破了以往孕妇忌用的禁区。另外，该项目结果显示，对于晚期妊娠合并病毒性肝炎患者，剖宫产的生产方式具有更低的死亡率。妊娠肝病诊治中心的项目成果引起的极大的社会反响，众多肝病妊娠家庭因此而受益。其中一肝硬化失代偿期妊娠患者

浙江中医临床名家·施维群

的救治过程备受瞩目，该患者于 1998 年 5 月妊娠 37 周，入院后经综合评估存在肝硬化失代偿期，具体表现为大量腹水、肝肾综合征。另外，患者存在乏力、恶心的消化道症状，经综合评估，患者一般情况较差。孕妇本身及胎儿具有巨大的风险，孕妇面临自发性出血、感染、肝性脑病及肝衰竭的风险，而胎儿有可能因孕妇病情加重而遭遇窒息死亡等风险，面对如此的疑难重症，施维群没有后退和放弃，积极组织肝炎科和妇产科全体医生围绕肝硬化失代偿期救治、孕妇生产方式进行讨论研究，如行剖腹产孕妇能否承受麻醉、剖腹手术出血的风险，伤口愈合、并发症的预防等问题，制定详细的诊疗方案。通过先期对产妇进行改善肝功能、预防感染，中药予以疏利化湿、行气消胀之剂等支持治疗后行剖宫产，术中术后母婴安全，避免了出血、感染等并发症，产妇伤口愈合良好，产后进行腹水引流并予以人血白蛋白支持治疗，最后母婴健康出院。此次成功救治肝硬化失代偿期妊娠并顺利生产、康复出院之案例集中体现了妊娠肝病中心紧密的团队协作、高超的业务能力、科学的诊治流程，在当时浙江省尚属首例，代表了省内最高水平，填补了业内空白。后经团队讨论总结，形成妊娠晚期合并肝硬化失代偿期救治经验，该成果经验获得 2000 年度杭州市临床医疗成果奖二等奖，赢得了同行的赞誉。

三、创制"补肾健脾颗粒"

进入 21 世纪，我国暴发了多次重大传染病如非典、甲流、手足口病，中医药积极参与重大传染病的防治并取得可喜成绩，受到国家认可和重视。在历代与传染病抗争中，中医药积累了丰富的经验，当代中医药以参与重大传染病防治为契机，丰富和发展中医药防治传染病理论体系，挖掘潜能，促进中医防治传染病技术开发和推广。在国家"十一五"中医药防治重大传染病的专项中，中医药学者通过开展相关重大传染病中医证候研究，完善相关临床传染病辨证论治和疗效评价方法。当时核苷类抗病毒药物已在中国上市，慢性乙型肝炎的治疗取得重大进展，而慢性乙型肝炎病毒（HBV）携带者因无抗病毒治疗指征处于长期随访状态，但施维群根据自己在临床中对慢性 HBV 携带者的肝组织活检资料分析发现，这一类型患者部分具有不同程度的肝脏炎症和肝纤维化，存在病情持续进展的危险因素，而又处于不被治疗的尴尬境地。为了慢性 HBV 携带者能够获得良好的预后，施维群积极寻求中医药治疗方案。获悉国家"十一五"重大专项支持中医药防治重大传染病，施维群积极参与并承担了慢性 HBV 携带者中医证候调查和干预方案的专项研究。在他承担的项目中，他带领同事及学生们，调查了 194 位慢性 HBV 携带者，其出现的症状及体征有近 60 余种，出现频率较高的症状为困倦乏力、尿黄、腰腿酸痛、腰腿酸软、健忘、头晕、胁痛等症状。通过辨证分析，涉及的中医证候 14 个，有证可辨者主要集中在肾阳虚、肾阴虚、肝气郁结、脾气虚、肾气虚等 12 个证型，其中以肾虚证（包括肾阳虚、肾阴虚、肾气虚及交叉证候中存在肾虚证的）为主，占 68.4%，存在肾虚证者占所有患者的 41.2%。肾虚意味着先天不足，正契合我国 HBV 携带多为婴幼儿期感染的特点，母体之中胎儿先天之本尚未成熟，肾气不足，因母体感染 HBV，"疫毒"毒乘虚而入，伏藏于肝血，正气无力抗邪，继而成为 HBV 感染者，接触 HBV 后因正气不足可表现为不发病，但又不能清除病毒，使病毒与机体处于共存状态，成为 HBV 携带者。在明确慢性 HBV 携带者以肾虚证为主后，重大专项项目组拟定"补肾健脾颗粒"，方含菟丝子、女贞子、旱莲草、仙灵脾补肾药物，白术、茯苓健脾益气，虎杖、叶下珠清热解毒，柴胡、白芍疏肝活血。通过对慢性 HBV 携带者进行干预治疗，发现"补肾健脾颗粒"能够促进 e 抗原转阴，提高 e 抗原血清学转换率，并具有抗病毒的作用，另经分析发现，"补肾健脾颗粒"能够改善慢性 HBV 携带者的肝组织炎症和纤维化程度。由于"补肾健脾颗粒"具有良好的临床疗效，施维群开始探究其背后的疗效机制，通过研究发现经"补肾健脾颗粒"干预后，受干预患者的 IL-2、TNF-α、IFN-γ 水平均有不同程度的升高，而 IL-10 有所下降，由此证实肾虚证慢性 HBV 携带者存在某种程度的免疫失衡而发生免疫耐受，"补肾健脾颗粒"能够提升具有免疫清除作用的细胞因子水平，并降低具有免疫抑制作用的细胞因子（如 IL-10 的水平），从而打破慢性 HBV 携带者免疫耐受状态，通过免疫活化清除病毒的作用，由此可见，相对于西药核苷类抗病毒药物，"补肾健脾颗粒"除了具有抗病毒药物，还存在免疫调节作用的优势，改变了慢性 HBV 携带者无须治疗的现状。鉴于参与国家中医药防治重大传染病并获得显著成效，该项目先后获得浙江省中医药科技创新奖二等奖及浙江省科学技术进步奖三等奖。推动了中医药防治传染病治疗体系的建设，并对中医药治疗传染病提供了科学依据。

四、创制"芪灵合剂"

基于"十一五"重大专项的研究结果，施维群在临床中重视慢性乙型肝炎先天不足的特点，遣方用药多有补肾健脾药物。经过不断实践和观察，发现黄芪和仙灵脾对慢性乙型肝炎先天不足的特点有比较好的临床效果，具体表现在经核苷类抗病毒药物治疗基础上，使用黄芪和仙灵脾组合，存在更好的生化学、病毒学和血清学应答结果。考虑患者因长期服用核苷类似物抗病毒药，若服用中药，其依从性会有所下降，施维群对常规汤药剂型进行了改良，提取黄芪和仙灵脾制成口服液取名"芪灵合剂"，其配方简单，服用方便，广泛应用于临床。同样为了探究"芪灵合剂"疗效机制，他申报并主持了浙江省中医药重点研究计划项目《芪灵合剂对慢乙肝 TH17 细胞等免疫平衡再建作用研究》。该项目选择中药"芪灵合剂"对拉米夫定治疗慢性乙型肝炎（CHB）患者进行干预，观察患者外周血 IL-17、FOXP3 频数、Treg/Th17 细胞比率等免疫学指标，发现芪灵合剂干预治疗组能够下调 Th17 及其效应细胞因子 IL-17 的频数，同时也在一定程度上降低了 FOXP3 的频数，降低这些免疫抑制细胞因子对 HBV 特异性的 T 细胞的抑制作用，能够适度纠正慢性乙型肝炎患者失衡的免疫状态，恢复免疫机制对 HBV 的主动清除作用。该项目同时观察"芪灵合剂"对慢性乙型肝炎患者外周血 PD-1/PD-L1 的水平变化，发现经干预治疗，患者相对于未服用芪灵合剂患者的外周血 PD-1/PD-L1 的水平具有明显下降的效应，同时能够有较高的生化学、病毒学及血清学应答，降低拉米夫定相关的耐药率。这在一定程度上避免了部分患者因服用拉米夫定而产生耐药的相关风险。该项目成效显著，成功申报并获得 2016 年浙江省中医药科技创新三等奖，得到国家的认可和肯定，显示出中医药在防治慢性乙型肝炎中具有多靶点、多种机制的优势。

五、创制"脐透消臌贴"

肝硬化是部分慢性肝病患者面临的一个不良结局，由于治疗不规范，甚至首诊就存在肝硬化，随着病情进展可出现相关并发症如腹水、消化道出血、肝性脑病和感染等，而门静脉高压与这些并发症存在密切关联。降低门静脉高压可有效预防相关并发症的发生，西药非选择性 β 受体拮抗剂如普萘洛尔能够降低代偿期肝硬化门静脉高压而改善预后，但对于失代偿期肝硬化尤其是 Child C 级患者不适用，因为对于这部分患者，如果使用普萘洛尔类药物，其预后会更差。另外肝硬化是病理概念，意味着重度纤维化，西药核苷类抗病毒药物的主要作用靶点是病毒，对肝脏纤维化病理改变程度不理想，目前尚不存在针对抗肝纤维化治疗的西药产品。为了更多的肝硬化患者得到良好的临床预后，施维群不断摸索，结合其老师的经验，创制脐部贴敷疗法，将这一中医外治法应用于肝硬化并发症的治疗。取名"脐透消臌贴"。方中含有莱菔子、汉防己、地龙、砂仁等，研末并加工成袋泡剂型。临床应用前，先用月桂氮卓酮溶液湿润脐部，并加用冰片乙醇溶液湿润"脐透消臌贴"，以促进药物吸收。经临床实践验证，"脐透消臌贴"能够降低门静脉高压、减少消化道出血和自发性腹膜炎的发生，与利尿剂具有协同作用，能够在一定程度上降低利尿剂抵抗的发生。看到切实的临床疗效，为探究"脐透消臌贴"的具体机制，验证这一中医外治法的科学性，施维群再次成功申报并主持浙江省中医药科技项目《中药脐部贴敷对肝硬化门脉高压血流动力学的影响》和《中药脐部皮透防治肝硬化内毒素血症的临床研究》，结果显示"脐透消臌贴"能够缩小肝硬化患者门静脉及脾静脉内径，使门静脉及脾静脉血流速度明显加快，并且能够改善肝功能凝血指标，对于存在腹水的患者，其小便量明显增加，腹水消退的速度较快，也就是说，"脐透消臌贴"不仅能够改善门脉血流动力学，还改善了肝硬化患者全身循环系统及肾脏循环，推测其可改善肝硬化血容量相对不足的情况，使肾脏血流灌注增加，增加小便的排泄，达到利尿的效果。这一推测经其传承弟子陆增生研究证实，陆增生发现"脐透消臌贴"能够降低肝硬化患者血肾素、血管紧张素、醛固酮，在一定程度上抑制肾素—血管紧张素（RAS）系统对钠水的潴留，改善内脏器官的血管舒张，临床效果具体表现为 24 小时尿量增加，消化道症状的改善，提高了患者生活质量。看到"脐透消臌贴"能够改善患者循环，降低门静脉压力，随后经过检测肝硬化患者血浆内毒素水平，结果显示"脐透消臌贴"能够降低肝硬化患者的内毒素，一定程度上能够避免自发性腹膜炎的发生，降低肝硬化患者感染的风险。其降低内毒素的具体机制尚不明确，推测可能与改善肠道循环，提升胃肠道防御功能有关，需要进一步的研究证实。"脐透消臌贴"临床效果显著，并经科研证实，且部分作用机制明确，为了让更多患者良好预后，施维群申请并成功获得国家专利"治疗肝硬化臌胀的脐透消臌贴及其制备方法",并在基层医疗机构推广使用,使得广大基层患者得到了更好的救治。"脐透消臌贴"推广了中医外治法在肝病治疗的使用,扩大了中医药治慢性肝病的影响。

六、创制"清肠合剂"

肝硬化患者往往因为肠道防御功能障碍,肠道菌群失调,加之肝功能失代偿,门脉系统病理性改变容易诱发肝性脑病,施维群结合长期临床实践,认为中医虽然无肝性脑病这一概念,但就患者临床特点、发病机制和证候变化,可与"神昏""昏愦""昏蒙""谵妄""暴不知人"等神志方面病变相关。因急性发病结合肠道功能紊乱的病理,施维群强调从大肠论治的重要性及意义,提倡采用"通腑开窍"法治疗本病,并创造性地应用"清肠合剂"。方含生大黄30g,熟附片30g,白及30g,地榆30g,共4味药组成,煎取汁100ml,用于灌肠治疗肝性脑病患者。方中生大黄源于承气方之意,对温热病之热结、便秘有通腑清热之功,而肝性脑病的患者多数有便秘情况,且便秘本身就是肝性脑病的诱发原因之一,故取大黄的通腑作用以改善和预防肝性脑病;肝硬化合并肝性脑病之患者多数为肝硬化终末期,病史长久,久病肾阳必有亏损,而附片有温肾阳之功,熟附片毒性大减,保证了用药的安全性,具有耐缺氧能力,这与炮附子的温阳功能有关;地榆味苦、酸、涩,性微寒,归肝、大肠经,具有凉血止血、解毒敛疮的功效,近年来,研究表明其化学成分主要为鞣质、三萜皂苷类、黄酮类;地榆外用治疗水火烫伤时有预防控制感染、消除疼痛、促进新皮生长、减少创面渗出、加速创面愈合等作用,另外也有报道其煎剂对人型结核杆菌有完全抑制的作用,对金黄色葡萄球菌、绿脓杆菌、伤寒杆菌、志贺氏痢疾杆菌、福氏痢疾杆菌有强大的抗菌效能。全方具有清热解毒、温肾助阳、收敛护肠作用。该方局部用药,温清并用、泻收并举,对肝硬化轻微型肝性脑病(MHE)患者之正虚邪实起到"祛邪不伤正"的目的。这一创新治疗方法获得浙江省中医药管理局科研立项,受到浙江省中医药科研基金项目支持,课题组纳入较大病例样本,经过长期临床观察,证实"清肠合剂"能够改善肝性脑病患者神志,具体临床考察指标为数字连接试验数据较治疗前改善;另外,"清肠合剂"还能够排除内毒素、降低血氨而起到醒脑的作用,而且可以改善肝功能，降低黄疸指标，从而提高整体治疗效果；同时，还符合卫生经济学原则，可减轻患者的经济负担，不失为一种"简、廉、效"的治疗措施。经过临床、科研的验证，施维群成功获得"清肠合剂"国家发明专利，中医外治法再次被证明其可有效地应用于肝硬化患者并发症的治疗，从而改善患者预后。此后"清肠合剂"同样被推广应用，让更多的患者得到了中医药的救治。

对于慢性乙型肝炎，核苷（酸）类似物和干扰素等抗病毒药物在一定程度能够抑制病毒复制，延缓或阻止甚至逆转肝纤维化、肝硬化，但是存在一定耐药、停药复发、不良反应、门脉高压，以及肝性脑病尚存在无针对性特效药物的局限。在中医药参与的诊疗缺乏规范的背景下，施维群通过自己多年探索和总结，结合科研成果，通过慢性肝病的中医诊疗规范研究以提高慢性肝病中医诊疗的可操作性、规范性、安全性，使中医药广泛参与慢性肝病的诊疗实践。在其课题《慢性肝病的中医规范化诊疗研究》研究中，选取慢性乙型肝炎肝郁脾虚证、湿热中阻证、脾肾不足证三组患者，在使用拉米夫定抗病毒的基础上，肝郁脾虚证组采用逍遥散汤药口服联合黄芪针注射治疗；湿热中阻证组采用茵陈蒿汤合甘露消毒丹加减口服联合苦参素注射液治疗；脾肾不足证组采用二至丸联合芪灵合剂治疗。观察其生化学、血清学、病毒学标志等临床疗效和免疫效应结果。课题研究证实，HBV 携带者经中医综合干预治疗后，治疗组外周血 Th1 细胞因子 IL-2 和 IFN 综水平明显升高（$P < 0.01$），Th2 细胞因子 IL-10 水平明显下降（$P < 0.01$），治疗前后差值与对照组比较，差异有统计学意义（$P < 0.01$），HBV-DNA 载量下降，并有一部分患者发生 HBeAg 血清学转换，在一定程度上延缓了患者病情进展。针对慢性乙型肝炎抗病毒治疗的基础，通过中医药综合干预，口服中药汤剂和芪灵合剂、二至合剂，显示中药干预确能显著减轻或改善患者腹胀、乏力、纳差等症状。观察到治疗组外周血 Th17 细胞（IL-17）、Treg 细胞（FOXP3）分布频率明显低于对照组（$P < 0.05$）、$CD4^+T$ 细胞表面 PD-1/PD-L1 表达水平降低（$P < 0.05$），免疫功能有明显改善；针对肝硬化门脉高压、前驱期肝性脑病及肝硬化症状明显者，在西医治疗的基础上，分别观察肝硬化门脉高压予以"脐透消臌贴"肚脐贴敷后，观察门脉血流动力学、前驱期肝性脑病予以"清肠合剂"灌肠前后内毒素、肝硬化症状明显者 DSG-Ⅰ型（生物信息）电脑肝病治疗仪肝区照射前后的症状积分变化。结果再次表明，"脐透消臌贴"脐部贴敷，结合 DSG-Ⅰ型（生

物信息）电脑肝病治疗仪穴位照射治疗肝硬化患者，药物由肌表直达腠理，结合现代透皮促进技术对药物的加速和持久吸收作用，再经过脐部经络的放大和全身调节，使药物以恒定速率时间进入体内，起到长效、缓释的作用。研究结果显示，其能显著降低门脉高压（门静脉及脾静脉内径显著缩小、门静脉及脾静脉的血流速度明显加快，门静脉血流量明显下降），降低内毒素及血氨含量，升高补体 C3 含量，患者腹胀腹痛、胁痛、尿少、乏力、便秘及胃纳等症状均有明显改善。另外，中药"清肠合剂"保留灌肠对肝硬化轻微型脑病患者神经心理和神经生理的影响、肝性脑病改善程度、神志转清时间等情况均优于单用西药组；中药保留灌肠既可发挥整体调理之功，又可直达病处，在改善局部微循环、调整肠道菌群紊乱，清除代谢物质，预防继发感染等方面发挥着积极的作用。在同一患者的疾病发展过程中，亦能根据证型的变化，及时做出续贯治疗或药物更改变化，使"祛邪不伤正""扶正不留邪"的疗效得以延续。这一系列研究，中医特色鲜明、见解独到。中药脐部穴位贴敷结合现代透皮技术及中药"清肠合剂"保留灌肠结合现代灌肠技术、中药黄芪穴位注射是在中医"经气学说"理论指导下的产物。本成果具备科学性、先进性、实用性，体现了中医药现代化的特点，于 2014 年申报并获得浙江省中医药科技创新奖二等奖。由于成效显著，该成果在省内外多家医院推广应用。该成果集中体现了施维群中医治疗慢性肝病的核心理论思想，是其临床经验的集大成，确立了慢性肝病中医治疗的理论体系和诊疗规范。

　　大量的科研成果充分证明了施维群在慢性肝病治疗方面具有非常丰富的临床经验和理论创新。在慢性肝病调治方面，他提出辨体、辨证、辨病、辨时相结合，清补为主调整人体免疫功能，达到未病先防、既病防变、天人合一的目的。根据临床多年积累的经验，其开发的中医外治法，将"黄芪针穴位注射治疗乙肝免疫功能低下的患者""中药脐贴治疗臌胀""中药保留灌肠治疗肝性脑病""中药脐贴治疗肝硬化内毒素血症"等多种具有中医特色、疗效显著的方法用于慢性肝病的相关系列疾病及并发症的治疗，并在省内外得到验证和推广。他创造性地在乙肝肝硬化代偿期患者的中西医结合治疗上充分发挥中医特色，使用方便，价格低廉，疗效显著，安全性高，为在基层医疗单位的推广应用及产业化开发铺平了道路。关于慢性 HBV 携带者的治疗，施维群也颇有心得，摒弃以往不必治疗、治疗也无效的理念，以中药健脾补肾口服、中药注射液清热利湿静脉滴注及中药针剂穴位注射等组合拳方式，收到可喜疗效。他从事中医临床 45 年，对脾胃肝胆、肿瘤疾病进行内外兼治，注重培育脾肾之本，调畅肝肺升降气机兼顾化瘀、祛湿、利水、驱邪，具有丰富的临证经验和理论创新；他完成了大量的传承工作，为中药在慢性肝病的临床应用做出了巨大贡献。当前，施维群仍然工作于临床一线，并利用网络科技大数据发掘中医传承，从事浙江省中医流派沿革与继承创新工作，其工作状态和职业精神，后辈弟子无不叹服。

附　科研成果资料

多年来，施维群带领团队进行了大量的科学研究，以课题项目为支撑，发表了多篇研究论文，其研究成果获得省部级奖励 3 项，厅局级奖励 6 项，获得发明专利 2 项，举办国家级、省级继续教育项目多项。其中关于名老中医工作室的建设、名老中医学术经验传承的学术会议举办多次。团队中的成员也对施维群的学术思想及临证经验进行了系统整理及挖掘，申请了各类科研项目，发表了多篇相关论文。

1. 科研成果获奖情况

《HBV 感染者中医证型与扶正化瘀法、补肾健脾法研究》2016 年获浙江省科学技术进步奖三等奖。

《慢性肝病的中医规范化诊疗研究》2015 年获浙江省科学技术进步奖三等奖。

《肝硬化常见并发症中医外治法临床研究》2012 年获中华中医药学会科学技术奖三等奖。

《HBV 感染者中医证型与扶正化瘀法、补肾健脾法研究》2016 年获浙江省中医药科技创新奖二等奖。

《慢性肝病的中医诊疗规范化研究》2014 年获浙江省中医药科技创新奖二等奖。

《中医外治法治疗肝硬化并发症的临床成果》2011 年获浙江省中医药科技创新奖二等奖。

《芪灵合剂对慢乙肝对 Th17 细胞等免疫平衡再建作用研究》2016 年获浙江省中医药科技创新奖三等奖。

《中药脐部皮透防治肝硬化内毒素血症的临床研究》2009 年获浙江省医药科技创新奖三等奖。

《中药脐部皮透防治肝硬化内毒素血症的临床研究》2009 年获浙江省中医药科技创新奖三等奖。

2. 相关科研课题

国家科技"十一五"重大专项：慢性乙肝病毒携带者的证候规律及中医药治疗方案研究。

国家科技"十二五"重大专项：慢性乙肝病毒携带者中医综合干预方案研究。

浙江省中医药重点研究计划：芪灵合剂对慢乙肝 Th17 细胞等免疫平衡再建作用研究。

浙江省中医药管理局项目：慢性肝病的中医诊疗规范化研究。

浙江省中医药管理局项目：中药脐部贴敷对肝硬化门脉高压血流动力学的影响。

浙江省中医药科研基金项目：中药清肠合剂保留灌肠治疗肝硬化轻微型肝性脑病的临床研究。

浙江省卫生厅课题：中药脐部皮透防治肝硬化内毒素血症的临床研究。

（孟庆宇）

第六章

桃李天下

第一节　学术思想广传人

一、我与施维群老师的师生情

我与施维群老师的师生情从 2005 年开始，多年来，已经形成了亦师亦友的深厚情谊。

（一）情缘初起学品质

2005 年，我本科毕业于陕西中医学院，由于大学时期经历了非典疫情，于是对传染病非常感兴趣，故在考硕士研究生时报考了传染病（肝病）专业并于 2005 年 9 月考入浙江中医药大学，有幸师从施老师。

我依然清晰记得初见施老师的场景，2005 年 3 月的一天，我来到浙江中医药大学附属第二医院，见到了施老师，我发现施老师和想象中的导师完全不一样，他看起来非常年轻，声如洪钟，底气十足，思维敏捷，雷厉风行，同时又和蔼可亲，风趣幽默。我在参加完硕士研究生面试，确定被录取后，施老师就开始指导我今后三年的学业，盼望我尽早进入研究生角色。临走前，施老师赠予我一本《临床肝胆病》，希望在入学前就开始翻阅，常常赠书也是施老师对每位学生的惯例，希望他们能踏实读书、认真做学问。

2005 年 8 月，我第一次目睹了施老师主办的第二届"中西医结合抗肝纤维化论坛"的全过程，是我难得的一次学习机会，提前开始了我的研究生生涯。当时学校还未开学，宿舍不能入住，于是施老师想办法为我解决了住宿问题，

148

还把自己的饭卡给了我，这样吃住问题就解决了。那段日子，在施老师和蔡师姐的带领下，我参与了学术论坛的筹办，在学术会议成功举办之中，我体会到了施老师超人的精力和统揽全局的能力，以及高标准、严要求的做事风格。

2005 年 9 月开学后，平时周一到周五我在学校上课，周末休息。施老师要求我们研究生利用周末来医院实习，这样能更好地把理论知识和临床实践结合起来，也能尽快地进入临床医生的角色。一年下来，我的理论和临床实践都进步了许多，感受到了施老师的深刻用意。

2006 年，我在研究生二年级开始就要进临床了，考虑到学校到医院距离太远，施老师想尽各种办法在医院附近的高校里帮我找了一间宿舍，这样就不用每天长途奔波，也可以节省精力用在学业上。就连过年回家的火车票，施老师也是十分操心，甚至帮忙买票。

施老师对我的要求是高而严的。一方面，作为医生，临床实践能力一定要过硬；同时，作为研究生，也要开始学着如何做科研。在研究生学业的后两年里，我分别跟师过肝病科的很多老师，学习体会到了每位老师的临床经验和不同的临床风格。施老师要求大家每天早上至少提前 10 分钟到达科里，交班前先把自己负责的患者病情了解一遍，比如前一天的尿量、体温等。施老师对病历的要求非常严格，从内容到格式、字体，都要求一丝不苟，他也不时地突击检查病历质量。那时候还是手写病历，每次夜班时，我都按施老师的要求认真书写病历、查看病历到深夜。施老师对待每位患者及其家属都和蔼可亲，查房时氛围轻松，这样能给患者减少很多心理负担。在临床上，施老师常常叮嘱：决不能把中医给丢了。我想他是有感于当时日益西化的中医教育吧。

在临床实践的过程当中，科学研究也要同时进行，施老师从一开始就培养我的科研意识和思路，比如如何检索文献、阅读文献、吸收文献，再转化为自己的知识或灵感。那时候的网络远没有现在发达，网购也未兴起，有时候查文献要很久。我还清晰记得有一天中午，利用休息时间，施老师带着我跑到其他医院的图书馆查资料、借书，这种孜孜不倦、求真务实的精神深深感染着每位学生。

我的课题是"中医药外治法对肝硬化相关并发症（如门静脉高压、内毒素血症）的影响"。当时医院还不能检测血内毒素、血氨，施老师联系落实好其他可以检测的单位，每次收到样本，我就很早来到医院，坐上公交去送样本，为的是不影响检测结果。在中医药外治法的药物制备过程中，施老师又带着我去相关制备单位，了解制备过程、工艺等，每一个环节都对我严格要求。课题虽然做得辛苦，但收获了好的研究结果，最终获益的还是每一位患者。

进入研究生阶段后，各种科研相关的任务非常多，时常要撰写标书、阅读分析文献，平时时间不够，施老师便利用晚上或周末的时间召集大家去他家里讨论。师母为学生们做了可口的饭菜，我们在学习工作之余，还能改善下伙食，真是累并快乐着。

在从师过程中，我还多次目睹施老师拒收红包的情形，他大医精诚的医德医风始终如一，时常教导我要以患者为中心，医者仁心。有时家属忙着照顾患者，来不及吃饭，施老师还会用自己的饭卡给家属们买饭，家属和学生们看在眼里，记在心里，真的非常感动。

作为科主任，施老师总是为科室其他人着想，每逢元旦、春节、五一、国庆等法定假日，施老师总是放弃自己的休息时间，身兼病房和门诊值班，让科里其他医生可以和家人团聚，自己在病房陪患者过节。我曾记得 2008 年 8 月 8 日，本来是我值班，那天恰逢是北京奥运会开幕，于是施老师对我说："你回家看直播吧，今晚我值班。"法定节假日主任值班，已经成为施老师数十年一贯的模式。

（二）临床跟师悟真知

施老师博览群书、学贯中西，中医功底非常深厚，他时常叮嘱我要时时学习、处处实践，他也常常跟我谈起他幼时的跟师从医之路，如何晨起朗读中医经典、晚上挑灯钻研医案，他进临床、进药房、上山采识中草药；跟不同的中医大家临证，博采众长，施老师凭借丰富扎实的中医研学之路演化而来的一张张处方，常常尽显神效。

2005 年，当时的乙肝抗病毒治疗还没有像现在这么普及并被患者接受，乙肝病毒的感染率依旧较高，门诊及病房有大量危重、疑难的慢性肝病患者。每次跟施老师门诊，他都会提前半小时开始，中午很晚才结束，为的是能让每位患者得到充分仔细的诊疗。当时肝硬化及其相关并发症出现的患者非常多，如顽固性腹水、内毒素血症、肝性脑病、消化道出血等都是常遇到的危重疑难杂症，施老师利用其多年深厚的中医临床功底，自拟出了许多行之有效的中医药经验方。

有一位患者我至今记忆犹新。某年冬天临近春节前，从基层医院转诊来一位乙肝肝硬化失代偿期、急性肝衰竭的老奶奶，70多岁，高胆红素血症（总胆红素425μmol/L），来的时候已经出现肝性脑病了，时而胡言乱语，时而嗜睡，家属非常着急，基层医院又束手无策，建议行人工肝治疗，但患者家庭经济条件非常差，根本负担不起人工肝高昂的费用。住院后，施老师非常重视这位老奶奶，马上到病床边诊查，认为患者热毒上扰神明，湿热蕴毒，然后予以中药"清肠合剂"保留灌肠，同时予以清热利湿、开窍醒神兼顾护胃气的中药口服。服5剂药，老奶奶的小便颜色就变淡了，神志也明显清醒了好多。10天后，老奶奶的病情已稳定许多，家人可以安心地陪着她过年了。

施老师也是浙江省内最早开展妊娠肝病诊治的专家。妊娠肝病不仅常见，而且对孕妇、胎儿的危害都非常巨大，由于诊治过程中要兼顾孕妇和胎儿的安全，所以存在各种高风险，因此这是一个不被重视且没人愿意触碰的疾病。有一年夏天，施老师接到一个求助电话，是一位省内知名大医院的科主任打来的，想转来一位妊娠重症肝炎患者。我清晰地记得，120急救车上初次见到这位患者的样子，她挺着即将足月的大肚子，全身皮肤高度黄染，人也非常疲弱，问了病史，原来是一位来杭州打工的夫妻，孕妇有乙肝肝硬化，但是她平时从来不去体检，也没有正规治疗过，而且怀孕后也没有按时产检。入院时患者病情危重，施老师立即向医院汇报，召集妇产科、重症医学科等相关科室会诊，晚上连夜剖宫产，施老师亲自进入手术室"保驾"，可惜胎儿在宫内已经死亡，还好产妇保住了。后来施老师为这位产妇精心诊治，中草药内外兼施，慢慢地就康复了。患者本人及家属都非常感激施老师勇于担当、医术高超的救命之恩。

（三）传承创新

施老师作为科主任，很大一部分精力要为科室的创新发展谋划蓝图。2007年，当时医院组织几个有实力的科室准备申报国家中医药管理局的重点专科。这是一项巨大的工程，方方面面的材料都要准备齐全，每天除了正常的工作，施老师还要带领全科人员加班加点整理资料，挖掘亮点，撰写申报书。终于肝病科成功地获得了国家中医药管理局"十一五"重点专科建设单位批文，这是医院首批国家级的重点专科，无疑为科室的可持续发展插上了腾飞的翅膀。通过这次申报，我深感施老师的担当及责任，为了科室的发展，施老师付出了无数的精力和智慧。

浙江中医临床名家·施维群

毕业后，我留在科室工作。这时国家重点专科的建设正式开始了，全国肝病科有 30 多家单位入选，牵头组长单位召集大家展开了一轮又一轮的优势病种诊疗方案、临床路径的论证和制定。通过对全国中医药特色治疗方案的挖掘，最终由施老师多年诊治经验总结而来的两项特色治疗方案入选了全国的诊疗方案，后来也进入了浙江省第二批中西医结合诊疗方案中。我在施老师的带领下多次参加工作会议，领略到了全国各地的诊疗特色，同时也把浙江的特色推广到全国。

2008 年，施老师带领团队参与了国家"十一五"重大专项，做的是乙肝表面抗原携带者的相关研究，是浙江唯一的分中心，这个项目历时 4 年，包括前期的流行病调查，后期入组患者的干预及随访。为此，施老师提议，由我负责此项目的实施。为了让更多的携带者可以来参加调查，了解我国乙肝病毒携带者的现状，施老师想尽各种办法宣传，如海报、报纸、网络等。同时基层也有些医院想参与进来，于是便设立了分中心。施老师时常带着我奔赴各地去讲解课题的实施方案，在课题研究的过程中，施老师也常亲自去各个分中心督查，为的是保证项目的顺利实施。我看到施老师如此的严谨和敬业，深受鼓舞和启发。

2011 年，施老师当选为浙江省中医药学会肝病分会主任委员，重任在肩，实干在先，每年分会的工作活动计划、学术年会、下基层、义诊扶贫、科普等都是由施老师精心计划和安排的，每次学术年会，施老师都精益求精、善于创新，我和一众师弟师妹们从中得到了组织能力和学术水平的提高。在施老师的带领下，学生们个个都成了办会高手。施老师在肝病分会主任委员的任上为浙江中医肝病的传承和发展做出了重大贡献，肝病分会也多次获得省级优秀分会的荣誉。

名老中医学术经验及学术流派的传承，对中医药事业具有重大的战略意义。2016 年，施老师又在浙江省中医药学会领导的大力支持下开始筹建浙江省中医药学会名老中医经验与学术流派传承分会。如何保护继承好名老中医的学术经验并发扬光大？施老师在筹建前期做了大量的调研、整理工作。我也在他的带领下全程参与了分会的筹建，一次次的筹备会议、委员的遴选、学术年会的召开、专家的邀请等，最终在 2018 年 5 月，分会正式成立。施老师被选举为主任委员，我和师弟陆增生担任秘书。在未来的几年里，我们将继续在施老师的带领下为浙江省中医药传承发展而努力。

2017 年底，施老师入选国家中医药管理局第六批全国老中医药专家学术经验继承工作指导老师，我有幸成为学术经验继承人。2017 年年底，浙江省中医药管理局公布了省名老中医专家传承工作室的名单，施老师的工作室也有幸在列，我是工作室的负责人。两项重任在肩，我将在施老师的带领和指导下继续努力学习中医、传承中医、建设好工作室。

多年来，施老师既像长者又像朋友，我已经和施老师成为亦师亦友的关系了。无论在求学阶段还是在工作以后，施老师都会时时在人生观、事业观、家庭观等全方位关心教导我，他时常提醒我多看书、勤临床、善思考。鼓励我多写学术论文，总结临床经验，同时也要把好的点子转化为科研项目进行研究，最终应用于临床，造福患者。正所谓一日为师，终身为父，我作为学生能和施老师结缘是最幸福的事了。

（倪 伟）

二、"施"遇之恩，诲我成长

（一）与"施"结缘

第一次遇见施老师是在研究生复试期间。由于我是毕业 8 年后才考研，信息相当闭塞，根本不知道复试前要先找导师，直到复试前一天晚上才到，加上又是第一次来到浙江中医药大学，人生地不熟，导致我在复试时特别紧张。在等待过程中，我看到一个戴着眼镜、背个斜挎包、迈着充满活力步伐的老师，他朝我们笑了一下，进了第二临床医学院复试的会议室（后来面试结束后才知道是施老师）。等叫到我名字进会议室的时候，真巧，施老师就在我所在的面试组（当时那个会议室有好多组面试同时进行）。在我面试的时候，因为紧张怯场，抽到问题后不知道怎么回答，就突然愣住了，这时耳边响起了施老师的声音，我抬头一看，那么和蔼可亲！施老师问我："你家是江苏连云港的啊，那个地方我去过。"瞬间感觉紧张的情绪缓解好多。因当时选择的专业竞争很激烈，由于信息的缺失，复试结束后，我发现成绩不是很理想，心想着白来一趟了，在准备走出学校的时候接到了一位老师的电话，让我回到复试的地方，回去一看，竟然是施老师。他劝我选择肝病专业当他的学生，因为从我身上看到了他成长的部分缩影，深知求学之不易，又给我讲了专业优势，分析就业形势，减缓了我对传染病的恐惧，最后还给我时间考虑，让我在第二天中午 12 点前答复他。就这样，缘分使我成了施老师的学生，改变了我的人生道路。

（二）严谨治学

复试完成后，施老师要求我回去之前去找他一下，他说考研结束是另一段学习的开始，不能放松，要我先买骆抗先编写的《乙型肝炎基础与临床》一书，要求在开学前先读一遍，对肝病领域最常见的慢性乙型肝炎进行了解。开学后不久，施老师就对论文的书写提出了要求，让我早做准备。他外出参加学术讲座都会带上我们，为我们增加学习的机会。他指导我对论文和演讲稿进行了多次修改，期间有严厉的批评，也有和善的鼓励。有一次在写课题标书的时候，我遭到施老师反复退改十来次，对于其中某些学术观点的质疑，让我分析其可行性，要求我注重结合临床；对于文章中标点符号的错误，施老师告诫我细节决定成败。

施老师自己坚持不断学习，平时经常分享最新进展给学生们，如临床指南、专家共识，并对其中的观点结合自己丰富的临床经验进行点评；他对中医临床经典不断研读，如在浙江中医药学会公众号发表读《黄帝内经》的体会；他积极参加学术会议，经常在会场上看到其聚精会神的背影，比年轻人还认真；若在临床上遇到其他专业领域的问题，施老师也是记下来查资料或虚心请教别人。

由于施老师担任了浙江省中医药学会肝病分会主任委员、名老中医经验与学术流派传承分会主任委员，每年都会举办学术年会，他在学术年会的前两个月就开始了策划，对授课专家的选定、专家行程的确定、专家授课内容、专家的接送、会议酒店的选择、会场的提前查看、桌签的设计、参会代表住宿安排等所有工作都要了如指掌，并对我们提供的方案细节问题反复推敲。在对比参加其他会议时见到的不足点后，让我体会到了老师的认真严谨。

（三）亦师亦友

施老师不仅是一位严师，生活上俨然像一位慈父，对学生的关心无微不至。当我作为研究生刚入学的时候，施老师怕我们对新环境不适应，经常了解我们在学校的生活情况，指导我们如何从学生角色转变到工作角色，叮嘱有困难可以找他帮忙。在施老师身边这么多年，除了专业知识，其他方面我也学了很多。在他对他的父母照顾中体会到了孝，给我树立了榜样；在他跟患者交流过程中，我感受到了他对患者的赤诚之心，为我反复上着医德教育课；在他跟朋友交流过程中，我看到了真诚，成为我言传身教的表率。他身体力行地诠释了"身体是革命的本钱"这句话，对待运动（坚持游泳、健步走）态度认真，每天展现出的精气神深深折服了我，还让我制定每天的运动计划。由于我性格内向，施老师让我拓宽视野，为我提供与人交流的机会，教会我遇到困难应对的方式与态度，使我增强了自信。

（四）砥砺前行

我毕业后进入了浙江省立同德医院感染科工作，作为一名临床医生，我需要不断提高自己的业务水平，当我遇到疑难病例时，会不断请教施老师。有一年，我遇到一位中年男性患者，其既往有"慢性乙型肝炎"病史，曾予普通干扰素、恩替卡韦抗病毒治疗，定期 6 个月复查 1 次，肝功能一直正常，最近一次复查，肝功能亦正常。该患者因反复胁痛就诊，之前曾于多家医院就诊，西医医院检查结果未见明显异常，故告知定期复查即可；其在某医院中医科就诊时，予柴胡疏肝散加减，初期显效，后又恢复如初。此案例让我比较困惑的是，为何病情好转后又反复，遂请教施老师。施老师详细讲述了胁痛的病因病机，以及如何辨证施治。然后要求我详细分析病史，分析到患者因父亲患"乙肝肝硬化失代偿"去世而非常担心自己发展成肝硬化、肝癌；另外，患者虽平素忌酒，但喜进食肉类食物，尤其是野味。他指出，患者不仅仅只存在肝气郁结。施老师没有直接帮我开出处方，而是让我先开处方，然后指出存在的问题，并加以修正。经过老师的指点，我对该患者的诊治取得了满意疗效。

在施老师的帮助和鼓励下，我毕业后取得了些许成绩，获得了诸多荣誉。施老师的精神永远激励我，使我不畏艰辛，不断前行，感恩老师！

（陆增生）

三、不得不说的"坏"话

刚接到师兄的电话让我写跟随施老师生活学习的经历，作为十几位学生之一，其实我的成绩并不突出。当我收到邀请时，甚是觉得有点羞愧。我叫何创，自幼奋发读书，不负父母的期望，高考后选择了学医这条神圣而又漫

浙江中医临床名家·施维群

长的道路。2011 年，我于长春中医药大学本科毕业，选择继续读研，拜读于施老师门下。我现在工作于海南省中医院脾胃肝病科，目前是国家中医药管理局"十二五"重点临床专科肝病科的秘书，兼任海南省中医药学会中医肝病专业委员会秘书、脾胃病专业委员会委员，参编了《脂肪肝中西医实用手册》，获得省部级科技奖项 2 项，发表论文近 10 篇。静下心来细细回想，与老师的情感是很浓厚的，老师对我的医学及人生之路的影响是巨大的。与老师的那些琐碎小事，有不得不说的"坏"话。

（一）"坏"话一：请君入"坑"

2011 年，就要本科毕业的我选择了考研继续深造，一则逃避医学本科就业难的处境，二则继续提升自己的临床及科研能力。当时我报考了南京中医药大学热门的中医消化专业，因报考人数较多，学校通知我被调剂到中医基础专业，我并没有去，而是选择调剂到"上有天堂，下有苏杭"的浙江中医药大学。还记得当年复试，我依然报了消化专业，出奇的是大家都对消化情有独钟，众人过独木桥，故而落水者颇多，而我再次"落水"。面试完当晚，我接到一个电话，是施老师打来的，施老师是当时面试主考官之一。电话里，老师声音浑厚有磁性（半年后的科室聚会我认识到老师是个唱歌好手），有意收我作他的研究生，约我第二天去他的办公室面谈。难得命运再给我一次机会，第二天我来到了施老师的办公室。肝病科在一个不起眼的五层楼的二楼。老师的办公室更是在一个不起眼的角落，那是一个四平米的小办公室。施老师很随和，看到我就笑着对我说："来了，请坐！"刚开始我是比较介意从事传染病方向的，对于普通人来说，可谓谈"肝"色变，对于刚刚本科毕业的我，还是有点纠结。但是我纠结的心情早就被施老师识破，施老师笑着对我说："我知道你在担心什么，学医本身就是耗时、耗力、耗神的工作，是一个'大坑'，没有大医精诚及无私奉献的精神支撑，只会在这个'坑'里越陷越深。肝病目前确实以病毒性肝炎为主，但是我从医 30 多年，自己及科室成员从来没有因此而出现被感染的情况，只要平时做到规范诊治和操作是没有任何影响的。我知道你喜欢消化，《金匮要略》有言'见肝之病，知肝传脾，当先实脾'，其实就医学上来讲，脾胃肝胆是不分家的，更何况是中医。未来肝病的趋势是随着疫苗的普及，以及饮食结构的改变，病毒性肝炎发病率下降，脂肪肝、酒精肝、药物肝会逐年递增。"由此打消了我心中的顾虑，我也慢慢地喜欢上这个专业，每当看到乙肝、丙肝患者因亲戚朋友的偏见而被疏远，甚至被歧视，就为他们感到怜惜和愤愤不平；看到施老师及科室医务者对患者的妙手回春和心理疏导而感到敬佩。我也由此入了"坑"，结识了施老师的医疗团队。每当被自己医治好的患者笑着道一声"谢谢"时，我也倍感自豪，内心也感谢施老师的引领。同时也佩服施老师的高瞻远瞩，正如他所说，疾病谱也因生活饮食结构及疫苗的广泛使用而发生变化。

（二）"坏"话二：劈头盖脸大骂

那是 2012 年秋天，当时我跟我的同门陆增生负责施老师的一个课题的流式细胞检测。一天，施老师把我单独叫到办公室，劈头盖脸地大骂了我一顿，因为实验员早晨巡查时，发现实验室储放试剂的冰箱门未关紧，导致冰箱异常工作，内部结冰，产热过多。老师一点情面也没留，严厉训斥了我，我是最后一个离开实验室的，当时自己觉得有点委屈，因为这不是自己有意为之，虽说是一时疏忽，但也不至于被这么严厉批评。但是当我跟冰箱维修人员去确认冰箱的损坏情况时，维修员说，虽然这次损坏程度不严重，只要断电静放除冰一天就可以正常工作。但是他也告知因冰箱产热过度而引发火灾的事件，我才意识到问题的严重性，更何况实验室在医院楼，一旦发生火灾，后果不堪设想。后来师兄告诉我，这次损坏的试剂（包括其他实验员的试剂）都是老师自己掏钱赔付的。自此以后，我时刻谨记这次事件，做事更加认真，丝毫不敢马虎，不能因为一时疏忽而逃避自己的过错。此后也正是因为我工作办事认真，得到了医院及同事们的认同。

（三）"坏"话三：每天必发心灵鸡汤

随着智能手机的普及，人人都发微信、刷微博。施老师也是我认识的一批比较早接触微信的年近花甲之人，那时候好多中年人甚至都不懂得使用微信、微博，大家都说施老师是一个"赶时髦"的老青年。现在，施老师每天晚上都会在他所在的微信群转发新华社《夜读》中关于生活哲理的文章。我们有时候会私底下说笑，说施老师又发心灵"毒"鸡汤喽。而实际上，大家都是敬佩和感谢施老师的，我就是其中一个！施老师，每晚 10～12 点准时转发《夜读》，就算碰到他晚上有事忙，也会坚持每天转发，这是一种坚持不懈、持之以恒的精神。比如施老师坚持每天早晨步行 30 分钟到医院，坚持交班前到病房巡视一遍，坚持每周游泳锻炼。而他转发的《夜读》都是讲述积极进取的人生哲学，现在我也习惯于每天晚上睡前听一听，并且收藏了许多对自己有帮助的文章。"生活中没有什么一劳永逸，只有坚持不懈的努力，才能自我成长，成为一个更加优秀的自己"，这出自其中的一篇文章，施老师正是在不懈努力，成为一个更加优秀的自己。

（四）"坏"话四：制造"麻烦"

在大家眼里，施老师是个大忙人，当他还是科主任的时候，大家每天看他忙碌或许觉得很正常。《钱江日报》还曾专门报道了这位大忙人，称他为"风火哥"。他喜欢制造"麻烦"，给自己找"麻烦"，给我们学生添加"麻烦"。如今的他虽然已经卸任科室主任，但是他还是像以往一样忙碌，他推动了浙江省中医药学会名老中医经验与学术流派传承分会的成立。作为主任委员，他不遗余力地推动分会的发展。施老师经常奔波于全国各地进行会议、出诊、宣讲，他在多地成立名中医工作室分站点，帮扶基层医疗单位。施老师也时常给我们添加"麻烦"，尤其是给我带来的"麻烦"。2015 年 5 月，施老师正式受聘为海南省中医院外聘专家，成立海南省中医院施维群名中医工作室海南分站，而我当选分站的秘书，负责施老师往返浙琼的联系人及日常讲座、查房、出诊的安排。虽说本身临床任务繁重，还要花精力和时间安排施老师来琼的相关事宜，但是施老师带来的"麻烦"让我有了再续师生情缘的机会，让我有了比其他师兄弟更多的机会跟随老师学习临证经验，了解他的学术思想，以及学习他为人处世的能力，这对我帮助很大。施老师在治疗慢性肝病方面，针对慢性乙肝携带者及慢性乙肝免疫耐受期的患者，他认为此病可辨之证虽不明显，但可以从患者体质证候入手，以阴阳平衡、气血调和为治则。针对慢性肝病患者，他在辨证施治的基础上，治以疏肝健脾和胃、滋水涵木、通补兼施、升降相宜；针对肝纤维化、肝硬化、肝癌患者，施老师认为，该类患者处于肝病终末期，其体质多虚多瘀，因此在治疗时除了健脾养肝外，养血活血也必不可少。当然，施老师除了专攻肝病外，其对于疑难杂病的治疗也是药到病除。他善于把握疾病的转归及中药药性特点，注重固护胃气，用方平和、攻补兼施、补而不滞，调畅气机和三焦。海南地属南方，处于亚热带，气候多潮湿，我把施老师的这些临证经验应用于临床，也每有收获。

施老师也时常督促我们学生编书、发表论文，参与会议投稿和申报课题，虽然这使我们在工作之余更加忙碌，但在潜移默化中促进了我们的成长。

记得最近一次，在一周的时间内，施老师奔波于国内外四个城市参加会议，这期间还要倒时差，指导学生写作、开题等，我就问老师："您退休了还这么辛苦，是为了什么？"施老师说："战胜自己，就是战胜贪图安逸，战胜散漫懈怠，战胜每一个可能让你止步不前的诱惑和舒适区。你师母也常说我，但是忙碌这么多年了，就养成了习惯，就成了自然而然的事了。"施老师退休了仍在追梦的路上，我们这些年轻一代更应该朝气蓬勃，奋发图强！

百年桃李绽天下，千古红烛照人间。岁寒而知苍柏不凋，风劲方看雪梅怒傲。施老师对待学生呕心沥血，以渊博知识授业解惑，以至诚之德泽润学子。为师者仍不懈奋斗、勤学不辍、精教不止，我等晚辈更应不负寄托，青出于蓝而胜于蓝。

（何 创）

四、医学路、师生情

我叫李剑霜，是一位来自贵州大山的白族小伙，从小即梦想展翅遨游，志在远方。如今，我工作在浙江省金华市中心医院传统医学中心。2017年，在金华市文化中心，伴随着古筝曲，我手捧香茶，敬奉跪拜，有幸拜于恩师施维群门下，成为金华市第二批名老中医学术经验继承人，虽然这不是我们的初识，却是我和老师情缘的开始。

谈及我的医学路，要从我的父亲说起，我的父亲是一名内科大夫，也是共产党员。父亲年少时拜师学艺，后自修医学文凭，经过层层考试进入国家工作岗位，一干就是几十年，父亲的兢兢业业和严谨细致的工作作风、生活态度深深地感染了我。从小父亲就教我背诵"百家姓""三字经"，有时教我背诵几首"汤头歌诀"或是认识几味中药，父亲的言传身教给我留下了不可磨灭的印记，由于父亲医术高明，医德高尚，深受人们的爱戴和尊敬，基于这样的影响，我带着好奇和坚定的信念，走进了梦想的医学殿堂。

在我学医的道路上有许多难以报答的恩师，硕士研究生导师陈芝芸就是其中一位。在陈老师门下，我有缘结识了施老师，那年我毕业论文评审时，在陈老师的嘱咐下，我前去拜访施老师。此时正值施老师上班时间，我到达施老师门诊时，他还在不停地接诊。我带着忐忑的心情说明来意，施老师接过我的论文，脸上浮现出了笑容，亲切地对我说："你放心，我一定抽空在规定时间内给你完成。"简短道别后，结束了我们的第一次见面，但是就这短暂的接触给我留下了深刻的印象。施老师为人和善，易于亲近，他和善的笑容、亲切的话语，一下就使我忐忑的心情得到了缓解。由于我毕业后踏上如今的工作岗位，也没有了和施老师接触的机会。

有道是有缘人总会相遇，2016年，金华市卫生和计划生育委员会举办金华市第二批名老中医学术继承人招生考试，在众多的带教老师中，我第一眼就看见了施维群老师的名字，倍感兴奋，就毫不犹豫地报名参加了考试。功夫不负有心人，在激烈的角逐中，我顺利通过笔试、面试。在此期间，我的硕士研究生导师陈芝芸教授多次致电施老师，希望我能成为施老师的师承弟子，盼我们能结成师徒情缘，当时施老师亦是爽快答应："只要通过考核，一定像自己孩子一样对待，一定毫无保留地传授知识。"终于，2017年3月15日，在金华市文化中心，我向施老师敬奉香茶，行跪拜礼，正式拜于其门下，从此开启了跟师学习之路，师生情也由此启程。

施老师的门诊患者虽说以肝胆脾胃病居多，但老师临床经验颇丰，疗效确切，涉猎面甚广，加之患者的口口相传，门诊求医者中不乏疑难杂症患者。故而，我在门诊能见识到不少临床少见病、疑难病，可谓收获满满。记得有一次，在缙云中医院，门诊来了一位50多岁的妇人，她开口即抽泣，话语哽咽。该患者双睑下垂、闭合无力，眼球活动障碍，说话带鼻音及声音嘶哑、咽下困难。患者言其吃东西时是很小心的，因为其父当年就是和她一样的症状，因为过年时高兴，吃了一块年糕，结果没咽下去，就这样离开了人世，在举国欢庆的日子，他们家却沉浸在无限的悲痛中。患者情绪几度失控，难以叙说。更加痛苦的是，其妹妹亦出现了和她一样的症状，可谓雪上加霜。施老师在听完患者的讲述，看完患者的资料后，轻声细语地安抚患者，平复患者心情。耐心地给我们及患者解释疾病情况，此病属眼咽型肌营养不良症，临床少见，曾被称为"进行性核性眼咽肌麻痹"，属于进行性肌营养不良症中眼肌型的一种变异。此病具有明显的家族遗传倾向，为常染色体显性遗传，偶有常染色体隐性遗传。与中医"痿证"相似，中医辨证可分为肺热津伤、湿热浸淫、脾胃虚弱、肝肾亏损、脉络瘀阻等。本病是一种慢性重症，病机涉及多脏，所以治疗上不能拘泥于上述症状。这位患者的脏腑、阴阳、气血、津液肯定亏损，故而在调理脾胃、补益肝肾的同时，一定要调理情志，情志顺畅了，肝气疏泄了，脾胃运化了，诸症即可渐除，患者听后喜出望外，觉得自己碰到了救星，感觉一切都有了希望。这也是我临床第一次碰到这样的患者，给我留下了极为深刻的印象，也让我认识到了中医的博大精深和学海无涯。在跟老师学习的过程中，我的另一个体会是，老师勤求古训、博采众长，开方遣药有据可寻，四诊讲解通俗易懂，病证分析令人信服。他在诊后交流中，谦逊和蔼，胸怀大度，既愿意将自己经验分享，又愿意接受学生的意见和新知。

和施老师一起的岁月，总会留下一些难忘的瞬间，记得我们一起到台州参加浙江省中医药学会感染病及肝病学术年会，会议结束后需从台州到温州坐高铁各自回家。可不巧，那天这条线上所有列车都晚点，滞留旅客较多，当施老师好不容易检票进站后，发现列车就要出发了，我见他迅速把单肩挎的双肩包在双肩背好，动作极其熟练，并迅即在月台上奔跑起来，其矫健的身躯和他的实际年龄根本不符。看着他穿梭在人群中的身影，我顿时倍感心痛，一位年过半百的老人，为了人民的健康，为了祖国医学知识的传播，不分昼夜地奔走于全国各地，实属不易。由于滞留旅客实在太多，老师还是未能踏上回家的列车。幸好，我和老师是同一个方向，我招呼他："老师，你坐我们这趟车吧。"上车后，我将座位留给了老师，我则倚靠在他的座位旁。一阵小跑后，看得出他有些劳累，但施老师没有一点怨言，还开始和我谈起这些年他出差时遇到的列车及飞机晚点的事件，他说有一次，飞机晚点 24 小时，让人焦急的是，机场也不知道飞机会几点起飞，只是不停地告诉你"请耐心等待"，结果整整等了一天。在那样紧张焦急的状态下，老师说他居然掉下了一颗肾结石，在那一刻，他阴霾的心情豁然开朗了。谈及此事，老师露出了儿童般的笑容，显得无比开心，他说可能就是因为那种紧张急迫的状态，才能把体内结石给逼迫出来。通过这一次交流，又拉近了我们的距离，似是老友叙旧，这也许就是所谓的良师益友吧。

施老师给我们所有人的印象，是他永远有使不完的劲，永远有用不完的力气。他每天忙碌于门诊、会诊、义诊、讲学、授课。施老师省内外、国内外到处奔波，将自己的经验不停地传播分享，毫无保留；另外，施老师是一个有坚韧不拔意志的人，他每天坚持步行运动，风雨无阻，每天坚持分享《夜读》，从不间断，定时推送；再者，老师还是一位慈祥的家长，和他在一起的日子，总能听到他念叨家里人，他待学生也如同子女，他会主动了解每个学生的家庭情况，掌握学生的求学经历，针对每位学生的专长特点，有侧重地培养。

　　我在求学期间和老师出差，有幸与其同寝卧谈也是一件幸事。记得有一次，我和老师到兰溪市中医院出诊，我和老师被安排在标准间，我发现施老师生活极其规律，入住后烧水、换衣服、换鞋、洗漱，每件事情都有条不紊、不拖拉不磨蹭。难能可贵的是，在退房时，他会将用过的物品摆放好后才离开，这些生活细节足以体现其做事的态度。卧谈是必不可少的环节，先是拉家常，说说我的女儿、谈谈他的外孙女。后来，施老师聊起他当科主任时的一些工作经历和经验，他说担任科主任期间，他总是第一个到科室，第一个查完病房，第一时间掌握患者信息，之后利用 10 ～ 20 分钟的时间浏览一下报刊杂志或是期刊文献。即使周末，他都会利用晨练或散步的时间来科室看看，令我对他的执着和敬业由衷佩服。

　　跋涉人生长河，总有许多令人珍惜的缘分，师生之情更是令人难以忘怀。每次和施老师相处，都会给我心灵的撞击，在未来的道路上，我将努力维续这份情缘，努力学习，以继承恩师学术经验，使之薪火相传，同时不断提高我的医学水平，努力成为一名德才兼备的医务工作者。

（李剑霜）

五、撞入医门，幸遇恩师

　　我叫李跃文，目前是浙江省金华市中医医院内镜室主任，同时也在脾胃、肝病科工作。2017 年，经过层层选拔，有幸拜于恩师施维群门下。

　　谈及我的医学路，要从我的姑父说起，我的姑父是一名转业军医，也是共产党员。姑父文化程度不高，但做事认真、吃苦耐劳，年少时拜师学艺，大概最早的初衷是为了生计吧，姑父的兢兢业业和严谨细致的工作作风、生活态度深深地感染了我。我小时候家境不怎么好，看姑父行医生活不错，所以也发誓努力读书学医，有了走出农村的想法。

　　走在医学道路上的我遇到过许多难题。2013 年，我在上海进修时遇到 ERCP 顶尖专家龚彪老师，他精湛的技术治愈了很多患者。但同时，我也看到许多患者有症状反复的情况；另外，我在任金华市肿瘤委员期间，接触到了不少肿瘤患者，治疗效果不佳。西医不能解决的问题，中医有好办法吗？我萌生了这样的想法，之后便一直苦苦寻觅，希望遇到一位好老师，但几年

浙江中医临床名家·施维群

来都未曾遇到。

正当我为此苦恼之时，缘分突然"砸"到了我。2016年，我参加了金华市卫生和计划生育委员会举办的金华市第二批名老中医学术继承人招生考试，我经过努力，顺利通过笔试和面试。于2017年3月15日，在金华市文化中心，我向施老师奉茶，行跪拜礼后，正式成为"施门"弟子，由此开启了师徒之缘。

施老师的门诊患者中以肝胆脾胃疾病居多，这与我所学专业非常对口，老师临床经验颇丰，疗效确切，涉猎面甚广，加之患者的口口相传，前来门诊的患者中不乏一些疑难杂症患者。在门诊能学到不少临床少见病、疑难病，可谓收获满满，在跟师的过程中，给我最大的体会是：老师师古而不泥古，在跟师抄方时，常遇到年轻的脂肪肝患者，施老师除了嘱其运动调整饮食外，还根据辨证施以中药调治。而为了提高这些"白领"的服药依从性，老师将中药制成"袋泡茶"。在治疗肝硬化腹水患者时，老师有时还会运用中药内服联合外用脐敷相结合，均有良好的临床疗效。

和施老师接触久了，总有一些感动而难忘的瞬间。记得有一次，门诊接待了一位重症肌无力的患者，患者情绪特别低落，由于疾病使她不愿意跟外界接触，喜欢一个人独处，甚至有自杀的念头，此时老师不是一味地治疗，而是与患者拉起了家常，患者在老师的引导下，慢慢地树立了治疗疾病的信心，且治疗效果不错。老师告诉我们，临床治疗不可能解决所有难题，但我们要用心去治疗，一定要注重医德。老师对待患者的态度总是和蔼可亲，患者特别相信他，这大概是老师的独到之处吧！

施老师是一个精力充沛、毅力坚定的人。他把退休后的时间安排得满满的，每天忙碌于门诊、会诊、义诊、讲学和带研究生。总希望把自己的经验不停地传播分享，解除患者之病痛。老师还坚持游泳、健走等运动，风雨无阻；并且每天分享《夜读》，从不间断。老师视学生如子女，他了解每个学生的家庭情况，掌握学生的求学经历、个人专长特点，并有针对性地培养每位学生。

漫漫人生路，师生情难忘。在定期跟师抄方的过程中，让我越来越体会到老师的良苦用心，使我不仅珍惜这份师生情，更督促我不断努力学习，继承恩师学术思想和经验。

（李跃文）

第二节　诲人不倦治学严

一、我眼中的老师

大千世界，形形色色，各行各业都有精英。他们都有共同的特点：严谨和一丝不苟。我眼中的老师就是这样的人，他对待学术细心认真的态度令人钦佩。

我在 2004 年考取了浙江中医药大学中西医结合临床硕士研究生，在校学习一年后，2005 年临床时跟施老师学习。我和老师第一次见面的情形已经记不清了，但我清楚地记得老师的微笑，他有两个深深的酒窝，是那么和蔼可亲。

老师当时担任科室主任，每天的工作很忙，除了门诊、值班，还要参加各种行政工作和学术会议，每天的日程都排得满满当当。但是不管事情有多烦，工作有多忙，患者病情有多复杂，老师从来不会敷衍了事，每件事情都是一丝不苟地去完成。比如写病程记录，有时候太忙了，我就随便写两句，检验结果写一下，也懒得分析了，患者平安就好。老师看到了，他不会批评我，而是先根据患者的病史、症状、体征结合目前的检验结果，做一个详细的分析，最后做一个系统的评价。然后他郑重其事地和我说："小蔡，我们作为医生，治病救人，千万不能马虎了事。写病程记录不是记流水账，是记录患者病情发生、发展的全过程，我们记录详细，接班人员对患者的病情就能够一目了然。记好病程不仅是对患者负责，更是对自己负责。"作为一个刚刚进入临床的学生，我还不能体会话中的含义，尤其是"对自己负责"这句话的含义。我就问老师："老师，病程写不好，怎么就对自己不负责任了呢？"老师意味深长地说："小蔡啊，你听到过手术医生手术时开错部位吗？你听到过因为医生写错性别而惹上医疗官司吗？这些看似荒唐的事件背后，都是缺乏责任心的体现。对患者不负责任，最终害的是自己啊！作为医生，患者把性命托付给我们，我们就要对生命充满敬畏。不管是写病程也好，开医嘱也好，做治疗也好，都要胆大心细，不能有任何差错！"听了老师的话，让我感到医生责任重大，我要像老师那样对工作一丝不苟，对生命充满敬畏！

我的老师不仅对工作一丝不苟，对于学术同样精益求精。我的毕业论文是关于肝硬化门脉高压的临床课题，开题前需要写一篇综述。我把辛辛苦苦写好的综述给老师看，老师逐字逐句地看了一遍，他看完后跟我说："小蔡啊，你回去再仔细看看，文章的连贯性不够，还有好几个错别字，有些英文的大小写有错误，有些标点符号也有问题。"老师看我面露难色，语重心长地说："小蔡啊，做学问跟做人也是一样的，不能急于求成，你写的每个标点符号、每个字、每个词都要深思熟虑，态度要认真，用词要严谨。一个人要想进步，要想在这个激烈竞争的社会中占有优势，就必须具备严谨的治学态度和一丝不苟的精神，因为这决定了一个人的未来成就，决定了一个人的命运前途。"在老师的指导下，经过反复修改，论文终于达到了老师的要求，顺利发表在《中西医结合肝病杂志》上。

老师对工作的严谨，对学术的精益求精，都源自于他内心的执着。老师一直致力于中医养生的宣传，几十年如一日，从未间断。虽然已毕业 10 余年，我经常还能从电视上、报纸上、微信上看到老师宣传各种中医养生知识。而且宣传的方式多种多样，发表微信公众号文章是他最常用的方式，因为微信涉及的人群比较广，而且方便，点一点就能够知道专业的养生知识，深受广大群众欢迎。老师在工作中或者生活中发现，有些老年人不会使用智能手机，又特别想学习养生知识，所以他还定期到电视台，如杭州电视台、财经频道等，把中医养生知识绘声绘色地讲给大家听。他还经常下基层去讲课，给社区老年人讲如何养生，如何活得更长寿；到公司给高管或者员工们讲如何劳逸结合，使工作更开心；到学校给孩子们讲如何减压，使学习更轻松。老师知道一个人的力量再大都是有限的，如何把中医的精髓传承下去，如何让中医为更多的人服务是他一直关心的问题。为了中医的传承，为了中医的将来，他成立了自己的工作室"施维群名老中医传承工作室"，培养了一批又一批的中医人才。经过不懈努力，他的足迹不仅踏遍了浙江地区，还走过祖国的大江南北，走出国门，走向国际。在 2018 年 11 月 17 日，第十五届世界中医药大会暨"一带一路"中医药学术交流活动在意大利罗马的国家会议中心隆重举办，老师在会上讲了《浙派中医肝病源流及传承》，提升了浙派中医的影响力，助力浙派中医走向世界。

老师还有一个令我特别佩服的地方，就是他的交际能力。我一直觉得自己是个不善言辞的人，也不善于交际。所以，有些患者脾气暴躁一些我就不知所措，我虽然能理解他们的心情，但无法用言语去安慰他们。而老师一来，那些暴脾气就会变得安静。我就纳闷了，怎么会有如此大的差别？经过仔细观察，我发现老师每次和患者讲话都是面带微笑的。原来微笑是一种国际语言，不用翻译，就能打动人们的内心；微笑是一缕春风，能够吹散郁积在心头的阴霾；微笑是一抹阳光，能够温暖受伤苦闷的心灵。而且老师都是站在患者的角度考虑问题，想患者之所想，急患者之所急。这种换位思考，就能够使我们真切地感受患者的痛苦和其所承受的压力，拉近彼此之间的距离，消除隔阂。记得一位患自身免疫性肝病的女患者，她当时正处于更年期，疾病又反反复复，使其对疾病充满了恐惧，对生活失去了信心，要么唉声叹气，要么哭闹不止。那天，我去查房，问了一声："阿姨，您今天感觉怎么样啊？"这就把她给惹哭了，一把鼻涕一把泪的，我不停地安慰，没有一点效果。这时，老师刚好过来，我赶紧求他来救场。老师三言两语就把她"哄"好了。真神奇！我问老师是怎么做到的，他说这是心理学的功劳。原来，老师攻读了社会心理学研修班，难怪如此"善解人意"！老师说："我们的身体和心灵是统一的，身体生病的时候会影响到我们的情绪，我们的心情不好的时候，也会影响到我们的身体。所以，一位患者生病，我们不能只管患者的病，而不管生病的患者。所以，在看病的时候，要时刻关注患者的内心世界。我们能做的就是"有时去治愈，常常去帮助，总是去安慰"。

老师在我毕业时送我几个字——学海无涯，学做人无止境，但愿你更优秀！老师也一直这么要求自己，他不停地攀登学术高峰，目前已成为全国老中医药专家学术经验继承工作指导老师，是浙江省名中医。

（蔡国英）

二、三年求学路，一辈师生情

有一种职业最美丽，那就是教师；有一道风景最隽永，那就是桃李芬芳；有一种情感最动人，那就是师生情。

2007 年的夏天，我从母校山东中医药大学来到浙江中医药大学求学，进一步深造及提升自己。在这里，我有幸成为施维群老师的第三名硕士研究生。

（一）初入施门

研究生成绩出炉后，我的成绩不是特别理想，如何选择导师并成为一名研究生成为我首要面临的问题。浙江中医药大学的众多导师让人难以抉择。鉴于我的本科专业是针灸推拿，核心竞争力不足，回顾自己两年来在浙江省中医院的实习经历，肝病专业似乎是个不错的选择，当时的带教老师说过，虽然肝病是传染病，但中国肝病患者基数大，将来大有作为，故而来自浙江中医药大学附属第二医院的施老师闪现于脑海。我兴冲冲地从滨江赶到了潮王路，在施老师的专家门诊拜访了他，说明来意后，施老师对我报考他的研究生表示欢迎，但当得知我的本科读的是山东中医药大学针推系，对我的基础知识感到担忧，希望我慎重考虑，若坚持报考，施老师提出了要求（通过复试），并将一本专业书籍赠送于我，嘱咐我专心研读，认真备考。怀着忐忑的心情，我等到了复试那一天，当时大脑一片空白，语无伦次，在施老师的循循善诱下总算成功完成了复试，老师对其中的不足提出了宝贵的意见及建议，认为我表现得差强人意，强调今后作为他的学生要严格要求自己，多向师兄、老师请教学习，在学习过程中打牢专业基础，掌握专业知识，成为一名合格的硕士研究生。

（二）临床初感

研究生的第一年在校学习相关专业知识，在学习专业知识前，老师根据专业需求为我量身定制了研究生的课程。研究生的生活总是丰富多彩，每天课程结束后，我便放松了对自己的要求。这时，老师的电话打来了，认为我虽然成为正式的研究生，但基础知识方面仍相对薄弱，不够扎实，建议我要课本及临床知识两手抓，两手都要硬。一语惊醒梦中人，自此闲暇时，我便来老师医院跟诊，进行临床学习。从此开始了我周末早六晚六的生活，虽然心里还是有些不甘愿，却让我比其他同班同学早一步接触到了临床，为之后的研究生临床实习打下了基础，也让我明白了，除了书本知识外，临床上的点点滴滴也很重要，知道了老师的良苦用心。

（三）言传身教

岁月如梭，我进入了研究生实习阶段，这也是全面临床的阶段，实习轮转科室需老师安排规划，当我拿到排班表时，发现 B 超及放射科赫然在列。老师解释说，我们从事临床工作，特检科室与临床关系密切，特别是腹部影像学检查与肝病密切相关，不能只读取报告，如果只会读报告，患者自己也会读，还要医生做什么？要自己会看、会读、会研究，才能成为一名合格的医生。每周二、周五是老师的专家门诊，每到此时，便是我抄方学习的时候，每个患者经老师望闻问切后，他要求我再回诊一遍，之后对我诊治过程中的不足一一指正，将遣方的理法方药详细阐述，让我获益良多。老师把每个患者真正地放在了自己的心上，待患者如自己亲人一般，细心解答患者疑问，认真诊治患者疾患，让每个患者都得到了满意的对待。在工作之余，老师潜心研究肝病防治理论和学术思想，并与自己的临床实践紧密结合，他不断将古老的中医精髓与现代西医的技术完美融合，从而探索出一条卓有成效的"中西医结合治疗肝病"的新模式，为将来我走上临床、诊治患者树立了榜样，为我指明了作为医生应走的道路。

（四）惜别老师

几年来，在老师的言传身教下，我受益良多。临近毕业，学校要求每个学生准备毕业论文及答辩，并要求在杂志发表综述1篇。写文章一直是我的弱项，施老师考虑我的本科为针推专业，建议写关于针灸与肝病的综述，历经多次修改及老师修正，终获顺利发表。文章发表后，我仍面临毕业的种种问题，心中忐忑不安，与老师沟通后，老师对我进行了劝导及思想教育，我深刻认识到自己的不足。之后的日子紧跟老师的课题，收集数据、阅读文献、撰写文章，在这个过程中老师给予了认真的指导并提出了宝贵意见，让我可以从容面对毕业。之后，我的毕业答辩顺利完成，离开了老师的羽翼，飞向了自己的天空。

（五）工作单位

作为一个北方人，我对南方医生的就业环境及形势缺乏足够的了解及认识，对毕业后何去何从亦充满迷茫，老师及时对我做了就业的指导及分析，并和相熟的医院做了推荐，在我的筛选及老师的建议下，我来到了如今的工作单位——绍兴市立医院（绍兴市第六人民医院），开启了行医之路。

在工作单位，我初来乍到，形单影只，举目无亲，满满的不适应及思乡情怯，工作上心不在焉。在与老师联系时，他对我的情绪有所察觉，便提议节日聚会。在聚会上，师兄弟们济济一堂，老师对弟子们的工作及学习逐一关心，并给出了宝贵的人生经验，温暖了众弟子的心。

师生情深，师恩难忘。亲爱的老师，将来不管我走到天南地北，不论度过多少年华，我都不会忘记您！

（张 磊）

三、我的从医之路

在我的从医之路中有两个人对我的影响和帮助最大，一位是我的父亲，一位是我的研究生导师施维群教授，在此感谢两位长辈的指导。下面我分三个阶段简单谈谈我对从医之路的感触，希冀对中医爱好者有所启发。

（一）兴趣爱好阶段

我的父亲在当地正式开设中医门诊部，已悬壶济世 30 余年，求诊患者常常络绎不绝。我从小就是闻着中药味长大的，在父亲的教导下，我自初一开始背诵《医学三字经》《药性赋》《医学传心录》《汤头歌诀》等医籍。但是那时候我根本没有兴趣学医，所以背也是死记硬背，根本没理解里面的内容。后来父亲又干脆叫我抄医书，我记得很深刻，初中一年级暑假的时候，抄的第一本医书是《医林改错》，当时我还把五脏六腑的图都画了一遍，这本笔记本至今还留着。一直到高中一年级暑假，我先后抄写了《医学心悟》《医学实在易》《医学传心录》《医理真传》等。每抄完一本书，父亲就会跟我讲这本书的来历，作者写这本书的目的，这本书的内容好在哪里，哪些应该看，哪些应该借鉴参考，哪些方子比较好，方子怎么加减运用，然后给我讲解他治好的成功案例。慢慢地，我开始对中医感兴趣了，父亲的临床诊治思路和观点也慢慢地灌输到我的思想之中，坚定了我以后学中医的信念。

（二）理论学习阶段

2003 年 9 月，我考入浙江中医药大学，正式踏上了系统学习中医之路。大学 5 年的学习生活是非常难忘的，记得我在大学第一、二年的学习特别认真，除了上课时间外，基本上都要去图书馆看书。周末一般都会跟几个同学去爬山、采草药。到了大三快要到医院临床实习的时候，我突然有一种紧迫感，因为医院里的实习还是以西医为主，所以思想开始慢慢往西医方面倾斜。当然，西医的学习归根结底无非是系统掌握每个疾病的病理、病因、病机、鉴别诊断、诊治思路、用药特点，只要理解就不难。记得当时，西医内科学、外科学我考得还不错。从大三下半年开始，在我到医院实习的一年多时间里，我几乎轮转了每个科室，通过总结，感觉自己离医生职业的要求还差很远，还是停留在理论阶段。因此选择了考研，继续深造。

（三）跟师实践阶段

2008 年 9 月，我有幸拜于浙江省中医肝病名医施老师门下，开始了为期 3 年的研究生理论、临床学习生涯。3 年的研究生跟师学习生活是漫长而难忘的。记得在我研究生刚入学的时候，导师就把我和几个同门师兄、师姐叫上一起吃饭，向我们提出，为了尽早熟悉肝病专业，要求每个周末同学们都要轮流到医院里跟师值班，要求我们在第一个学期的寒假写一篇论文或心得。当时我就惜了，因为大学里自由惯了，一下子还没适应过来。饭后回去和几个室友聊了聊，几个室友不以为然，继续玩游戏、看书、听歌。研究生第一年的学习主要是在学校里，总体来说，研究生第一年是最幸福的，当然已经没有大学本科一年级时候的那种新鲜感，但闲暇之余我还是会和几个要好的同学游山玩水。每周末到医院实习之余，我常会去书店买一些关于中西医肝病的相关专业书，有空的时候就看看，然后带着问题去临床实践。老师对我们学生要求很严格，记得第一学期寒假，我们几个同学就因为寒假期间没有提早去医院临床实习和没有完成论文被老师批评了。第二个学期开始，老师就把我们几个同学召集在一起，讲一些关于如何写论文的课程，毕竟我以前没接触过论文，听起来还是云里雾里。笨鸟先飞，在研究生第二个学期，我基本上放弃休息时间，每天一有空就到学校图书馆检索有关肝病专业的相关文献，围绕主题，不断构思，不断总结，不断发散思维，当时只有一个目标，就是尽快写出论文。我在第一年没有跟上老师的节奏，过了 1 年也没写出论文，就这样带着遗憾进入研究生第二年。研究生第二年的学业主要是在医院里跟老师一起临床实践，这一年我的进步很大，自己有点进入角色的感觉。当时老师就把我们安排到医院夜班跟师值班，包括一些常规内科小手术、内科常见病的独立处理能力，经过 1 年的锻炼，我慢慢地从不适应到适应。在这 1 年间，老师也会不时地督促我们完成一些临床课题观察表，慢慢地也就开始逐步进入临床课题研究与操作阶段。这个阶段实际上很难，难在每天都要坚持，每天都要回访，第一个月坚持下来容易，要坚持一年就难了。我常因此受到批评，后来回想，觉得老师说的对，这么简单的事情都做不好，医生怎么当啊！老师时常告诫我们，作为一名合格的医生，首先要有医德，真诚对待每一个患者；其次需要掌握扎实全面的医学知识和丰富的临床实践经验。或许这就是本科生和研究生的区别吧，慢慢地自己也变得有责任感了，也慢慢融入到了科研氛围中，慢慢地学会了医患沟通。肝病科的病种比较单一，我在几个月之内基本熟悉了一些肝病的常规诊治思路。之后导师就带我们几个同学去中医肝病门诊抄方，跟诊的时候，老师时常会提一些问题，当时我们都很紧张，后来也就适应了。两年来，导师深入浅出地教诲，我们学到了很多。总结起来，导师对中医慢性肝病的诊治思路可以概括为四个方面：①在辨证论治的基础上，常以时方或经方打底，进行对症加减，导师临床常用的时方、经方有茵陈蒿汤、柴胡疏肝散、平胃散、五苓散、二陈汤等；②注重辨体质，将人体分成九大体质，辨证调理；③重视经验药，如护肝常用垂盆草，退黄常用茵陈、大黄，抗病毒常用白花蛇舌草、半边莲、半枝莲，抗纤维化常用丹参、桃仁、红花，健脾胃常用焦三仙、白术、佛手，肝区隐痛常用香附、延胡索，腹水常用茯苓皮、生姜皮、冬瓜皮、茯苓、猪苓、车前草，腹胀常用砂仁、豆蔻、大腹皮，恶心常用竹茹、半夏，乏力常用黄芪、仙灵脾；④重视阴阳平衡，阴虚常用二至丸、六味地黄丸，阳虚气虚常用芪灵合剂、附子、肉桂、干姜之类。我在读研究生3年学习中收获有四：①锻炼了自学能力；②能处理一些专科常见病；③形成了一定的分析概括能力；④为步入社会工作奠定了一定的基础。

2011年9月开始，我正式留在浙江中医药大学附属第二医院肝病科工作，自然也就与导师成为同事。在科室里工作，导师既是我的老师，又是我的上级。在做好自己本职工作之外，我还是会帮助导师做一些课题研究设计，从中也学到了很多。我在科室工作了差不多5年时间，这5年的时间里，我收获很多，感悟很多。概括起来有五点：①科室里医生之间，团队协作很重要；②作为一名合格的医生，除了要有扎实的理论知识，得到患者认可才是硬道理；③理论需联系实际，经验是临床实践中不断摸索出来的；④要把自己有兴趣的事情当作一辈子的事业去做，但前提一定要有社会效益；⑤做事先做人，做好自己，走自己的路。

2018年，我有幸拜于第二届国医大师唐祖宣教授门下，继续深造，钻研传统医学。然祖国医学博大精深，医途漫漫，学无止境，仍需时刻勤勉自己，大医精诚！

有喜有忧，有笑有泪，有花有果，有香有色。既能做自己感兴趣的工作，又能帮助别人并得到别人的认可，这就是学中医的乐趣。在此再次感谢一路上指导和帮助过我的所有良师益友！

（杨育林）

浙江中医临床名家·施维群

四、我的老师——施维群教授

与施老师的缘分要从 2008 年 4 月说起，那年，我接到浙江中医药大学研究生笔试、面试通知。初来杭州，我很茫然，专业方向未定，也不知道自己会遇到一个怎样的导师。我前前后后找了几位老师都觉得不太适合，一个偶然的机会，一位师姐告诉我，你可以找浙江省新华医院的施维群老师，他带学生很多年，口碑很好。怀着忐忑的心情，我来到浙江省新华医院，第一次见到施老师，他给我的第一印象是亲切和蔼。在办公室，老师问了一些问题，由于我当时很紧张，回答得并不好，但老师并不在意，反而岔开话题和我闲聊家常，缓解我当时的紧张情绪。最后老师说，当我的学生是很辛苦的，要做好思想准备。后来，我顺利通过面试。

9 月份开学时，老师把我叫到办公室说："开学了，我希望你在完成课堂学习的同时每周抽 1 天时间到医院实习，提前熟悉科室情况，了解每个住院患者的详细情况，等后面理论课结束后，还要跟门诊抄方，理论联系实际，毕竟学的总归要运用到临床实践。"记得有一次上午跟老师抄方，我迟到了几分钟，事后老师严厉地向我指出："作为一个医生，如果没有特别紧急的情况，如果当天安排有门诊，一定要提前到办公室做准备，这是对患者的尊重，也是对自己医生身份的尊重，试想一个患者是对一个干净整洁从容的医生有信心，还是对一个满头大汗、急冲冲、仪态不整的医生有信心？"这句话对我影响很大，至今我奉为准则，若迟到也一定向患者解释清楚，希望得到谅解。

中医治病讲究辨证论治，用药的剂量要精准，这样才能起到精准疗效。记得有一次门诊，有一个患者小便不通，辨证为气化不利，老师予以五苓散随症加减，我就把五苓散及随症加减的处方打印出来，老师审核签字时没有签名，让我自己审查下哪里出错了，我仔细看了几遍都没有发现问题，后来老师把几味药物的用药配比画了出来，告诉我这几味药物的用量配比有问题，会影响患者的治疗效果。比如，桂枝汤和小建中汤类似，由于桂枝和芍药用量不一样，其功效截然不同，一个是调和营卫，一个是温中补虚、缓急止痛。施老师让我回去把五苓散的相关知识再仔细研究一下，一定要领悟方药用意，告诫我读书不要走马观花。事后我自己通过调查，发现如果药物配比不同，在临床记录的疗效亦不同。老师这种严谨的医者态度令我受益匪浅，在工作中一直指引着我前行，也是我学习的榜样。

施老师告诫我们，门诊时一定要向患者详细询问病情，得到第一手的病情资料，才能因证因人施治。在跟随老师学习期间，我随同老师到病房查房时，老师一定会要求我们提前详细了解患者的相关情况。记得有一次，病房里有一位肝癌肝硬化腹水晚期的患者，其因腹胀不能平卧，身体非常难受。在听完我汇报的病史后，老师亲自给患者查体，询问饮食二便情况，收集四诊信息，拉着患者的手说："你的病情我已经了解了，吃了药会舒服许多，病情会缓解的。"事后老师告诉我，针对这类患者一定要让他们有信心，我们要有同情心，虽然不能治愈他，但是我们可以改善他的生存质量。针对此患者，老师辨证后予以3天中药治疗，服药后患者的症状改善了许多。其后，我在工作中也遇到了类似的情况，时常记起老师的教导。

中医治病有"异病同治"的原则，即一个方有一个法，病虽不同，但证型、病机相同的患者，可以用同一治法和方剂加减。有一次，我跟随老师抄方时来了两个不同症状的患者，一个是看脾胃的，一个是看月经不调的，事后整理老师的方药发现两位患者的药方都是以逍遥散加减，老师分析说，这两位患者虽然病不一样，但是她们舌象脉象都是相同的，也就是说其病机都是肝郁，故采取了疏肝解郁之法，所以说中医看病要抓住本质，本质了解了，即可化繁为简，病亦迎刃而解，但这需要经验，需要经验的积累。

3年的研究生学习，使我在老师这里受益颇多，学到的不仅仅是医学知识，还有作为一名医者应该具有的素质：以敬畏之心对待自己的职业，不断学习、思考、积累、创新；要注重临床实践相结合；对待患者要有同情心，要认真负责地对待每一位患者。

在此，我真诚地感谢老师对我学习及生活的指导，愿您一切安康！

（毛桂红）

五、感恩老师

我有幸师从施维群教授，收益良多。我的硕士学位论文就是在施老师悉心指导下顺利完成的，恩师谆谆教诲铭记心中。

（一）治病求本

在临证中，施老师提倡治病必求于本，熟读经典，善于运用经典理论来指导临床，比如《金匮要略》云："夫治未病者，见肝之病，知肝传脾，当先实脾，四季脾旺不受邪，即勿补之；中工不晓其传，见肝之病，不解实脾，唯治肝也"，提出在治疗肝病过程中需要时时顾护脾胃，当先实脾。肝五行属木，脾五行属土，肝藏血主疏泄，脾主运化生血统血，木亢乘土。临床上，随着肝病进展，会逐步演变肝硬化甚至肝癌，容易并发脾肿大、脾亢、黄疸、门脉高压、消化道出血等并发症，所以在治疗过程中，对脾胃的顾护治疗可以有效延缓疾病的进展；同时，因为肝木是生心火的，所以治疗肝病的同时还需要调养心，心功能强大了，火就可以克制住与肝木相克的肺金的能量，肝病就容易好转；另外肝胆相照，肝胆互为表里，分属阴阳木，互为影响，唇亡齿寒，所以在调制肝病的同时还需要兼顾胆腑；肝病一旦发展到后期，容易累及肾脏，还需要顾护肾脏，而且肝木和肺金，金木交战，需要肾水来调节，使之成为金生水、水生木的连环相生关系，化敌为友，做到面面俱到，点滴不漏。

（二）治肝病看五行

《黄帝内经》有云："病在肝，愈在夏，夏不愈，甚于秋，秋不死，持于冬，起于春，禁当风。肝病者愈在丙丁，丙丁不愈，加于庚辛，庚辛不死，持于壬癸，起于甲乙。肝病者，平旦慧，下晡甚，夜半静。"老师将之用在临床中，具有很好的指导意义。肝气通于春天，五行属木，所以发于春季，到了夏季有痊愈的可能，因为肝木生出了火，克制了肝木最怕的金；肝病到了秋天会加重，这是因为秋天属金，克制木气；若木未死，到了冬天，冬属水，木得到了水的滋养会维持稳定；到了春天，木气盛，肝病的治疗容易有新的起色。就干支纪年月日时而言，甲乙属木应春，丙丁属火应夏，庚辛属金应秋，壬癸属水应冬，肝脏有病的人在甲乙的年月日时容易发病，丙丁容易痊愈，庚辛容易加重，壬癸容易维持稳定状态。就一天而言，肝病在一日中的平旦对应春，精神清爽；到了下午对应秋，容易加重；到了一日中的冬季即夜半子时就会平静。因为掌握了肝病的时间规律性，老师治疗肝病得心应手，顺应天时，取得很好的疗效，同时可有效减少肝病恶化情况的发生。

（三）注重护理

施老师在精准诊治疾病的同时，还注重患者的情志调畅、生活调护，主张因人因时因地制宜，强调患者的个体差异，不厌其烦地对患者做护理宣教。老师常说，慢性病三分靠治七分靠养，患者的自我管理是相当重要的。首先要树立信心，保持心情舒畅，七情可以致病，怒伤肝、思伤脾、恐伤肾……所以调节情绪对肝病的恢复有很重要的影响；另外，饮食有节，均衡膳食，忌饮酒，尽量避免服用肝毒性药物以免加重肝病；还需要做到劳逸结合，可以慢跑，肝主筋，跑步时可以拉筋，帮助郁结的肝气疏泄开来；肝开窍于目，多看绿色植物有助于患者眼部不适症状的改善；肝为罢极之本，需要保证充足的睡眠，尽量子时之前入睡，有助于肝阴的濡养及肝阳的生发。

感谢老师，我能够跟施老师学习实在是太幸运，无以为报，唯有学好中医，为中医药事业的发展增砖添瓦！

（张　斌）

六、"严师"施维群教授

我与施老师相识于 2012 年，跟师学习 3 年，老师从生活、学习、工作和做人等诸多方面给了我很大的影响。如今，我已毕业 3 年，因路途遥远，不能时常探望，每每想起跟老师学习的美好时刻，虽想和老师通话表达怀念之情，却奈何不知如何表达。施老师如今已是全国老中医药专家学术经验继承工作指导老师，他虽已退休，依然活跃于临床工作和学术研究之中，每当我稍有懈怠的时候，想起老师的干劲就感到十分惭愧，因而时刻激励自己，以老师为榜样，不断学习、进取。

我在本科学的是针灸推拿这一中医特色专业，至于我改变专业方向，在研究生报考中医肝病，并不是我不喜欢针灸推拿或者是本专业学得不好，而是因为在本科实习阶段，在肝病科的工作中看到了太多的肝病患者，尤其是肝硬化、肝癌的患者痛苦的面貌和极差的预后给我留下了深刻的印象。了解到我国是乙肝大国，加之其他慢性肝病让我国背上了肝病大国的负担，联想到家乡也有因肝硬化或肝癌去世的亲戚，因此相对于用针灸推拿治疗患者，慢性肝病尤其终末期肝病患者的治疗需求更加迫切。因此，在研究生专业选择的时候，我倾向于中医肝病。杭州不仅美丽，还历史悠久，文化积淀深厚，令人向往，以研究生学习为契机，我来到杭州。多个学长向我推荐施老师，其德艺双馨，治学严谨，享誉业内。我初次拜访老师就被其平易近人的气质、中气十足的言语和热情活跃的精神状态所感召，但复试前也担心我因本科针灸推拿专业而不被老师重视，心情忐忑不安，好在我通过了复试，也得到了老师的肯定。后来老师说："虽然当时你没有肝病的基础知识，但是可以通过学习来弥补，针灸推拿专业是你的宝贵知识财富，你不能放弃，慢性肝病也不是说只有内科药物才能治疗，中医外治同样重要，在这方面你可以发挥长处，将针灸专业知识应用到肝病治疗领域，这也是你的优势。"由此可见，施老师开阔的专业视野和对其他专业的包容与接纳，让人深感敬佩。记得研究生复试结束后，我去探望老师，我临走时他拿了本《乙型肝炎基础与临床》对我说："回去看看，熟悉一下。"虽然书中有好多基础内容难以理解，但是使我对肝脏的解剖学、生化学及乙型病毒性肝炎病毒学、免疫机制、病理改变和治疗有了初步的知识架构。在此基础上，我在研究生学习阶段结合临床和老师指导能够更深入地学习和研究，可以说是老师给了我打开肝病专业大门的钥匙。专业课结束不久，老师让我写综述，也没有给我方向，当时十分不理解，因为当时我刚成为研究生半年，专业课刚结束，尚未进入临床，对专业知识的学习不够深入，无从下手。于是我从查文献开始下手，前后半年时间写了多篇，老师都不满意，最后选择将乙肝免疫耐受中的一个机制作为切入点，深入复习文献，写成综述，老师点评后很满意，获顺利发表。事后老师说，让你写那么多遍不是刻意为难你，而是让你多了解，深入扩展视野，寻找本专业的前沿进展。这半年的文献阅读对我专业成长帮助很大，使我学会了评价文献质量、阅读方法、科研思路和统计学方法，更加深入地了解了本专业的前沿知识。我也理解了老师的深刻用意，如果当时给我方向，就限制了我的思维，专业视角狭窄，就难以更深入地学习和研究。进入临床后除了抄方，老师还让我广泛深入地参与课题研究、学术报告、论文撰写、课题结题文案及课题申请文案等工作，不断地提高我的学术水平和学术思维，使我受益匪浅。

老师临证数十年，救人无数。老师用药大都是常见药物，常以疏肝健脾为主，另有兼夹他证者，或予利湿、或化瘀、或清热，不拘泥，不固守，药物易取价廉，效果也令人满意。我通过查阅文献后发现，慢性肝病临床证型分布多以肝郁脾虚为主，老师诊后指出慢性肝病尤其是慢性乙型肝炎患者病位在肝，其发病机制在于肝气瘀滞，进而导致疏泄异常，肝郁可致胁痛，也可导致情志异常，或抑郁或焦虑等。因肝居中焦，肝失疏泄导致同居中焦的脾脏运化功能失司，久而久之可产生乏力、倦怠、腹胀、纳差、恶心等脾虚甚至湿胜之证；其他如黄疸、瘀血、水肿及神志异常，多为长期肝脾失调，病邪传变的结果。临床中在尚未发生传变之前，抓住肝郁和脾虚这一病机，通过疏肝健脾，调畅气机，脏器阴阳气血平衡，三焦气化正常则气机通畅，水液输布正常，气血运行通顺，则患者饮食如常，情志舒畅，生活如常人。老师治疗慢性肝病以肝郁脾虚为治疗方向，但不拘泥于此。如黄疸、肝硬化和肝癌患者因症状多变，诱因不同，应根据个体情况辨证施治。当我进入临床工作后，对慢性肝病患者予以疏肝健脾施治，随访发现部分患者症状有所改善，但不完全，多遗留乏力、腹胀等消化道症状，观其舌苔多稍厚，质润有黏液，甚感费解。后来发现本地为城乡结合地区，患者多为农民，经济和文化水平低，对疾病认识不足，加之劳作，令病情延误，损及脾胃使运化不足，进而导致湿浊阻滞。故而我在随后的治疗中加以运脾化湿之剂，症状均有明显改善。这些经验让我明白，老师的辨证经验不能照搬，需结合临床实际加以变通，抓住主要病机，了解病邪传变趋势后加以施治，灵活治疗。

本人所在医院为基层医院，病源丰富，病种多样复杂。结合老师的临证思想，目前我致力于梳理本地区恙虫病、手足口病及肺结核临床证候分布规律，查阅相关文献，研究相关疾病的流行趋势、主要病机和传变机制，尝试让中药在这些疾病的诊治过程中发挥作用。

（孟庆宇）

七、我的老师

人和人的相遇总该是有些缘分的。

当研究生复试录取名单公布时，我们这群对未来抱着无限希望的孩子在走廊排着队等待选择心仪的老师，我问前面的男生："你选的什么专业？"他说："肿瘤吧，选不上的话只要不是传染性疾病就行。"我心里一咯噔，我选的就是传染性疾病专业！

去找施老师签名的那个下午，阳光灿烂，老师正好在门诊，我坐在诊室门口等他，感觉是一位四五十岁的中年男人（竟不知已近花甲），红光满面，中气十足，对患者耐心十足地交代着什么，笑容没有离开过他的面庞。老师得知我的来意后，他没有问我其他的，他问我的是：为什么选择这个专业。同时告诉我英雄不问出处，重要的是现在的态度、对学习的热情和持之以恒。他带我来到书架，告诉我暑假要学习的书籍目录，告诉我哪个作者主编的版本比较可取，哪些部分是需要重点学习的。

在与施老师的相处中，有几件印象深刻之事。

其一，施老师对于每天的交班非常重视。刚进入临床的学生，总带着一些散漫和自主性，认为每天的交班和自己关系不大，是交接班的两个医生之间的事，所以不乏已经开始交班了还拿着早餐晃荡而来之人，或者交班结束之后才出现在医生办公室的学生。施老师知道后，非常严肃地对我们进行了教育，他用自己的求医之路告诉我们，当时他学医的环境比现在要艰难得多，但对老师和对患者态度却会更积极，会自发早起为老师擦拭桌子、清洁诊室、泡茶，同时为患者测量血压了解病情等，这些都是要在带教老师未上班前完成的。而且交接班是了解患者目前情况最直接、最必不可少的途径，为一天的工作打好基础，应该持端正的态度进行，并不是可有可无的。施老师这样的言传身教，我铭记在心。

其二，施老师对患者及家属，从来都不是敷衍了事，只要是应承下来的事，总会尽力去实现。小到检查预约、中药煎煮、对家长里短的倾听，大到手术的安排、外院的会诊等。"常常帮助，总是安慰"用在吾师身上很是贴切。

其三，施老师是圈内出了名的爱带学生的学者。无论是会诊、学术讲座、圆桌讨论，还是课题基金的各种申请答辩会，只要学生有时间，施老师总是带着我们一起参与。老师认为，死读书对知识的积累获益总是很局限的，要想成才，就要"眼观六路、耳听八方"：多跟临床，多了解中医大家的思路，多亲身试诊，最后再回归书本，这样才能将知识内化于心，才能在临床运用中游刃有余。在临床跟诊过程中，施老师的带教不苟言笑，但如果是你自己主动提出的疑问，那么他会知无不言。

除了对患者的仁心、爱心、医德之心，他对自身严格要求，对学生言传身教。在临床跟诊学习中，施老师在我心中是一位胆大心细、学验俱丰、见微知著、善抓主证、中西并用、内外兼治、疗效显著的医者。

（一）胆大心细、学验俱丰

施老师对于妊娠肝病的治疗真可谓"艺高人胆大"，在大家还未对该病进行大量研究的时候，他已经开始涉及该领域，以疏肝化湿、清热降酶、和中安胎为原则，自拟疏肝安胎方进行治疗，对合并胆瘀症的患者，根据辨证，常加大茵陈的用量至50g。除了结合四诊收集的资料，对患者的病证进行分析归纳，施老师还对妊娠期肝病与妊娠相关肝病的生理病理非常熟悉，通过转氨酶、胆红素、胆汁酸、白蛋白及凝血酶原时间等指标的升降变化和临床症状，辨识急危重症情况，这些都是长期学习和临床经验的积累，知道什么时候该下猛药，什么时候该用轻清之剂，什么时候是病愈的表现，什么指标在提示病进，因人而异，因时而异，这些都令我印象深刻。

（二）见微知著、善抓主证

《伤寒论》柴胡证，但见一证便是，不必悉具。而在施老师看来，抓主证不局限于柴胡证。从患者那边获得的局部信息结合既往的经验，他总是能够取类比象，由外窥内，抓主证。而抓主证让一个医者能够在繁忙的临床接诊中，对错综复杂的疾病快速地抽丝剥茧，找到主要矛盾，施以合适的治疗方法。对于各种原因所致的悬饮，尤其是积聚病因基础上出现的悬饮，本就存在肝、脾、肾脏腑虚损，功能失调，津液输布失司，肝木反侮肺金，邪气闭于肺，肺失宣肃。施老师常能通过抓主证，用宣发肺气、通利三焦、化瘀行水的方法进行治疗，在辨证处方的基础上，常以葶苈大枣泻肺汤加减，如同引经之方，直驱病所，效如桴鼓。这就是老师常说的，中医是辨证论治的医学，但辨病治疗拥有同等重要的地位，临床中不可忽略。

（三）中西并用、内外兼治

施老师认为，在临床工作中，无论是经方派还是时方派，无论是单用传统中医中药还是结合现代技术，无论是外治还是内服，只要有疗效，那就是真的好，就可以博采众长，应用于患者。老师以"腧穴、经气、经络理论"为基础，采用脐部敷贴、穴位注射等方法，扶正祛邪，改善慢性肝病患者临床症状，提高其生活质量。自制药"清肠合剂"保留灌肠，清热祛湿，改善内毒素血症，从而治疗肝性脑病患者。

我毕业已三载，因编辑此书，重新回顾研究生三年的师生往事，内心甚感欣慰。我本驽钝之才，也无鸿鹄之志，但因老师、师门及身边朋友的帮助，三年中一直在进步。

记得那是2015年中下旬，施老师所在的医院因布局调整，需暂时关闭感染病房，这对我们这一批刚走上临床即将面临求职的学生来说，算是不小的冲击，没有临床的实践，谈何理论？谈何工作？此时，施老师极负责任地帮我联系了杭州师范大学附属医院的感染科，还帮助办理了院内住宿。因为不是直属的实习单位，加上位置远离校区，陌生的环境加上形单影只，那时，

浙江中医临床名家·施维群

最高兴的就是跟施老师出门诊抄方,交流近来的学习情况、临床碰见的疑难点、生活上遇到的困难,布置接下来的学习任务,跟随施老师去病房中医会诊。我学到的不仅仅是医学上的经验、知识,还有施老师待人接物的方式。

我曾跟施老师透露,希望能有机会多跟诊一些中医师门诊抄方学习,没想到当天中午,施老师就跑去见了几位临床经验丰富的中医师,将我拜托于他们。这段时间,我感受到了纯中医氛围的魅力,不需要过多考虑西医的指南、治疗原则,仅从中医望闻问切、辨证思路出发。在诊室,几个同学一起讨论中药、方剂、诊断、内科、伤寒论……从跟诊到试诊,从不敢自己开方到迫切希望带教老师对我的处方进行点评。满怀感恩!

毕业后,施老师的名中医工作室的安排、活动逐步走入正轨,经常会开展课下讨论、讲座、小课堂、义诊,还有病案收集等,而我也得以在微信群里共享最新的成果,接收新的知识,有空也能够实地加入这个团体中去,献上自己的绵薄之力。

(黄灵跃)

八、我的导师

独立寒春,瀛湖北渡,依南宫山涧,看巴山翠尽,雾绕蓝天,雀鸟长鸣,游人追逐,胜似江南好时节!忆往昔杭城岁月,恰学子少年,书生意气,幸投施门,道不尽知遇恩,诉不完师生情。

我是施老师的弟子程贤文,目前身处被誉为"秦巴明珠"的安康市,在安康市中医医院工作。我是陕西人,2014年拜于施老师门下,在杭读研与规培,学习、成长、历练了3年,2017年回到家乡,学以致用。

(一)跟师学艺

初次接触恩师是2014年春季,考研成绩出来后,我从北京赶往杭州,那天早晨,我满怀希望去找正在出门诊的施老师,患者很多,我向老师说明来意,老师就让我搬个凳子在一旁听诊。在这2个小时中,老师在接诊患者的同时,让我给患者把脉、断证候、问主方、方歌是何等问题,就这样我初识了恩师。

在杭期间,老师更多的是教导我如何做人,如何做一名好大夫,崇尚先树医德医风而后医心医病。老师眉宇之间,透露出温暖之意,是慈父的祥和,师傅的严恩。也幸得于此，我得到历练与前行。

老师是名老中医，每个周二、周三门诊我都跟老师抄方学习。记得老师让我第一次给患者开药是为一位发热的患者，当时患者住院持续低热不退，西医采用美罗培南治疗，效果欠佳，四诊合参之后，我觉得患者脉细舌红苔灰、发热不恶寒、乏力倦怠、口干不欲饮，当属阴虚之证，拟采用一贯煎合青蒿鳖甲汤加减。老师说还需斟酌，患者脉细而微涩、舌红而苔暗、口干不欲咽，当属血瘀而阴分不足，予血府逐瘀汤合青蒿鳖甲汤合二至丸加减。患者服药7天后，低热渐退而出院，后从血分转为气分，以竹叶石膏汤治愈。第一次放手让我诊病，我通过反思和学习，自知不足。在其后的学习中我聆听恩师谆谆教诲，反复思考，受用终身。

（二）不负师恩

读研期间，我以第一作者发表7篇核心期刊论文，大多是源于老师的学术经验总结，参与"十二五"国家科技重大专项研究，参与浙江省中医药管理局、浙江省科技厅等3项课题研究，在老师的教导下，最终获得浙江省科学技术进步奖三等奖1次，硕士研究生国家奖学金1次。在我参加浙江省新华医院住院医师规范化培训时，在老师的介绍下，我同时在浙江大学附属第一医院学习人工肝技术近半年。我毕业后就职于安康市中医医院，后再次于四川大学华西医院进修人工肝技术。现在我是安康市中医医院首位开展人工肝新技术的医生，这也要感谢现科室主任的大力支持。目前在科研上，我个人主持2项课题，参与1项陕西省科技厅课题，参与"十三五"国家科技重大专项"关于慢性非传染性肝病研究"项目。作为医院肝病研究所秘书，我也有幸成为《亚太中医学期刊》杂志编委。

承蒙老师的教诲和厚望，我目前发表的文章有《辨十二经之头部汗出之源》《见病知源体会太阴证》《"见病知源"体会少阳表证》《施维群以"厥阴法"辨治肝硬化经验》《〈黄帝内经〉及〈伤寒论〉辨治难治性失眠方证探究》《"补肾健脾养肝法"联合恩替卡韦片对慢乙肝免疫控制阶段 HBsAg 和 HBV-DNA 的影响》《复方鳖甲软肝片对乙肝肝硬化患者 PD/PVa 比值、Fibroscan 和 eGFR 的影响》《施维群辨治慢性乙型肝炎经验》《复方鳖甲软肝片对乙型肝炎肝硬化代偿期患者门静脉高压的影响》《施维群教授辨治肝硬化经验》《中医证型与肝纤维化及细胞因子关系分析》《中西医结合治疗脂肪性肝病研究进展》等。这不仅是我的成绩和努力，也是对老师的学术总结。

安康素有小江南之美誉，水光潋滟晴方好，山色空蒙雨亦奇，欲把瀛湖比西湖，学子心头胜西子。只盼恩师闲来塞北江南，把酒言欢，激扬文字，指点迷津。

（程贤文）

九、我的导师施维群教授

我叫曾如雪，女，出生于1992年10月，浙江江山人，2010年考入浙江中医药大学，专业为中医学七年制，2015年顺利转入硕士研究生阶段，正式师从施维群老师，研究方向为中西医结合治疗传染性疾病。硕士研究生在读期间，我在《浙江中西医结合杂志》发表论文《复方鳖甲软肝片对乙型肝炎肝硬化代偿期患者门静脉高压的影响》，参与多项课题研究，2016年顺利取得中医执业医师资格证书，完成硕士学位毕业论文《"芪灵合剂"对慢性乙型肝炎患者抗肝纤维化的疗效观察》，曾于浙江省人民医院感染科进修实习3个月，2017年顺利毕业，就职于江山市人民医院感染科。

千百年悠悠时光，传统医学作为中华文化的瑰宝之一，经过历史的沉淀与洗礼后，不仅需要传承，更需要的是在传承中发展与创新，才能展现其独特的魅力。

（一）严师领路

第一次见到施老师时，他正带着和蔼的笑容为患者诊治。我研究生被录取后正式跟随老师抄方，发现他平时待人和蔼，但治学态度严谨，对学生要求严格。正因如此，老师就像是茫茫大海中的灯塔，给迷途的扁舟指引方向；像是漆黑夜晚中的明灯，给迷茫的行者带来光明，让一路跌跌撞撞的中医学子少走了许多弯路。老师治病时，不论大病小疾，其辨证之准、用药之精，都是需要我们仔细揣摩并学习的，在老师的带领下，我真正地踏入了中医大门，也改变了在院校学习中的固有认识。

学习中医，打好基础是关键。施老师是一个治学态度相当严谨认真的人，从跟他抄方开始，他就一直强调，万丈高楼平地起，不管是学习中医还是其他方面，我们都要有牢固的基础，这样才能了解到更多深层次的东西。学中医更是需要沉下心且需要坚实理论基础，不论是中医基础理论，还是中药以

浙江中医临床名家·施维群

及方剂配伍，唯有每一个环节都掌握透彻才能成为一个合格的中医师。熟读经典就是我们学习道路上必须做的，尽管如《黄帝内经》《伤寒论》等并非一朝一夕可以掌握，但首先要花时间去熟读背诵，并在临床中理解其中的内涵，所谓"书读百遍，其义自见"。除了中医四大经典，施老师还经常督促我们背诵《药性赋》《汤头歌诀》等。他认为只有做到对每一味药物的性味归经都了如指掌才能在临床用药上游刃有余，而背诵《汤头歌诀》能帮助我们快速入门，在辨证准确的前提下应用经典方剂，再根据患者临床症状随症加减药物，事半功倍。古人云"用药如用兵"，打好基础，正确辨证，准确处方用药，才能在与疾病对阵的战场上凯旋得胜。中医的学习是个漫长的过程，作为中医学子，我们需要如"大医精诚"所言，博极医源，精勤不倦，"活到老，学到老"，才可能成为一个优秀的中医师，这也是施老师在临床上通过言传身教告诉我们的。

（二）领会老师用药方略

"见肝之病，知肝传脾，当先实脾"，说明治未病的重要性。施老师在临床治病时非常注重治未病。《金匮要略》云："夫治未病者，见肝之病，知肝传脾，当先实脾，四季脾旺不受邪，即勿补之；中工不晓其传，见肝之病，不解实脾，惟治肝也。"老师临床擅长各种肝病的诊治，临诊常见肝气郁滞的患者，疏肝之际每每不忘健脾，常处以逍遥散加减。冬季治病常注重补养肾精，《黄帝内经》言："冬不藏精，春必病温。"对于阴虚患者，老师常用二至丸、六味地黄丸等加减。除了已病防变，未病先防也是非常重要的，施老师临床上常常耐心对患者进行健康教育，指导他们如何顺应四时起居饮食，这也是令人钦佩之处。

用"疏肝健脾""肝肾同补""化瘀通络"各法论治杂病亦有效。施老师在治疗肝病方面非常纯熟，而且作为一位名老中医，他不仅以治疗肝病为重点，治疗各类杂病也是得心应手。常有许多女性患者因月经问题就诊，或月经先后不定期，或月经后期，经期腹痛，古语云"女子以肝为先天"，许多患者的各种月经问题，伴有明显的肝郁脾虚之象，老师往往以疏肝为要，加以健脾，常以逍遥散开路，再因人制宜加减药味，后期再随症加减，临床疗效可观。慢性肝病患者晚期，即会出现肝肾不足之象，且以肝肾阴虚为主；此外，在现代快节奏的生活中，多数人处于高压环境下，亚健康状态随处可见，许多年轻人亦有各种肝肾不足之象。《黄帝内经》认为"肝肾同源"，施老师在辨治这类患者时注重养肝与补肾并行，并辅以疏肝理气，在临床上收到一定成效。当慢性肝病患者到了晚期，除了出现阴虚之象外，久病入络、气血瘀阻也常见；除了慢性肝病，许多慢性疾病后期都易出现瘀血阻络之变。施老师辨治这类患者时注重化瘀通络，擅长运用各类逐瘀汤，如血府逐瘀汤等佐以通络入血之药，从而达到改善患者生活质量的目的。

得益于施老师的教导，使我的处方思路有所改变，了解到不是什么药都需要大剂量。刚入临床时，对于如何处方，如何控制药物的剂量，是令我非常迷茫的问题。当我以自己的思路处方时，因为认知的不足，除了一些毒性较大的药物，往往将常用药的剂量用得较大。而跟施老师抄方一段时间后，我发现，有些药物除了常规剂量，施老师在一定情况下应用的药物剂量较小，这也给我上了一课。以桂枝为例，施老师在临床应用桂枝，有时只会用5g，起初我并不理解，认为桂枝用于桂枝汤、麻黄汤起到解肌发表、调和营卫之效，剂量至少10g。而通过学习和思考，才知道老师在辨治过程中会稍佐桂枝以起到温通经脉之效，小剂量可避免其辛温助热，伤阴动血；当他运用理气药时，若多种药物同时应用，则通过控制剂量以避免破气伤阴；在治疗一些上焦疾病或是表证时，老师会应用一些清轻透表的药物，如薄荷等。此外，对于一些女性肝郁患者，还会运用清轻的花类药物以疏肝养血，如绿萼梅等，这类药物往往也需要小剂量以取其清轻向上之性治疗疾病。这些都是我在临床跟师中学习到的，印象深刻，施老师处方精妙有效，其中之理还需要我在以后的临床中领悟。

（三）医德至上

施老师强调医德的重要性，要先做一个好人，才能做一名好医生。孙思邈《备急千金要方·大医精诚》言："凡大医治病，必当安神定志，无欲无求，先发大慈恻隐之心，誓愿普救含灵之苦……见彼苦恼，若己有之，深心凄怆。勿避险巇、昼夜、寒暑、饥渴、疲劳，一心赴救，无作功夫形迹之心。如此可为苍生大医，反此则是含灵巨贼。"从选择学医的那刻起，我便下定决心要做一名好医生，不仅仅是医术好，更要医德好，但是跟施老师抄方以后才知道医德藏在每一个细节背后，才知道知易行难。第一件让我印象深刻的事是，在刚随老师抄方的时候，有个坐着轮椅的古稀老人来门诊看病，由于老人家行动不便，施老师第一时间就走到那位老人身边诊脉看病，并且耐心与老人沟通，这虽然是个非常小的行为，但却体现了老师优秀的教养和德行，后来老师也多次在门诊搀扶行动不便的患者，这都给我们做了很好的示范和教导，也令我汗颜。有时，医德不仅仅是体现在不收红包等方面，更体现在如何处理这种细枝末节方面。施老师在门诊也多次教育我们，要尊老爱幼，当一名好的医生，首先得做一个好人，有好的品德。只有在平时修身立德，才能从根本上做一个医术好、医德好的优秀医者，不求成为真正的"苍生大医"，只求无愧于心。

施老师几年来的悉心教导使我增强了对中医的信心，也让我对今后的工作有了更明确的方向。如何在西医医院发挥自身优势，发挥中医特色，用中西医结合治疗各种疾病是我现在乃至将来都需要思考的问题。我明白在以后的工作中接触的疾病除了肝病，将会遇到更多的真正的传染性疾病。在跟随施老师学习的过程中，我对中西医结合治疗肝病已经有了一定经验，那么如何将现有中西医结合治疗肝病的经验用于其他疾病的治疗更是我需要学习和思考的问题。人生路上，需要不断学习，遇到施老师这样的名师可谓三生有幸，我也会以施老师为榜样继续努力，争取成为一名能让大家认同的优秀医者。

（曾如雪）

十、以身示教，育学徒

虽然已经毕业，但我经常会回想起研究生时期。当时让我深感压力的是毕业课题的实验部分，寻找实验合作对象时的困难和焦虑，采集患者血液标本和送检的艰辛，而在这背后给予我最大支持的是导师施维群教授。对导师印象最深的大多是一些细节画面。在一个大雨倾盆的周三下午，特需专家门诊限号10个人，那天我到诊室的时间比老师稍早些，已经有患者在候诊了，没过多久老师进来了，因为是暴雨的缘故，雨量较多，他虽然打伞了，但裤脚已经湿到双膝，进门后老师马上换上白大褂，卷起裤脚就开始为患者看病，看到还在滴水的裤脚，当时我很想提醒老师找个地方把衣服吹干了再开始诊病，但看到老师认真的状态就没好意思开口了，就这样，他穿着湿衣服直到看完当天预约挂号的患者。当然，衣服最后是用体温暖干的。印象中，那天我很想编辑一段表达敬佩的话语发条朋友圈，但一遍又一遍地编写，最后还是决定删除了，因为像这样为患者着想的事情是经常发生在老师身上的。再比如，门诊时经常会有患者由家属推着轮椅来看病，只要施老师看到有推轮

浙江中医临床名家·施维群

185

椅来的患者，就会赶紧跟家属说："不用推进来了，等会儿我出去看。"等叫号叫到这位患者时，他就会起身到诊室外给该患者切脉、望舌、查体。

施老师是从医 40 余载，精通中医四诊辨证，擅长治疗内科各种疑难杂病，尤其擅长运用中西医结合治疗肝病相关疑难杂症，拥有丰富的临床诊治经验。

病案 1

赵某，女，58 岁，于 2016 年 5 月 10 日因"肝功能异常、血小板减少 3 年"就诊。3 年前体检时发现"肝功能异常""血小板减少"，未予重视，未施正规治疗，曾就诊于多家医院，均未取得满意疗效。2016 年 3 月 21 日于当地医院查血常规示：血小板（PLT）13×10^9/L，肝功能示：谷丙转氨酶（ALT）80U/L，于 2016 年 3 月 22 日就诊于浙江大学附属第一医院，查血常规示：PLT 15×10^9/L，遂以"乏力 3 年"收住入院。入院诊断为"血小板减少待查"，入院后查尿常规：蛋白（±）。凝血功能常规：活化部分凝血活酶时间（APTT）26.1 秒，凝血酶原时间（PT）11.5 秒。心肌酶谱：ALT 66U/L。血常规示：PLT 21×10^9/L。查肝胆胰脾彩超示：脂肪肝，胆囊切除术后。骨髓穿刺检查示：有骨髓小粒，有核细胞，量中等；粒细胞增生活跃，以中幼粒细胞以下阶段增生为主；部分粒细胞胞浆中有中毒颗粒及少量空泡；红细胞增生活跃，以中晚幼红细胞增生为主，幼红细胞形态无殊；成熟红细胞轻度大小不一；成熟淋巴细胞比例、形态无殊；巨核细胞数量增多，全片共见巨核细胞 158 个，分类 50 个，其中幼稚巨核细胞 2 个，颗粒巨核细胞 44 个，产板巨细胞 1 个，裸核细胞 3 个，产板功能差。诊断为：①免疫性血小板减少症；②胆囊术后。给予升血小板胶囊口服治疗及对症支持治疗。出院查血常规示：PLT 40×10^9/L，予升血小板胶囊口服治疗，肝功能示：ALT 99U/L，谷草转氨酶（AST）65U/L，于 2016 年 3 月 28 日出院。2016 年 4 月 5 日于当地医院查血常规示：PLT 31×10^9/L。2016 年 4 月 8 日就诊于杭州市第一人民医院中医科，诊断为"免疫性血小板减少症""肝功能异常"，给予中草药治疗（具体方药不详），1 周后复诊，治疗同前。其后复查血小板均示较前减少，2016 年 5 月 3 日查 PLT 40×10^9/L。本次就诊时患者乏力明显，余未见不适。既往体健。否认高血压史、糖尿病等慢性病史，否认乙肝、结核等传染病史，有胆囊切除史，否认食物、药物、花粉等过敏史。查体：神志清，精神可，未见皮肤出血点及瘀斑，余查体未见异常。舌暗淡少苔，脉弦涩。治疗：西医给予双环醇片、熊去氧胆酸胶囊等护肝治疗，芪胶升白颗粒升血小板治疗；

中医给予滋阴活血治疗，方选逍遥散合二至丸加减。

处方：女贞子12g，旱莲草15g，蒲公英12g，生白芍9g，茯苓12g，生甘草6g，生柴胡9g，生当归9g，阳春砂（后下）6g，赤芍12g，麸白术9g，牡丹皮9g，焦栀子9g，垂盆草30g，五味子6g，三七花6g，金钱草20g，海金沙15g，半枝莲15g，麸枳壳6g。

二诊：乏力症状较前有改善，余无殊。查体：舌脉同前。辅助检查：自身免疫性肝病抗体、抗核抗体组、甘胆酸、甲胎蛋白（AFP）均阴性；肝纤维化四项中HA 231.26ng/ml；血常规：WBC 5.7×10^9/L，PLT 39×10^9/L。治疗：西医继续前方案，中药在前方基础上调整。

处方：女贞子12g，旱莲草15g，蒲公英12g，生白芍9g，茯苓12g，生甘草6g，生柴胡9g，生当归9g，阳春砂（后下）6g，赤芍12g，麸白术9g，牡丹皮9g，垂盆草30g，五味子9g，三七花6g，金钱草20g，半枝莲15g，半边莲15g，麸枳壳6g。

患者经治3个月后肝功能完全恢复正常。

病案 2

庞某，男，未婚，2016年7月19日初诊。主诉：慢性活动性乙型肝炎11年。2005年诊断为"慢性活动性乙型肝炎"，服用拉米夫定治疗，耐药后联合阿德福韦酯抗病毒治疗7年，坚持服用至今。2016年7月19日化验结果为乙肝三系：乙肝表面抗原（HBsAg）、乙肝核心抗体（HBcAb）（+）；血常规：白细胞（WBC）5.4×10^9/L，血红蛋白（HGB）150g/L，血小板（PLT）208×10^9/L；尿蛋白分析四项：MA 280.0mg/L，TRU 28.2mg/L，IGU 67.2mg/L，A1M 688.0mg/L；免疫功能：C3 0.73g/L；HBV-DNA ＜ 1.00×10^{2}copies/ml；生化：P 0.58mmol/L；CREA 156.3μmol/L，ALP 210U/L，CK-MB 27.3U/L，CHDL 2.92mmol/L，HDL 1.70mmol/L；肝纤维化指标：HA 124.16ng/ml；余正常。计算GFR为52.75ml/min×1.73m^2（MDRD公式）。症状和查体：无不适症状，舌质偏红，有齿印，脉细。中医诊断：肝着（气血亏虚）。西医诊断：①慢性乙型肝炎；②药物性肾损伤；③范可尼综合征。中医治疗：八珍汤加减。

处方：黄芪30g，太子参12g，麸白术9g，茯苓15g，生甘草6g，青风藤15g，阿胶珠（烊化）9g，三七花6g，猪苓12g，生泽泻9g，薏苡仁15g，生当归9g，桃仁9g，川芎6g，赤芍12g，生地黄12g，炒葛根12g。

西医治疗：替比夫定（每次1片，每日1次）抗病毒治疗，百令胶囊（每

浙江中医临床名家·施维群

次 4 粒，每日 3 次）保护肾脏，磷酸二氢钠针剂（每次 1 支，每日 3 次），嘱其检查 24 小时尿蛋白定量。该患者因为服用阿德福韦酯片后出现范可尼综合征，经治疗后，患者肾功能恢复正常。

施老师从专业角度出发，为众多肝病患者带去福音，多次从死亡线上挽救患者生命。如今，已经退休的施老师还奋战在医学前线，每日都学习到很晚，不断更新专业知识，正所谓业精于勤，严于己。老师每晚都会分享《夜读》给我们，同时会附上自己的读后感与大家分享，有时是人生感悟，有时是激励故事。

（傅燕燕）

十一、谆谆教诲铭记于心

我叫来杰锋，是浙江杭州萧山人，2016 年我考取了浙江中医药大学硕士研究生，施维群老师是我的导师。3 年的研究生生涯，对老师的谆谆教诲铭记于心，在即将毕业的 2019 年，有幸参与老师书籍的编写工作。

记得 2016 年 3 月，第一次在门诊见到施老师时，他和蔼可亲的态度使我感觉自己跟对了老师。施老师告诉我："要多看书，在临床规范化培训 3 年期间，不要丢了中医的东西，要从经典入手，再临床实践，即要读经典做临床。"由于目前研究生合并临床规范化培训的政策，与施老师的见面时间并不是很多，每周只有两个半天门诊可以跟师抄方学习，所以我格外珍惜。在跟师过程中，施老师经常和我们讨论病例，论用药，论经典，并且于每周三下午门诊结束后给我们讲课。同时，施老师在讲课时注重理论联系实际，常把门诊中的案例和我们进行分析和讲解。无论是望闻问切，还是患者进诊室时的第一印象，以及患者体质如何，问诊技巧是什么样的，发病诱因如何，疾病特点如何，患者典型舌苔脉象等。施老师教我们从各个方面去观察判断，并且举一反三，若下次遇到类似问题，施老师就会向我们提出问题，检验我们对疾病治疗的掌握程度。

自从跟随施老师学习后，我的学习态度不一样了。过去在学校是在"填鸭式"的学习方法下接受教育，死记硬背，不管是否理解，只求能把书本上的内容全部背下来，待考试时一字不漏地默写出来，便大功告成。学习是被动的，以分数为目标，毫无乐趣可言。而今，跟从施老师临床实践，以治病为本。施老师善于把自己行医多年的临床诊疗经验上升为理论，使我逐渐"开窍"。中医是一门经验医学，讲究的是辨证论治。目前，我们一方面在规范化培训过程中学好扎实的临床知识，在跟师过程中也能夯实自己的中医知识，使自己少走很多弯路。施老师总是教育我们，要扎根中医，西为中用，中西医结合。

在这 3 年的学习过程中，我成长了不少，成长背后是施老师对我的谆谆教导，老师带我在中医之路上前行，让我成为更好的自己。施老师在患者中有良好的口碑，他常常教导我们"立业先立德"，即将毕业走上工作岗位的我，作为他的学生，我不仅学到了安身立命的一技之长，更领悟到了施老师高尚的医德和强大的人格魅力。

（来杰锋）

十二、"施"与"施"

（一）初遇导师获赠书

2017 年，我报考了施老师的硕士研究生。在研究生考试成绩公布后，我便通过电子邮件与施老师取得了联系，从武汉直奔杭州与老师面对面交流。老师给我的第一印象很儒雅，且谈吐很有趣，使开始还很紧张的我慢慢放松下来。后来老师给我往届师兄的微信，让我了解研究生复试的相关注意事项，增加了复试的信心，使我研究生复试顺利通过。临回家前，老师给了我两本专业书籍，一本是《北京中医名家巡讲实录》，里面记录了诸多中医名家讲座报告；一本是《肝胆病学》，其从现代医学角度详细讲解肝胆疾病。施老师赠书旨在让我提早预习中西医专业理论知识，以便较快进入临床。后来由于时间关系，进入临床工作未能较好完成老师的殷切希望，愧对老师。

（二）临床之中听教诲

我入学后，先进行了短暂的理论学习，之后便开始了专业型研究生的临床规范化培训。第一天进岗，施老师就给我发短信，告诉我好好在每一个科室学习，掌握基本的专业知识，这令我很感动，下定决心要好好完成规范化培训学习。在医院学习之余，我每周会在老师门诊抄方 2 次，抄方时间也是每周与老师接触交流的时间，不仅可以面对面接触门诊患者，还可以零距离观摩学习老师看病的过程。

浙江中医临床名家 · 施维群

施老师时常教导我们，先学会做人后学会做事，更何况我们是医生。让我印象深刻的是，有一次，一个80多岁的老爷爷来门诊看病，拄着拐杖，一步一步颤颤巍巍走进诊室，我和师兄师姐都坐在老师旁边看着，后来老爷爷出去的时候我们也在那无动于衷。老爷爷刚走出去，施老师就狠狠地批评了我们，说："我是很希望你们其中一个人能够起来去搀扶一下老爷爷，这是做人乃至做医生最基本的素质。"这让我们很惭愧。是啊，我们现在不仅是学习专业知识，更重要的不是为人民服务吗？此外，跟随施老师抄方时，可以适时提出不明白的问题，施老师也会提出一些问题，然后进行讲解，这个过程能够让我真正学习到中医看病的思路。老师还会给我们"讲故事"，通过讲故事的方式循循善诱，教导我们首先考虑什么风险，要怎么处理，进一步出现什么结果，不只是看到后面一两步，要看到更远处，未雨绸缪。通过真实病案的讲解，印象能够更深刻，更好地理解疾病，同时也学习了怎样处理类似的事情。门诊之余，我会跟随施老师去各病区会诊，在对患者望闻问切后，老师会让我先试诊，进行辨证后，提出处方思路，之后再由老师进行分析和讲解。记得有一次，去肿瘤科会诊，进病房时，老师先和患者进行交流，说明会诊目的，然后开始望闻问切，结束之后，就看着我说："你也看看，然后把辨证和处方告诉我。"我一阵紧张，担心辨证论治不对会被批评，老师站在一旁，看着我对患者问诊、切脉、望舌等，患者乏力口干、纳差、寐差、大便干，舌质干红，脉弦数。一会儿，施老师就笑着问我："怎么样？"我怯怯地说，患者属气阴两虚、阴虚火旺，可用青蒿鳖甲汤加减。老师笑着点了点头，最后还耐心地和我分析患者的症状体征，结合四诊信息所得的辨证，进行处方思考。通过这次会诊，我有了一些自己的想法并能够进行辨证分析，分析结果竟还能与施老师不谋而合，甚是欢喜。

（三）施师精神永学习

每年举办年会的时候是师门学子会聚之时，施老师布置任务，我们各自完成，我因为经验和能力有限，主要做一些小事情，重要的操心的事情都是有能力的师兄师姐去做，当看到他们忙得没空吃饭、加班到凌晨的样子，很想替他们分担一些。这样大型的活动是非常锻炼人的能力和思维的，能够亲身参与其中，感受到整个策划创办的过程，体会其中的重难点，使我了解了类似活动的策划流程和人员接待，使我得到了很好的锻炼。施老师还会在阳春三月组织师门一起出去春游，带领我们领略大好风光，感受大自然的气息。

在欢聚中,我们聊工作,谈志向,憧憬未来,其乐融融,俨然是一个活力十足的大家庭,这氛围着实让人怀念和眷恋。

虽然跟着老师学习仅仅一年多的时间,他做事做人做学问的魅力深深影响到我。他时常给我们讲授自己从医多年的心路历程和临证经验,论及最新的研究成果,教导我们做善良正直、踏实勤奋之人。在老师名中医工作室中,大家互帮互助,师兄师姐在生活学习上帮助我,让我这个从外地来杭州求学之人感觉如同回到了家一般,这是一个有爱的大家庭,并且越来越壮大。我想,在研究生阶段,专业知识的获取是很重要的,专科知识和通科知识都要学习到,学习医患沟通、人文关怀、医学前沿、中西结合都是必然的。更重要的是能力和习惯的培养,这是比本科学习更进一步的升华。专业型硕士研究生,既归属学校,也归属医院,相当于半个社会人,考虑事情、处理事情的能力和习惯是非常重要的。在与施老师的接触中,我在耳濡目染中学到了施老师真诚、宽容、认真、坚持的高情商的待人接物方式,让我深深敬佩,他是我终身学习的榜样。

(李 峰)

第三节 薪火相传师徒缘

一、我有一个中医老爹,我得继承衣钵

当我第一次知道我爸是医生时,是我 3 岁那年。他挂着个听诊器在幼儿园教室里,小朋友们挨个排队接受他的"听诊"。我伸长了脖子,心里"咚咚咚"地跳,终于轮到我时,爸爸若无其事地为我检查,我则嘻嘻哈哈笑个不停,还伸手摸摸爸爸的头发,对边上的小朋友自豪地说:"这是我爸爸!"我第一次记得我爸要上夜班,是我 6 岁那年。大年三十的晚上,我忽然发起了高热,妈妈为我忙活了一夜。大年初一上午,爸爸拿着给我买的大红气球回来的时候,才发现满脸通红的我还睡在床上。我睁眼时,看到了爸爸满脸的心疼和愧疚,爸爸一边给我喂中药,一边说着:"沁沁对不起,爸爸昨天值夜班不能赶回来……"我第一次知道医生应"随叫随到",是我 8 岁那年的一个冬夜。夜阑人静时,家里电话骤然响起,我这辈子也无法忘记。爸爸接完电话后,急急忙忙穿好衣服,棉外套都没披上就出去了。妈妈追出去给爸爸送了

外套，回来看到醒着的我，告诉我爸爸医院有重症患者需要抢救，爸爸去医院了。那夜我彻夜未眠，担心爸爸不睡觉会不会累，想知道那个患者到底怎么样了……一直到天蒙蒙亮，爸爸回来了，我才沉沉睡去。

夜班，抢救……这些事情在往后的日子里已经成了我家的"家常便饭"，随着逐渐长大，我也早已习惯了这些。可是，我第一次意识到我其实对此很介意，是高考填报志愿的那天。爸爸妈妈都希望我学医，我却执意不肯，每周两三次的夜班有点频繁，自己生病了还要给别人看病我也有点为难，我最不想的还是大半夜被叫去医院抢救患者！爸妈听完我的理由，都沉默了。所以，我如愿填报了管理类的专业。毕业后还顺利地被浙江省五金交电化工有限公司（现更名为浙江百诚集团股份有限公司）录用，从事行政和人力资源管理工作，这一来就是整整12年。

我辞职那天，公司上下议论纷纷。每个人都好奇我怎么会如此大跨度地投身中医事业。我"官宣"：因为我有一个中医老爹，我得回去继承衣钵不是？既然要继承衣钵，当然先要开始"师承"我爸，学习中医。其实大家不知道的是我做这个决定有着多么漫长的过程。在公司十余年的历练，我精明能干。本职工作以外，我担任内部讲师，还是公司十年不变的"千人团拜会"主持人，党工团的各类活动都有我的身影。外人看来，我真的没有必要"跨界"。可是我却觉得自己在公司做管理表面确实还算不错，但是内在已经到了一个怎么也突破不了的瓶颈期，无法突破自我，我开始有了离开的念头。家人先是建议我三思，我也并没有贸然做这个决定，而是一次次和家人、师长及朋友们谈心，听取建议。也是在这个过程中，我的医生爸爸觉得他的闺女为人处世可以说是比较成熟稳重了，能看懂，也能看破，更能看淡很多事情，于是他觉得"火候到了"。爸爸提出让我"师承"的时候，我也很惊讶，觉得我这个"医学小白"怎么可能在这个时间这个年龄贸然"入行"！但是爸爸颇有信心，说学中医就是要这个年纪，这个阅历才能有所"悟"，悟人和自然的关系，悟整体和部分的关系，更是悟人自身，以及人与人之间的关系。他还觉得，对于中医，我早已经有比较强的概念了。其实细细想来，作为一对中医夫妇（妈妈也是中医师）的独生女，中医的种子早已悄然在我心间生根发芽了。

幼年的我体弱多病，用得最多的是中药：喝中药，熏中药，中药泡脚……更有俞尚德爷爷亲手调配的中药粉剂入棉背芯里贴身穿，这一穿还治好了我打娘胎里带来的哮喘！小学二年级时，和我最亲的外婆中风卧床。那五年里，妈妈几乎每隔几天就要给外婆扎针灸和推拿。耳濡目染，我居然也知道了很多穴位的功效。学校里碰到有同学牙疼、感冒或者肚子疼，我还能像模像样地给他们按摩穴位。再大一些的时候，自己有些小毛病还会自己诊断（当然诊断结果还得告诉爸妈，他们会告诉我对不对），然后用些中成药治疗。对医学乃至中医的概念，也随着我的成长在渐渐强化。

这样一总结，我从一开始的惊讶、畏惧，变得淡定和从容。那段时间开始，我变得关注中医的相关知识了，也对爸爸平时的坐诊、开方上心了。真的是漫长的"思量再三"，我成为爸爸众多学生中那个最特别的：是闺女，也是学生。骂得最多最狠的，也是最舍不得骂的。不管我特别不特别，我依然如儿时一般，觉得爸爸就是我的"男神"！

（施晨沁）

二、师徒情缘

施老师是一位德高望重的专家，但对于我来说，他是我的恩师。我是2017年入的师门，但与老师的不解之缘应该追溯到十几年前。

（一）初见恩师

初见施老师是在我浙江中医药大学本科毕业的第一年，当时我分配到重症加强护理病房（ICU）工作，当时，老师的一位至亲因脑梗死住进了ICU病房，每天我都能见到老师来探视亲人，作为一位名中医，施老师在床旁给老人看舌苔、把脉、开处方，我时常在旁边观察，并在内心佩服老师的专业，尽管工作繁忙，但是每天例行地给老人倒水擦身、阅读报纸等琐事老师都尽量亲力亲为，不假旁人之手，细心周到地照顾，不仅仅体现的是专业还有温情，在看惯人情冷暖的ICU病房，他给我留下了深刻的印象。后来听科室的老师说，施老师是我院肝病科主任，是实现我院肝病科从无到有，进而成为重点科室的骨干型肝病专家，是一位各方面能力极强的科室主任。从那时起，施老师在我心中就是高山仰止的存在。

（二）治我心病

同年，刚上临床的我因规范化培训轮转需要转到了施老师的肝病科。因个人原因，我本科毕业以后就参加了工作，虽然坚信临床的经验对理论学习有更多的裨益，但是，面对院内硕士、博士等一大批高知，总觉得自己低人一等，所以我努力用自己的勤学好问来弥补学历上的欠缺，但总感到底气不足，因而总在不经意间流露出自怨自艾。某天，施老师特意把我叫到办公室，我内心十分忐忑，生怕是有什么做得不够好，但是，不曾想老师与我进行了一次深入的谈话。还记得当天施老师笑眯眯地对我说："小丁，你到我们科室轮转学习已经一个多月了，科室的老师都夸你工作勤奋，做事认真仔细。但我发现在你身上有一个比较严重的问题是自卑心理……"自以为隐藏很好的内心被老师一语道破，在羞窘的同时有一种被关心、被关注的感动！

被老师一语道破其实对科室的同事来说并不让人感到意外。施老师从事肝病方面的诊治已经多年，很早的时候就发现肝病患者往往存在心理疾病。为此，老师就去浙江大学辅修了心理学，并考取了国家心理咨询师。浙江中医药大学附属第二医院的肝病科在省内率先开设肝病门诊心理咨询。这也是生物—心理—社会医学模式在肝病门诊的具体体现。老师一般在治疗患者肝病的同时也会主动与患者保持良好的沟通，给以相应的心理辅导。很多患者与施老师保持着亦患亦友的关系。老师正是从患者的日常点滴中深入地了解他们，给以开出最好的治疗药方。

在接下来的日子里，只要我中午有休息时间，施老师总会叫上我和他一起去游泳。老师会给我他随身带的饼干等补充能量，然后回到工作岗位开启下午活力充沛的工作模式，就这样差不多过了一年的时间，我渐渐地发现我状态越来越好，对生活、对学习、对工作有了新的期许和努力的方向，内心感到更踏实，更有底气了。后来我才知道，施老师还是一位有扎实基础的心理学工作者。他运用运动疗法，释放了我的心理压力，缓解了我的心理疲劳，治愈了我的"心疾"。

（三）催我奋进

因内心对肝病科的感情，同时科室的各位老师又都很照顾我，而且考虑到一般情况下晚上突发抢救学习上手的机会多，所以那时肝病科的门诊办公室成了我学习的最好地点。2009年的一个夏夜，在完成了一个阶段的学习后，又困又累的我不自觉地趴在桌上迷迷糊糊地睡着了。突然门开了，我一下惊醒，原来是施老师回来拿重要文件，看到我趴在桌上睡觉，就关心地问我怎么这么睡，我不好意思地说："在这里看书看累了，一不小心睡着了。"我以为老师会批评我，没想到老师在沉思片刻后，坐下来语重心长地对我说："小丁，你还年轻，刻苦努力是必要的，但身体也要保护好，累了最好是躺着睡，我这里有折叠椅你可以拿来用，休息好才能提高学习效率。另外，在学习方面，你在接下来的时间要努力完成三方面的目标。第一，临床诊治水平的积累和提高，你要多临床，多思考，多总结；第二，努力提高学历，无论后期的个人发展还是知识的储备，学历都是非常重要的一环；第三，提升科研能力，大学、附属医院不但需要一个会看病的医生，更需要一位既会看病又懂得学术交流和科研总结的医学专家。"听完老师的一番话，犹如迷途中找到了领路人，接下来的日子里我奋起努力，获得了浙江大学医学硕士的学位，又在老师的指导下发表了第一篇学术论文。

（四）带我入门

时间过得很快，我与施老师相识已有 10 年了。平时也常到施老师办公室谈谈心事，聊聊家常，偶尔老师会和我谈起关于中医的一些故事，比如老师和老师的老师的经历、古代名家从医故事等。2017 年 3 月，因有疑难找老师指导，我特意来到老师的门诊，在给我解惑后，老师突然郑重其事地问我："小丁，你有没有想过跟我学中医？"我心下已是一万个答应，但是还是老实地回答："我担心学不好。"老师笑着说："很多有名的中医曾经可是西医科班出身的啊，比如我国著名的肝病专家王灵台教授、中西医结合的典范陈可冀院士等，我是从你进院开始看着你成长的，如果你愿意学，我相信一定可以学好。"陈可冀院士是"西学中"出身的国医大师，是中西医结合学术事业的奠基人和开拓者。1955 年底我国组建中国中医研究院（中国中医科学院前身）开启了中医药研究的大门，陈可冀院士就是当时我国第一批"西学中"学员。施老师拿这样的事例激励我努力学习中医，希望我成为中西医结合的医学人才。因此，我还参加了由浙江省中医药管理局组织的"西学中"学习班。其实，师从施老师，对我来说是一件"固所愿也，不敢请耳"的事情，是一件我梦寐以求的事情，是一件我一直觉得遥不可及的事情，能得到老师如此肯定，能真正继承老师衣钵，能作为传统医学传承者，我既感动又激动。

（五）助我成才

我虽是西医出身，但凭借多年对中医的兴趣及爱好，有了一定的认识，但是没有经过系统的学习，所以在中医理论及中医实践上非常欠缺，入了师门，开始跟老师进行系统的学习。每周，老师都有名中医门诊，只要时间合适，我总是在旁边学习。每周老师会安排不少于2次的抄方学习，自古医药不分家，传统医学的经典中药配方是历代中医药人的精华之物，抄方，讲方，老师用润物细无声的方式让我在中医的道路上不断前行。作为老师的入门弟子，老师不仅仅在业务能力上不断地培养我，在医德教育方面也没有任何的放松，语言的力量往往空泛，老师更多的是用言传身教、身体力行的方式来教育我。让我最佩服的事情是，他总是很清楚地记得他诊治的每位患者的情况，每当患者需要复诊或重新检验而没有来的时候，老师会主动电话通知患者，对每一位患者都负责到底，特别是对疑难病症及危重病症就更加如此。有一次，老师门诊的时候遇到了一位患者涉及呼吸系统及恶性肿瘤病的问题，老师客观地向患者讲述了病情，并电话联系了我院呼吸内科黄晟主任及浙江省肿瘤医院的专家，咨询了相关专业问题后又帮患者联系好了对应的门诊，患者非常感动，而我深深感佩。

作为名中医，医术的精湛也是老师的一个让人崇敬的地方，有一次在杭州师范大学附属医院，作为专家，老师参加了一个会诊，患者全身瘙痒难耐，用了西医临床各种检测方法都无法确诊其具体病因，老师根据中医辨证施治的方法，针对患者的具体情况开中药汤剂，两个月左右患者就基本痊愈了，让我在感叹中医强大的同时也深感老师医术的精湛。在老师的诊室，贫穷富贵从来不是衡量诊疗质量的标准，恭敬倨傲从来不是影响诊疗时间的关键，平民权贵从来不是诊疗先后的指标。医者父母心，医者仁爱心，医者平常心，总是感动于施老师对患者的嘘寒问暖，平易近人，一切的一切都鞭笞着我向老师看齐。

在未入门之前，老师也时常推荐他认为对我成长有益的书给我看，入门后，老师给了我更系统的书单，这中间有涉及传统医学基础理论部分的四大经典著作，也有作为中医哲学基础的《中国象科学观》，还有传统医学的经典著作《名老中医经验方》。在学习的过程中，感叹于传统医学的博大精深、学海无涯之外，老师对我学习中碰到问题的解答总是让我感叹于老师的学识渊博。

作为施门弟子，与老师相处越多，越被老师的个人魅力所感染，无论是病床前普通的孝子，还是科室里洞若观火的主任，或者是弟子面前理论精深、技术精湛的师长，老师用言传身教让我们这些弟子在学习中不断成长。

得遇良师，吾生幸甚！

（丁月平）

第四节　润物无声授业宽

一、规培遇良师

2013 年秋，我硕士毕业后来到浙江中医药大学附属第二医院（浙江省新华医院）消化内科参加工作。此时，浙江省住院医师规范化培训正如火如荼地开展，医院让我选择一位主任医师作为规范化培训跟师学习的中医老师。初来乍到的我对这些主任十分陌生，经同事推荐，我选择了当时负有盛名的施维群老师。如此，便与施老师结下了缘分。3 年的规范化培训，3 年的跟师学习，亦师亦友，收获颇丰。俗语有言，一日为师终生为父。施老师的谆谆教导，如家父的"唠唠叨叨"，将会一直伴随着我的人生成长。在跟随施老师 3 年的学习过程中，我深深体会到中医的博大精深。

施老师常言：工欲善其事，必先利其器。欲使中医造福百姓，必须熟练掌握中医，因而得首先了解中医的学习方法与路径。施老师经常给我们讲述他们老一辈中医人的求学过程，那个年代，大家都非常刻苦，大家都是跟随老师抄方看病，直到学有所成才独立出诊。施老师认为"师带徒"的模式才是真正培养中医人才的方式。每当谈及现在"中医"人五花八门的入门方式时，施老师心中有一丝忧虑，有一丝担心，也夹杂着些许愤怒。这些人在学习中医之前根本就没有很好地思考这个问题，有些人喜欢一头扎进《黄帝内经》《伤寒论》《金匮要略》等经典古籍里，苦读数年后便出口成章，经文熟记于心，但临床看病，却无从下手，进而怀疑经典，怀疑中医；有些人执迷于药物学，精研于各种中草药，便成了草药医生，单方医生，把个别中药和处方视为绝密，越求越奇，以为不是深山老林里的神药或者奇方秘方就不能治病；还有一些人求于易，求于道，将中医和气功，甚至和宗教混为一谈，强词夺理，故弄玄虚；除外，还有一大批中医学院、中医药大学毕业的"科班生"，接受正规的中医教育，同时学习现代临床医学，毕业后自认为掌握中西医两种医学，高人一等，和临床医生谈阴阳五行，和中医人聊细菌病毒，以为天下无病可治，当真遇到问题，便成了无头苍蝇（而我很有可能就在其中）。

具体如何学习中医？施老师指出：首先要端正自己的态度，先宏观后微观。一定要先对中医的学术体系有一个整体的大概印象，先通过走马观花式的浏览，然后再去学习具体的知识，而不是一下就陷于各种秘方、秘法当中，否则终会成为一锅浆糊。他重点强调，中医经典书籍需要认真读、用心读，对条文既要倒背如流，又要烂熟于心，更要理解其真正的内涵。施老师告诉我们，临床上遇到有很多医生已经号称可以攻克绝症了，结果自己得了感冒，还分不清是风寒还是风热，基本的概念都是一塌糊涂，如何能够登堂入室？其次要培养提高思辨能力，不能一味追求死记硬背。中医知识浩如烟海，人的精力时间都有限，一个医生不可能面面俱到地学，也不可能什么病都会治，关键是要能构建自己的学术体系，在一定的范围内有所建树，如此足矣。比如方剂，一个临床医生真的不需要学那么多处方。千招会不如一招精，一方融会可变数方，一法学透可变数法。另外，要有一种批判的精神。一定在建立好自己的医学体系以后，再去研究各家学术及前辈的经验，带着怀疑的态度学习，以临床疗效来验证。最后，最重要的一点是跟师，多跟几位中医前辈或者中医大家学习，认真抄方，用心体会，汲取百家之长。

施老师临床诊治时，讲究中西医结合，辨病与辨证相结合，尤其注重辨证施治。社会上有些中医师在临床诊治中，单纯使用中药治疗，不用西医药物，这种思想有所偏执，此类医师也难登大雅之堂。施老师经常告诫我们：医学的目的是为了救死扶伤，治病救人，造福人类。只是西医治病讲究循证医学，从病着手，针对病因治疗，而中医治病，讲究病证结合，注重辨证施治。简单说，西医从微观角度看待疾病，中医从宏观角度去看待疾病整体。临床上有些疾病，如慢性乙型病毒性肝炎患者，疾病善于变化，病毒复制高，肝功能异常，治疗必须使用抗病毒药物，如此时单纯使用中医治疗，则效果差，并将延误治疗时机，病情可能加重，针对此类病患，需要积极给予口服抗病毒药物，同时予中医药治疗，两者结合，才能发挥更大的治疗效果，更快降低病毒复制，控制病情发展；又比如一些肿瘤患者，具备手术治疗条件，则应该积极推荐手术治疗，单纯中医药治疗，可能会使患者出现病灶转移，丧失手术治疗时机，反而加快死亡，如手术后化疗能够收益，则应积极推荐进行治疗，此时联用中医药，对患者疾病治疗具有帮助，中医药可发挥对化疗药物增效和减毒的作用，并且可以整体调理机体，增加正气，提高免疫力，抗击邪毒。

施老师贵为浙江省名中医，但始终坚持以高度的责任心、精湛的技术水平为患者解除病痛。施老师常言：活到老，学到老，学无止境，这是施老师经常教导我们的。他退而不休，一直不停学习，经常参与各种会诊病例讨论、各类学术盛宴，阅读大量中医古籍，并与学生们探讨临床上的各种疑难病证，一个人带动一群人，令我们这些学生获益匪浅。

孙思邈的"大医精诚"篇，开宗明义地提倡为医者必须要有医德，要发扬救死扶伤的人道主义精神。进而论述"大医"修养的两个方面："精"与"诚"。"精"，指专业熟练；"诚"，指品德高尚。就是说，为医者必须医术精湛，医德高尚。每次提到大医精诚，我就想起了施老师。施老师是我们努力的方向。花甲之年的施老师，身体硬朗，思维敏捷，每周门诊保持在 3 次以上。施老师深谙养生之道，定期游泳，漫步，冬令进补，应季养生。施老师指出《黄帝内经》是我国现存最早的一部医学著作，其对养生学有指导意义，该书强调整体观及从"防未病"思想出发，指出应"不治已病治未病"，注重内在环境与外在环境的统一，强调从外因和内因两方面养生。"虚邪贼风，避之有时，恬淡虚无，真气从之，精神内守，病安从来。"对外在的"虚邪贼风"，应及时回避，对内应保持气血阴阳的平衡，做到"恬淡虚无"，正气充足则疾病不会发生，从而达到健康长寿之目的。

随着现代医学的进展，临床分科日趋细化，年轻的医生只懂得本专业的知识，对其他科的知识知之较少。在跟师学习中，施老师通过望闻问切，对各种疾病的诊治恰到好处，如咳嗽、月经不调、淋证、耳鸣、胁痛等。故有感中医博大精深，从宏观角度去认识问题，解决问题，各种内伤杂病均可以治疗，而非临床各个科室"各司其职"。同时，作为一名合格的中医师，应具有哲学的思想，具有整体观念，灵活运用八纲辨证。

下面附几则跟师病案。

病案 1

患者，男，65 岁，"肺癌"晚期。两肺中等量积液，胸闷气急明显，夜间不能平卧，下肢浮肿，畏寒，无发热，二便尚调，舌红少苔，脉弦。曾多次就诊于其他医院，予放腹水等治疗，效果不佳，胸腔积液反复。后就诊于施老师门诊，经辨证为痰饮之悬饮。予小青龙汤合葶苈大枣泻肺汤合五皮饮加减。予中药 7 剂。

处方：蜜麻黄 6g，生桂枝 6g，蜜甘草 6g，炒白芍 9g，姜半夏 9g，葶苈子 12g，大枣 15g，茯苓皮 15g，瓜蒌皮 15g，生晒参 5g，生泽泻 10g，炒白术 9g，猪苓 12g，三叶青 8g，薏苡仁 30g，丝瓜络 10g，肺形草 20g。

7 剂之后胸腔积液减少大半，原方略作调整，再予 14 剂，胸腔积液基本消失。此方讲究辨证施治，异于西医辨病治疗。

病案 2

患者，女，36 岁，有痤疮病史 1 年余，烦恼，纳眠可，大便干，小便调，舌红苔薄黄，脉弦。辨证为肝郁血阻。予中药 7 剂。

处方：生柴胡 9g，炒白术 9g，生白芍 9g，生甘草 6g，炒枳壳 6g，梅花 5g，生当归 9g，茯苓 15g，女贞子 12g，墨旱莲 15g，蝉蜕 5g，瓜蒌皮 10g，桔梗 6g，竹茹 10g，制大黄 3g，炒葛根 9g，三七花 6g。

患者 7 剂之后痤疮略有减少，原方略作调整，门诊随诊 3 个月余，面部痤疮消失大半，心情愉悦。此方尤注重辨证施治，随症遣方。

（方国栋）

二、跟师三年

2014 年 6 月，7 年的大学生活终于结束了，同年 9 月，怀着对中医事业的一腔热血，我在浙江省新华医院开始为期 3 年的规范化培训，在这懵懂又热情高涨的 3 年里，我有幸认识了施老师。

施老师并不是我的研究生导师，而是在规范化培训期间，医院建议我跟随抄方的老师，我比较幸运，遇见了施老师。在 3 年的规范化培训期间，教给我的不仅仅是他的医术、临床经验，更多的是作为一名合格中医师该有的品质及德行，在医途的十字路口，他就像一盏明灯，照亮了我前行的方向，所以在我心里，他一直是我的"导师"。初识施老师是在一个阳光明媚的早上，我怀着忐忑的心情去报到抄方，毕竟要跟着名中医抄方，心中难免有些期待。一杯清茶，一张干净的笑脸，这是我对施老师的第一印象。简单的自我介绍过后，施老师亲切地拉我坐在他边上，轻声和我说："你就坐在这里，有什么问题都可以问。"边上已经有他的学生在给施老师抄方了，他回过头来也对我报以微笑，那天阳光很好。第一次抄方，施老师给我留下最深的印象就是温暖，不仅对他的学生，也是对他的患者。很多上了年纪的老年患者来时，施老师总是很亲切地拉过凳子，并说一句"请坐"。拉过凳子，并不是为了自己就诊更方便，而是为了使老人听得更清楚，仅此而已。

施老师给我的感觉就是学识渊博，每次抄方下来，总能及时地找到我基本功不够扎实的地方，继而给予我鼓励，让我有更多的动力去进步。印象比较深的是，施老师虽然是中医大家，但是对西医肝病的研究也是深不可测，各种指南信手拈来，还不忘告诫我们，中医是好的，但是西医也不能丢掉。对于乙肝的抗病毒治疗时时都在更新，需要我们紧跟时代步伐。那个时候，我刚从上海读完研究生回来，我的研究生生涯是在上海的全国肝病研究中心度过的，接触的都是国际最新的信息和指南，心中不免有些傲气，虽然中医我还不行，但西药的治疗我总是走在前沿的。而在施老师这里，我惊讶地发现，他给予患者的抗病毒治疗方案，正是国际最新的，而所用的药物也并不是传统的、老式的，也是紧跟时代潮流的。我记得我刚毕业那会儿，我们国内常用的乙肝抗病毒方案是拉米夫定联合阿德福韦酯，而国际上其实已经推荐单用恩替卡韦甚至替诺福韦了，当然，当时替诺福韦还是比较少的，需要到香港地区才能买到。有一个施老师接诊的年轻小伙子，多靶点耐药，施老师就推荐他用替诺福韦。施老师作为一个中医大家，对西医也有孜孜不倦的追求，当时我就被施老师的学识深深地折服。从此静下心来，一心一意跟着施老师做学问。

施老师善治肝病，求医最多见的往往是乙肝后肝硬化患者，这类患者往往脾失健运，"见肝之病，知肝传脾""脾色必黄，瘀热以行"。对于这些患者的治疗，施老师最擅长健脾疏肝利胆，每当有这些患者来，施老师总要提醒我一句"疏利是关键"。犹记得当初一位反复胸闷、腹胀的患者前来就诊，患者素有"慢性乙型病毒性肝炎"，既往控制不佳，即日已查有"肝硬化"，7天前患者出现胸闷、腹胀、乏力诸症，并伴有纳呆，尿少，寐尚可，大便尚调，舌暗光无苔，脉弦滑。辅助检查B超示：肝硬化，脾大，腹水，右侧胸腔积液。这个患者刚出现胸腹水，属于肝病肝硬化患者中比较典型的病例，施老师看到典型病例，总爱多考我们几句，我们几个学生通过施老师平时的点拨，也说出了自己的看法，但总体来说比较保守，施老师也不多说，自己在电脑上敲出了方子。诊断：水饮；证候：饮停三焦；治则治法：健脾利水，通利三焦；方药：五苓散五皮饮合葶苈大枣泻肺汤加减。患者服用后效果很好，从此也成为施老师的忠实"粉丝"。

当然不仅仅只有乙肝患者，有很多患者来看病，只有症状，没有明确疾病，中医往往可以根据症状体征开药，施老师则喜欢治病求因。一位右胁疼痛3天的小伙子来开中药，患者3天前无明显诱因出现右胁疼痛，初起隐隐作痛，拒按，无目睛黄染，腰肋酸胀，纳差，小便色黄，大便质稀，日2次，平素患者善太息，易怒，饮食偏嗜油腻。舌红苔薄，脉弦。写完这些，施老师并没有急着为患者开药，而是让患者先去做B超检查，结果胆囊B超示"胆囊泥沙样结石"。这个时候，施老师才下笔。诊断：胆石症；证候：肝气郁滞；治则治法：疏肝利胆；方药：柴胡疏肝散加减。施老师常说，中医没有看不了的病，但如果有更好的解决办法，为什么要让患者多吃苦头，如果这个患者明显是胆囊结石卡顿有手术指征，我还让他继续吃中药，那就适得其反了，用最快捷的办法解决患者的问题，这才是最有效的医学。这个对我之后的行医之路启发很大，因为我站在了患者的角度上看问题，所以更能理解患者的需求，更能解决患者的问题。

施老师博采的地方并不仅仅如此，众所周知，在所有疾病中，妊娠患者绝对是我们最不想遇到的，肚子里有胎儿，在现阶段的医疗环境下，用药都畏首畏尾的。一天，一个反复咳嗽1个月余的患者前来就诊。患者女性，27岁，妊娠4个月，合并"慢性乙型病毒性肝炎"，目前抗病毒治疗，控制良好，近1个月前无明显诱因开始咳嗽，无发热恶寒，咽痒有痰，痰色白质稀，咳中无血丝，夜间时有潮热，舌红苔薄，脉弦滑数。施老师方证如下。诊断：子嗽；证候：肺阴虚；治则治法：滋阴化痰；方药：止嗽散合泻白散加减。患者看西医后用药无明显缓解，很着急，服用施老师只3剂中药后，咳嗽明显改善，7剂而愈，咳嗽除。施老师的患者中，乙肝妊娠患者很多，而且坚持服用中药。在看到这一类患者的时候，施老师说得最多的一句话就是，妊娠不可怕，乙肝也不可怕，所以乙肝妊娠更不可怕，只要坚持抗病毒方案并辅助以中药调理，完全可以有一个健康的婴儿。这可能就是所谓的胸有成竹吧。当然，对于其他杂病，施老师也是信手拈来，最常见的就是口腔溃疡，反复的口腔溃疡西医其实很难有很好的解决办法，有一位反复口腔溃疡2年的男性患者，"乙肝小三阳"抗病毒治疗5年，目前乙肝控制良好，无肝区不适。近两年患者反复口腔溃疡，每次1周左右愈合，不时复发。近2个月患者寐差梦多，乏力，腰膝酸软，舌红，脉弦细。施老师当即就给予诊断：口疮；证候：心肾不交；治则治法：泻南补北；方药：黄连泻心汤加减。复诊的时候患者诉已明显好转，坚持调理1个月以后，无复发。如此种种，比比皆是。施老师学识渊博，以肝病为立足点，博采众方，不愧为一代名中医。

规范化培训结束了，我也回到了自己的医院工作，每次师生聚会施老师总会邀我一同参加，可惜我后面参加了急诊工作，接触中医的机会越来越少。每每和施老师聊起近况，他总会语重心长地对我说，现在多接触一些疾病，多打基础是好事，要努力开阔眼界，但是中医一定不能忘，不能丢，中医是根本，不能忘本。我知道，在他的心里，每一个学生都像他的孩子一样，希望每一个孩子都能继承他的医术，在中医的道路上越走越远，造福更多的人。我想大概中医大家，均是如此。在人生的道路上，能认识施维群老师，是我最宝贵的财富。

（韩银华）

三、十年再续师徒缘

我和施老师的缘分，当追溯到近十年前了，那还是 2010 年，我在浙江中医药大学攻读硕士研究生时，因毕业课题与肝纤维化相关，我的导师陈芝芸研究员邀请了施老师参加我的毕业论文答辩，因为施老师是省内享誉的肝病专家。谁知天公不作美，施老师工作繁忙，时间冲突，未能参加，就这样，我与施老师的缘分擦肩而过！而后便是在国内的各大会议交流学习中，有幸聆听施老师的学术报告。真正与施老师近距离接触，已经是我工作 8 年之后。2017 年，我们杭州市余杭区中医院搬到了新院区，硬件设施得到提升，医疗条件得到极大改善，医院以新院启用为契机，坚持传承与创新并重，优化中医医疗服务，想成立一批国家级、省级名中医学术经验传承工作室，于是由余杭区卫生和计划生育委员会牵头，院领导有幸邀请到全国老中医药专家学术经验继承工作指导老师施老师到我院成立工作站。我作为医院重点培养的中医骨干，成为施维群名老中医学术经验传承工作室继承人，有幸跟随施老师进一步学习深造。我知道，施老师擅长用中医治疗脾胃病，尤其是各类肝病，如慢性肝炎、肝硬化、肝肿瘤、妊娠肝病等，能够有机会跟随名医施老师学习传承，我非常珍惜。

施老师每个月来院 2 次，隔周周五下午是施老师来院坐诊的日子，我跟其左右，临证观摩。施老师对患者十分耐心，细致地查阅每个患者的病历、检查等资料，望闻问切，每治一病，必是理、法、方、药完备，而一以贯之。每书一方，理法章然，必以方统药，药在方中，绝不游离于方之外，谨遵方以法立，法出方随。在施老师众多患者中，印象极深的是一名读高中的小伙子。那时施老师初来我院坐诊，患者每次由父母跟随从海盐赶来求施老师诊治。他因进食梗阻，呕吐数月，辗转在当地及浙江省内各大医院就诊，西医诊断为"贲门失弛缓症"，先后进行注射肉毒杆菌毒素和内镜下球囊扩张治疗，症状暂时缓解，反复再发，体重下降20余斤，其父母焦急万分，求医心切，小伙子却有点冷漠，与其说冷漠不如说是多次治疗失败，心灰意冷吧！亦因正值青春叛逆期，患者对父母要么言辞激烈，要么沉默不语。施老师耐心询问病史后，诊为呕吐病。此为胃气失和证，乃因胃虚痰阻，气逆发病，治疗予旋覆代赭汤合芍药甘草汤合痛泻要方加减。施老师还察觉到患者的情绪问题，主动加了他的微信，拍拍他的肩膀说："小伙子啊，别太着急，会好起来的，你爸爸妈妈也是看着你心疼，这样吧，药先拿回去吃，有什么不舒服直接微信联系我好吗？"患者抿着嘴点了点头，走了。时隔2周，一家三口再次来诊，父母多了几丝笑容，小伙子眉头也舒展了不少。初次跟师看施老师用中药调治贲门失弛缓症，我心中充满怀疑，因为我是中西医结合专业毕业，西医明确的发病机制告诉我，目前贲门失弛缓症最佳的治疗方法是内镜下肌切开术，通过切开食管的环形肌层来解除吞咽困难及呕吐等症状，然而用中医调治也可以？通过交谈得知，患者服药2周后进食顺畅了许多，偶尔还有呕吐，但好转不少，我有点不敢相信，可是患者不会说谎，疗效是实实在在的！这件事对我的触动很大，其实我也深知自己的缺点，就是缺乏纯粹的中医思维，总是用西医的理论来左右中医诊疗的过程。施老师也从一开始就发现我的问题所在，他跟我讲，西医是结构的、静止的、微观的、局部的，而中医临床思辨是功能的、动态的、宏观的、整体的，中医诊疗，讲求辨证论治，把人作为一个整体，而不是局限在某一病变的局部，通过望闻问切，司外揣内，辨其病因病机、治法治则，构建理法方药而治之。中医讲的是整体观，扶正祛邪，燮理调平的"中和观"。中和思想是我们中医治病、防病过程中都要遵守的准则，这也类似于儒家的中庸之道。中医的"中和"指的就是均衡，适度性，比如我们平时常用的"寒者热之，热者寒之""实则泻之，虚则补之"等，其实都是中医通过各种方法或形式如中药、针灸、推拿等使机体保持平衡，不偏不倚，处在协调适度的状态，即中和状态，这样气血阴阳平衡、脏腑功能正常，人体才会健康无疾。

　　施老师擅长用中医调治脾胃病，但从不排斥西医，主张借助西医的检查手段明确疾病，了解病情，做出分型和分期，同时进行中医辨证。施老师隔周周五除了门诊坐诊，还到消化科住院病区查房，对一些疑难危重患者进行会诊或主持疑难病例讨论等，指导科室开展业务学习讲座。有一个肝硬化食管胃底静脉曲张的患者，因多次呕血黑便反复到我院就诊和住院治疗，因家庭经济困难，一直未行内镜下套扎治疗，后来辗转到施老师门诊。施老师了解情况后，耐心地和他讲解反复出血的危害及严重后果，最终劝说他行西医内镜下套扎术。术后施老师也不忘到病区查房，患者说胸部疼痛，心情也很烦躁，易怒，夜间失眠，多梦，舌紫暗，舌边有瘀斑，舌下脉络青紫迂曲，脉弦细。施老师辨证为积聚病，属肝血瘀阻证，方予血府逐瘀汤加减4剂。施老师开完处方，见我在旁沉默不语，还眉头皱起，便看出端倪，问："你是不是有顾虑？"我如实点点头："现在用此方会不会引起出血或加重出血？他刚刚做完内镜下治疗第二天。"施老师说："应该不会！抛开西医思维不说，这个患者的中医辨证有无异议？""没有。和我们之前门诊的辨证分型一致，从患者现在的症状、舌苔脉象看血瘀证也没问题。""那就好了，不要说现在患者没有出血，即便是出血了，血瘀证出血也应该化瘀止血，对不对？吃了看，你观察一下！"我知道施老师云淡风轻的一句"吃了看"，背后是几十年的临床丰富经验支撑的自信。果然，患者吃完不仅没有出血，胸痛也较前缓解。是啊，中西医不能分家，更不能对立或相互掣肘，而是要有机结合，互相补充，这样就能从不同的医学角度审视疾病，既重视病因和局部病理改变，又着眼整体观念，辨证论治，在临床中获得更好的疗效。

（孟爱红）

第五节 似曾并肩创新路

一、人生第一位"导师"

俗话说，兴趣是最好的老师。当我找到自己的兴趣，拥有最好的老师之后，我才明白"没有最好，只有更好"的真正含义！因为我遇到了人生中第一位导师，他就是施维群教授。

"对专业要有一颗敬畏的心，对患者要有一颗善良的心。"这是20年前我第一次见到施老师时他跟我说的话，至今我记忆犹新。这一句简单纯朴的寄语也时刻提醒自己医学需不断学习，不断进步，永无止境。

20年前的我刚踏入临床工作，可以说专业知识和临床能力都极度贫乏，碰到稍微复杂的病患往往是束手无策。记得有一次周末值班，病房里有一重症肝炎的患者，出现发热伴有咳嗽、气急等不适，同时伴有血氧饱和度下降，这对于我这样一个刚进入临床的住院医生来说是极大的挑战，急得我满头大汗，请相关科室会诊后，患者病情还是不稳定，没办法只有打电话向施老师求救，心里满是忐忑不安，担心挨骂或者被视为业务太差，打完电话后，没想到施老师连夜从家里赶来，处理完病患后，他没有一丝的批评和责备，反而和我一起分析讨论患者病情变化的可能原因，以及碰到类似情况时如何分析处理相关临床问题。自此，我对施老师肃然起敬，心里暗暗下定决心：在专业上一定要更加努力。施老师渊博的专业知识、严谨的科研态度、脚踏实地的工作作风，使我受益颇多。他经常告诫我们要多看书、多学习，扎根于临床。在他的鼓励和帮助下实现了我人生第一个转折点，使我有机会就读于浙江大学医学院，攻读感染病学硕士学位，实现了我的梦想，也不负他对我的殷切期望。在某种意义上来讲，是施老师培养了我学感染病学的兴趣，是他亲手帮助我游弋于感染病学知识的海洋，我能拥有现在的专业知识能力与施老师 20 年前的谆谆教诲密切相关。很遗憾，后来由于工作单位的更改，再也没有机会接受施老师的指导，但只要有机会，他总是面带微笑对我的专业方向提出自己的见解。

上个月，我在医院老专家门诊再一次见到了施老师。他的周围是一群年轻的面孔，面对这群求知若渴的医学院学生，他不厌其烦地讲解，手把手地指导学生输入药方；面对患者，他不摆架子，耐心倾听、仔细观察、亲切交谈，和每一位患者都建立了良好的医患关系，每位患者总能在看病后感到心情愉悦，带着满意而归。从一位普通的中医内科医生成为中医大家、浙江省名中医，施老师带给我的远不是只有专业知识，更多的是对待病患、对待人生的态度，拥有一颗善良和感恩的心是我一生的追求。

在生活上，施老师于我亦师亦友。20 年前刚刚踏入社会的我，离开家人的照顾，每顿饭都在食堂解决，整个人很清瘦，也就 110 斤左右。施老师看在眼里、急在心里，周末把我带到家里，做好吃的给我吃，跟我聊家常，谈未来。在生活上给了我无微不至的关怀。在我失去亲人，情绪极其低落的那段岁月，是他每天与我相伴，不断开导我，鼓励我，让我走出痛苦的记忆，对生活和前途充满希望和信心。如果说专业知识上他是我老师，那么生活上他更多的是朋友，是长辈。

虽然我没有走进施氏中医渊博的大门，成为施氏门下一员，但是我遇见了亦师亦友、师德兼备的施维群师长，是我人生的一笔财富。施老师又像我生命中的暖阳，驱散空中的阴霾，照亮前进的道路。感谢有您，让我拥有了夏花般灿烂的人生！

（杜小幸）

二、我的医学路

我大学毕业后顺利进入了浙江中医药大学附属第二医院工作，从此我与中医结缘，开启了我与之相伴的序幕。当时给我定的是小儿科，本以为今后会潜心钻研儿科学而与中医学渐行渐远，但恰在医院轮转期间，我遇到了我的恩师施维群老师。从而使我有了继续学习和研究中医学的机会。在此非常感恩施老师的指导。下面我从坚定信念继续坚持中医工作和继续深造考研方面谈谈我从师后的中医道路。

2003 年 7 月，我被分到儿科工作，当时医院的儿科为纯西医，对于中医院校毕业的我来说，虽然本科 5 年也学了不少西医知识，在儿科工作起来也不是难事，但心里感觉今后要脱离中医总有一种不舍！然而在医院轮转期间，我遇到了肝病科的施维群老师。施老师当时是肝病科主任，科室在他的领导下可谓生机勃勃，不仅有常规西医治疗、肝活检穿刺，而且他大力推崇综合中医诊治，包括中医汤药口服、灌肠、泡脚，中药穴位贴敷，耳穴治疗，中药脐部贴敷等，疗效也是非常不错的。科室非常有自己的中医专科特色，这比教科书上的中医知识更加让我着迷。轮转期间我便表达了自己想留在肝病科工作并师从施老师的心愿，最终也通过自己优秀的表现获得了老师的准许。就这样，我轮转结束后留在了肝病科工作，继续中西医结合临床诊治，与我专业非常吻合。

工作后，施老师经常在临床上给予我指导。记得 2003 年，当时的他还不是研究生导师，名下也没有学生，但他视我如自己学生一般，除了病房里管理患者以外，就经常带着我在中医肝病门诊抄方，可以说，在中医抄方过程中我学了很多。肝病门诊大多是慢性肝病和肝硬化的患者，施老师在辨证论治的基础上常以时方或经方为主并辨证后对症加减，他认为经方流传多年自有它好的原因。如治疗肝病患者常用到的逍遥丸、柴胡疏肝散、茵陈汤、芪灵合剂、二至丸、五苓散、二陈汤等。除使用经方以外，他特别重视经验药，他常用的药物：护肝疏肝常用柴胡、白茅根、垂盆草，利湿退黄常用石见穿、茵陈、大黄、六一散，抗病毒常用虎杖根、蛇舌草、半边莲、半枝莲，

浙江中医临床名家·施维群

抗纤维化常用丹参、桃仁、红花，肝区隐痛常用香附、延胡索，腹水常用泽泻、茯苓皮、生姜皮、冬瓜皮、车前草，腹胀常用青陈皮、砂仁、豆蔻、大腹皮，乏力常用黄芪、仙灵脾。跟随施老师抄方后，我对中医的认识更加深刻和具体，让以往只停留在书本知识概念的我很快得到了在临床用药经验的提升，也为我如今从事中医门诊的工作奠定了一定的基础。

两年以后，施老师开始带研究生，印象中他对每位学生要求都非常严格，除外课题研究，每届学生都要轮流到医院里跟师值班，并倡导大家积极撰写论文。记得当时很多学生都叫苦连天。但如今想来，大家都从中学到了很多，收获很多，也感悟很多。

2006年，此时施老师认为我不应该满足于已有的本科学历，建议我在职读研，原本我由于惰性，积极性不高，但他再三和我分析今后工作的形势政策和自身发展的需要。在他的督促下，我报了浙江中医药大学的在职研究生，并正式成为他的名下弟子。3年后顺利毕业拿到硕士学位。在此，真的非常感激施老师对我的激励。

虽然我2015年离开了浙江中医药大学附属医院的肝病科，但凭借长期跟随施老师工作学习获得的从医经历、做人做事方法等，我非常顺利地进入了浙江大学校医院的中医科工作。由于经过前面几年的磨炼，我又回归到中医学的工作之中。现在虽然不能常和老师及众多同门在一起，但我们闲暇时光经常聚在一起讨论各种中医病例、文章等。相信我们这个大家庭一定会越来越好！

（章　亮）

附录一

大事概览

1953 年 7 月，出生于浙江省杭州市；

1972 年高中毕业分配到杭州市第四人民医院中医科，任中医学徒；

1974 年学徒师满，任杭州市第四人民医院中医科中医士；

1979 年，受聘杭州市第四人民医院中医科中医师；

1980 ～ 1993 年完成浙江中医药大学专科和本科学业；

1987 年 9 月，第一篇正式发表的医学论文《重症肝炎从瘟疫论治经验》发表于《浙江中医杂志》；

1988 年，晋升主治中医师；

1995 年，晋升副主任中医师；

1995 年，第一项科研课题《中药降低五味子制剂停药后 ALT 反跳的研究》杭州市卫生科技研究项目；

1996 年，获第一个重点专科学科带头人、杭州市肝病重点专科、杭州市四院肝病科；

1996 年，第一项科研成果《中药降低五味子制剂停药后 ALT 反跳的研究》杭州市卫生科研成果奖三等奖；

1996 年，获第一个区域诊疗中心负责人，杭州地区妊娠肝病诊疗中心负责人；

2001 年，晋升主任中医师；

2003 年，当选浙江省中西医结合学会肝病专业委员会副主任委员；

2004 年，当选中国中西医结合学会肝病专业委员会委员；

2004 年，获硕士研究生导师资格，并招收第一位研究生；

2005 年，成为浙江中医药大学附属第二医院首位经教育厅评审取得浙江中医药大学教授；

2006 年，浙江中医药大学附属第二医院第一个获得浙江省中医药管理局重点专科建设单位——浙江省中医名科负责人；

2007 年，国家中医药管理局"十一五"重点专科建设单位，成为该项目负责人；

2008 年，筹组浙江中医药大学附属第二医院第一个省级学会学组"抗肝纤维化学组"；

2008 年，参与浙江中医药大学附属第二医院第一个国家级课题——国家"十一五"科技重大专项之"艾滋病与病毒性肝炎重大专项"；

2010 年，获任"浙江省中医药学会肝病分会"主任委员；

2012 年，国家中医药管理局"十二五"重点专科，是该项目学科带头人；

2012 年，继续参与国家"十二五"科技重大专项之"艾滋病与病毒性肝炎重大专项"；

2014 年，任中国民族医药学会肝病分会副会长；

2015 年，荣获"浙江省名中医"称号；

2017 年，获任全国老中医药专家学术经验继承工作指导老师；

2018 年，获批浙江名老中医专家传承工作室；

2018 年，当选浙江省中医药学会名老中医经验与学术流派传承分会主任委员；

2018 年，当选中华中医药学会学术流派传承分会副秘书长。

附录二

学术传承脉络

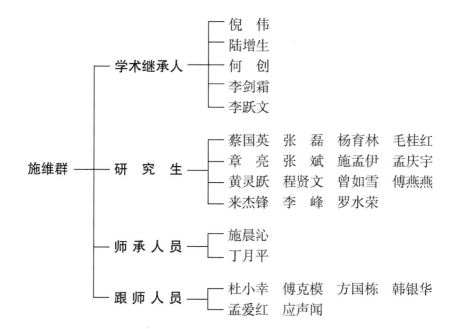

		倪 伟			
		陆增生			
	学术继承人	何 创			
		李剑霜			
		李跃文			
		蔡国英	张 磊	杨育林	毛桂红
	研 究 生	章 亮	张 斌	施孟伊	孟庆宇
施维群		黄灵跃	程贤文	曾如雪	傅燕燕
		来杰锋	李 峰	罗水荣	
	师承人员	施晨沁			
		丁月平			
	跟师人员	杜小幸	傅克模	方国栋	韩银华
		孟爱红	应声闻		

211

1978 年的杭州市第四人民医院中医科合影

2007 年开始申报国家重点专科时科室医生合影

2009 年带教以色列学生

2012 年与刘克洲教授一起主持学术年会

图 4-1　鹅掌风图 1

图 4-2　鹅掌风图 2

图 4-3　鹅掌风图 3

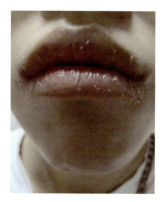

图 4-4　唇炎图 1

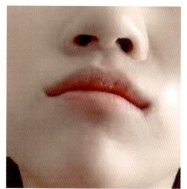

图 4-5　唇炎图 2

图 4-6 泡脚第 1 天图

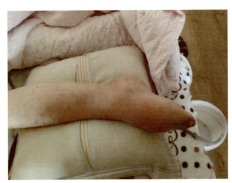

图 4-7 泡脚第 2 天图

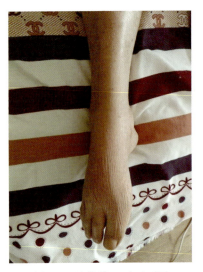

图 4-8 泡脚第 5 天正面图

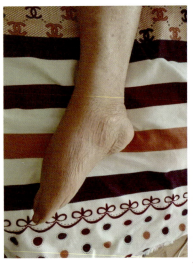

图 4-9 泡脚第 5 天侧面图